Martin Krengel
Der Studi-Survival-Guide

Martin Krengel

Der Studi-Survival-Guide

uni-edition

Bibliografische Information Der Deutschen Bibliothek
Die Deutsche Bibliothek verzeichnet diese Publikation in der Deutschen Nationalbibliografie;
detaillierte bibliografische Daten sind im Internet über http://dnb.ddb.de abrufbar.
Autor: Martin Krengel
Der Studi-Survival-Guide
Martin Krengel – Berlin: uni-edition, 2006
ISBN 3-937151-56-7

Informationen über den Verlag und das aktuelle Buchangebot finden Sie
im Internet unter www.uni-edition.de

Gedruckt auf holz- und säurefreiem Papier, 100% chlorfrei gebleicht.

Umschlagfoto: Alexander Löhnert
Herstellung: Schaltungsdienst Lange, Berlin

Printed in Germany
ISBN 3-937151-56-7

„Jeder ist seines eigenen Glückes Schmied.
Die Frage ist nur, wie geschmiedet wird!"

In Erinnerung an den Mann,
der mir das Schmieden beigebracht hat.

Inhaltsverzeichnis

Das Studium: Was mach ich draus?

Hast du dir einmal Gedanken darüber gemacht, was für eine bedeutende Lebensphase die Studienzeit ist? Du hast drei bis fünf Jahre Zeit, um die Basis für deine weitere berufliche Karriere zu schaffen und gleichzeitig den Spaß deines Lebens zu haben. Ein guter Freund von mir formulierte es einmal wie folgt: *„Ich muss zwischen dem, was sich der 20-jährige Albert erträumte und dem, was der klapprige 80-jährige Albertus einmal erreicht haben will, einen guten Mittelweg finden."* Wir werden diesen Mittelweg gemeinsam suchen.

Die Studienzeit gleicht einem bunten Roulette, und deine Energie, deine Zeit und dein Geld sind die roten, blauen und gelben Spielchips, die du geschickt verteilen musst. Eine geschickte Anordnung, Konzentration und die Verteilung der Chips helfen dir, dein „Glück zu machen". Du brauchst dabei nicht auf den Zufall hoffen: Hier kannst du die Erfolgswahrscheinlichkeit deiner Einsätze vorher abschätzen – durch deinen Verstand und gründliche Information.

Mit deinen Ressourcen Zeit und Geld solltest du sparsam umgehen. An Energie und Tatendrang sollte es allerdings in jungen Jahren nicht mangeln. Das solltest du nutzen, um ungewöhnliche Dinge auszuprobieren und dich weiterzuentwickeln. Nie mehr wirst du so viele Möglichkeiten erhalten, dich selbst zu verwirklichen und ungewöhnliche Dinge auszuprobieren, wie im Studium!

Ich sehe die Studienzeit als *die* Chance herauszufinden, was du im Leben so auf die Beine stellen willst. Selbst wenn du schon zielstrebig unterwegs bist, möchte ich dich ermuntern, auch einmal nach links und rechts zu schauen. Es ist immer mehr möglich, als du glaubst.

Denn die Studienzeit ist *die* Chance, deine Bestimmung zu finden. Dieses Buch möchte dir bei deiner Suche ein hilfreicher Ratgeber sein.

Also: Was willst du in deinem Studium bewegen?

MEINE MISSION UND ÜBERSICHT ÜBER DAS BUCH

Ein Grundlagenwerk, das explizit auf die Bedürfnisse der Studenten eingeht, die sich im Dickicht des Universitäts-alltages zurechtfinden müssen, ist längst überfällig. Erfahre in diesem einleitenden Teil mehr über die Hintergründe, das Konzept und den Inhalt dieses Buches.

Wer bin ich, und warum schreibe ich dieses Buch?

Zu Beginn meiner Studienzeit hatte ich mit diversen Problemen zu kämpfen: Ich war an einer Universität mit einem sehr anspruchsvollen Curriculum gelandet und stellte selbst ebenso hohe Ansprüche an mein Studentenleben. Einerseits wollte ich mir ein solides Fundament für einen späteren beruflichen Erfolg legen. Andererseits war es mir enorm wichtig, nicht fünf Jahre lang nur stur zu büffeln, sondern die Zeit zu genießen. Denn man weiß nie, wie ernst das Leben einmal wird. Deswegen sollte mein Studentenleben nicht allein aus Referatsvorbereitungen, Prüfungsstress und Hausarbeitsthemen bestehen. Ich wollte reisen und neue Dinge ausprobieren. Außerdem trainierte ich als Kunstturner viermal in der Woche und mochte meine Wettkämpfe nicht aufgeben.

In diesem Gemisch von vielseitigen Interessen und hohen eigenen Erwartungen wollte ich am Liebsten alles auf einmal und mit dem Kopf durch die Wand. Damit wurde der fachliche und zeitliche Druck enorm. Erschwerend kam hinzu, dass ich nun sieben Stunden von meinem Heimatort entfernt lebte. Ich musste mich völlig neu organisieren. Ich fühlte mich überfordert und zweifelte sogar an der Richtigkeit meiner Fächerwahl, da mir die Grundlagenfächer zu trocken waren und die Seminare anderer Fachgebiete, die ich als Ausgleich besuchte, ungleich interessanter erschienen.

In dieser Zeit war ich auf der Suche nach Orientierung und Hilfe. Ich wollte weder meine hohen Ansprüche noch meine zahlreichen Hobbys opfern. Zudem war ich mir unsicher, was ich wirklich im Studium erreichen und wo ich mein geplantes Auslandstudium absolvieren wollte. In dieser Zeit vermisste ich einen kompetenten Ratgeber und las deshalb viele Selbst- und Zeitmanagementbücher. Allerdings enttäuschten mich oft die auf Manager zugeschnittenen Konzepte: Zu unspezifisch oder unpassend waren deren Ratschläge denn das Studium ist von ganz anderen Logiken und Zielen geprägt als das Berufleben. Die wenigen Studienratgeber hingegen waren auf wissenschaftliches Arbeiten fokussiert und meist sehr trocken. Mir fehlte jemand, der mir sowohl bei meiner persönlichen Entwicklung zur Seite steht, als auch konkrete Tipps für die Umsetzung meiner Ziele und mein Zeitmanagement gibt.

Aus diesen Gründen entwickelte ich die Konzepte systematisch weiter und passte Sie auf die Eigenheiten und Tücken des Studentenalltags an. Ich wollte mich nicht mit Standardaussagen der Ratgeber zufrieden geben. Ich wollte einen neuen Weg, meinen Weg, finden. Ich suchte vor allem nach Möglichkeiten, meine Selbstverwirklichung innerhalb des mir vorgegeben Studienrahmens zu bewerkstelligen. Ich entwickelte eigene Methoden und fand Möglichkeiten, viele Interessen zu vereinen und mich auf das zu konzentrieren, was wirklich wichtig war. Oft stellte ich fest, dass sich die unterschiedlichen Bereiche ergänzen, nicht behindern: Gute Noten und eine coole Zeit sind kein „Entweder-oder" sondern ein „Sowohl-als-auch".

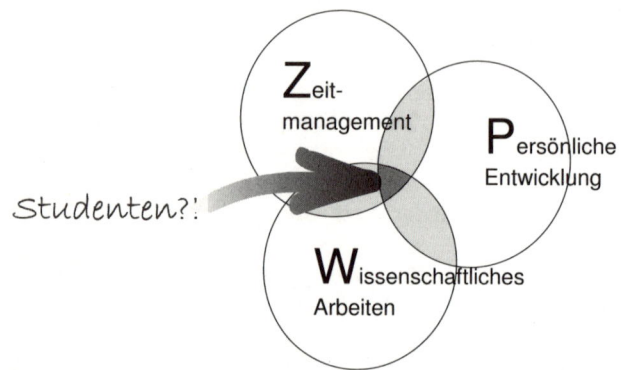

Es gibt viel Literatur zu den Themen Zeitmanagement, Selbstfindung und wissenschaftliches Arbeiten. Doch wo bleibt die Schnittstelle - der Student mit seinen Bedürfnissen?

Nun möchte ich dieses Wissen in kurzer und prägnanter Form an meine Leser weitergeben. Dieses Coaching-Buch soll die Schwachstellen anderer Ratgeber füllen. Es basiert vor allem auf persönlichen Erfahrungen und bietet dir fundierte Konzepte, die praktisch und leicht umzusetzen sind.

Was ist das Besondere an diesem Buch?

Der Survival-Guide: Wie kommt es zu diesem Namen?

Sicher kannst du dich noch an die Disney-Comics erinnern, in denen die drei Dagobert-Enkel Tick, Trick und Track in allen Lebenslagen ihr schlaues Pfadfinderbüchlein zur Hand hatten. Es half ihnen stets aus der Patsche, wenn sie nicht weiter wussten. Ein solches **„Pfadfinderbüchlein"** hatte ich bei der Konzepterstellung meines Ratgebers im Kopf. Der Survival-Guide („Pfadfinderbuch" klingt etwas altmodisch) soll dir sowohl bei alltäglichen Problemen als auch bei Extremsituationen weiterhelfen.

Von einem Studenten für Studenten geschrieben

Vielen theoretisch geprägten Ratgebern fehlt der nötige Bezug zum Praxisalltag der Studierenden. Ich bin hingegen selbst noch Student und habe alle Herausforderungen, Höhen und Tiefen des Studentenlebens gerade erst hinter mir bzw. stehe „mit einem Bein noch drin". Die einzelnen Themenbereiche meines Ratgebers speisen sich aus real erlebten Problemen des Studienalltags. Hilfreich beim Schreiben waren ebenso die Ratschläge von Freunden ganz unterschiedlicher Fakultäten und die Erfahrungen aus dem „Zeitmanagement-Labor" - einem Seminar an der Universität Witten/Herdecke, das ich initiiert und referiert habe.

Eine angemessene Study-Life-Balance als Ziel

Ein gutes Selbstmanagement-Konzept muss die Person in den Mittelpunkt stellen und darf kein bloßes Aufzählen verschiedener Ratschläge sein. Daher präsentiere ich dir Konzepte und Methoden, die dir **in allen Lebenslagen** zur Seite stehen. Sei es im Studium, bei den ersten beruflichen Schritten oder in der Freizeit. Nur einen der drei Teilbereiche herauszugreifen, erschien mir nicht sinnvoll. Denn oft liegen die Probleme des Studiums im privaten Bereich und private Probleme spielen in den Studienalltag hinein.

„Alles aus einer Hand"

Mit meinem Leitsatz „Alles aus einer Hand" wollte ich die miteinander verflochtenen Bereiche des Persönlichkeits- und Studienmanagements zusammenhängend präsentieren. So musst du **nur eins statt fünf Bücher lesen** – dein effizientes Zeitmanagement fängt schon mit dem Aufschlagen dieser Seiten an! ☺ Eine zweite Komponente dieses Leitsatzes betrifft meine Leserschaft. Mein Anspruch war es, dass sowohl der hochmotivierte als auch der eher gemütliche Student seine Ergebnisse bessern und den Wert seiner Freizeit steigern kann. Ich schreibe keinen Ideal-Weg vor, ich helfe dir aber, *deinen* Weg mit den dargestellten

Methoden zu finden und umzusetzen. Ebenso war mir wichtig, dass sich meine Konzepte für Studenten aller Fachgebiete anwenden lassen. Deswegen habe ich die Inhalte des Buches insbesondere mit Geistes-, Sozial-, Naturwissenschaftlern und Medizinern besprochen. Dabei war ich erstaunt, wie groß die gemeinsame Schnittstelle ist. So sollte jeder Student an Uni oder FH, egal ob im ersten Semester Afrikanistik oder als Promovent in Zoologie gut handhabbare und einleuchtende Methoden bekommen, sein Studium besser zu strukturieren.

Lebensnah, praktisch und sofort anwendbar

„Überleben" kann man nicht allein durch das Wälzen von Theorien erlernen. Man muss Tricks trainieren und aktiv anwenden, um sie zu verinnerlichen. Mein Anspruch bestand zunächst darin, das Zeitmanagementkonzept weiterzuentwickeln und dem Studentenalltag anzupassen. Während meiner Arbeit und durch Gespräche mit Freunden und Seminarteilnehmern habe ich gemerkt, wie wichtig die praktische Umsetzung ist. Das Ergebnis dieser ganzen Vorarbeit ist ein praxisbezogenes Buch mit vielen nachvollziehbaren Übungen, interessanten Exkursen und kurzen „Denkpausen". Der „Service-Teil" mit Recherchetipps und „Survival Diplom" komplettiert den Ratgeber.

Mein Wunsch: Mehr Abenteuer & Spaß für dich

Lernen und studieren macht Spaß, wenn man es nicht zu ernst nimmt. Ich will dir zeigen, was außer trockenen Formeln, fallstrickbehafteten Texten und gorillahaften Professoren noch für Endeckungsreisen und Abenteuer auf dich warten könnten, wenn du aktiv danach suchst.

Es ist dein Buch!

Ich habe dieses Buch geschrieben, um dich durch schwierige und anspruchsvolle Situationen des Studiums zu leiten. Vermisst du etwas, lass' es mich wissen! Unter www.studienstrategie.de findest du eine Kontaktmöglichkeit und ergänzende Informationen. Das dortige Diskussionsforum ist dein persönliches Zeitmanagement-Labor, in dem du mit anderen Studenten gemeinsam zu Themen rund ums Studieren tüfteln und forschen kannst. Übrigens: Es ist bereits ein zweites Buch in Arbeit, das sich detailliert mit den Prozessen des Studiums, mit deinen Kompetenzen und Fähigkeiten beschäftigen wird („Hard & Soft Skills").

Was sind die Inhalte?

Die Strategie	**TEIL A:** Das Gelände	Warum sind Studenten orientierungslos, überfordert und oft unmotiviert?
		Wichtige Grundeinstellungen: Die 7 Tugenden eines erfolgreichen Studenten
	TEIL B: Die Richtung	Balanceprinzipien: So schreitest du ausgewogen voran
		Workshop: Wer bin ich? Was will ich? Wie kann ich es erreichen?
Die Umsetzung	**TEIL C:** Los geht´s	Die Zeitmanagement-Matrix: Dein Zeit-Kompass
		Effizienz: So marschierst du schneller voran
		Planung: Irrwege vermeiden
	TEIL D: Unterwegs	Kampf dem inneren Schweinehund: Wie fange ich richtig an?
		Strategien gegen Überforderung und Stress
		Links oder rechts? - Die richtigen Entscheidungen fällen
	TEIL E: Die Ausrüstung	Studienzimmer einrichten, aufräumen und Ordnung halten
		Die Papier- und E-Mail Flut eindämmen und Dateien richtig sortieren

Teil A: Das Gelände - Überleben im Dschungel der Alma Mater

Vor einer Reise braucht man einen Überblick über das Land und das Gelände. Wir werfen deswegen einen kurzen Blick auf die wesentlichen „Treiber" des Studentenlebens und beschäftigen uns intensiv mit den grundlegenden Eigenschaften, über die jeder Student verfügen sollte, um optimal auf die Studienbedingungen reagieren zu können. Ich habe lange nach diesen Erfolgsprinzipien gesucht und sie zu 7 Tugenden zusammengefasst.

Teil B: Die Richtung - Wohin willst Du? Der Strategie-Workshop

Nachdem du die Anforderungen deines Studiums und die 7 Tugenden als Überlebens-Grundausbildung kennen gelernt hast, wirst du dir in Teil B Gedanken machen, wie du die externen Anforderungen mit deinen eigenen Wünschen in Einklang bringst. Diesen Prozess der Ziel- und Strategiebestimmung durchlaufen wir Schritt für Schritt in einem Workshop. Dein persönliches Profil und der Blick für deine Ziele werden geschärft.

Teil C: Los geht´s - Zeitmanagement und Planung

Durch richtiges Prozess- und Zeitmanagement kannst du *mehr in weniger Zeit* erledigen. Mit der richtigen Planung, Durchführung und Organisation hast du einen besseren Überblick, gehst strukturierter vor und nutzt Synergien. Somit schaffst du dir mehr Zeit für private oder auch für fachliche Dinge. Wir betrachten deine (Zeit-)Planung bei deiner Reise – die Strategie wird so in einen Routenplan umgesetzt. Wir überlegen uns, wie du möglichst viel von dem fremden Land sehen kannst und bestimmen die Wegstrecke, die Zwischenhalte und den Proviant.

Teil D: Unterwegs - Zu schnell oder zu langsam?

Da dein Studium einer Extrem-Reise gleicht, dir aber die nötige Vorbereitung fehlt, habe ich Teil D geschrieben. Dieser wird dich auf besonders tückische Fallstricke und Hindernisse hinweisen: Den gefährlichen Inneren Schweinehund, die Überforderung und den Sumpf der Entscheidungslosigkeit. An dieser Stelle sind wir bereits „unterwegs" und versuchen unser Tempo zu kontrollieren, indem wir uns immer wieder aufraffen oder uns ein wenig bremsen, wenn wir bei hohem Tempo zu stolpern drohen. Ebenso halten wir ab und an kurz inne, um die richtigen Entscheidungen zu treffen.

Teil E: Die Ausrüstung - Ordnung und Organisation

Keine Reise ohne die richtige Ausrüstung. Kein Studium ohne gute Organisation! In diesem Teil erfährst du einige Kniffe zur Organisation deines Arbeitszimmers, Computers sowie Papierkrams.

Gebrauchsanleitung für deinen Survival-Guide

Das Buch ist ein kleines Survival-Kit für's Studium - mit vielen nützlichen Konzepten, Gedanken und Methoden, die du flexibel an verschiedenen Stellen einsetzen kannst. Je intensiver und vielfältiger du dieses Buch verwendest, desto mehr nützt es dir. Du holst mehr aus diesen Seiten heraus, wenn du ein paar Hinweise zur Arbeitsweise beachtest:

1 *Eine Flamme entzünden!* Das Buch soll die wichtigsten Zusammenhänge und Methoden des Selbst- und Zeitmanagements sowie Organisationsprinzipien vermitteln und gleichsam einen Funken für die intensive Auseinandersetzung mit dir selbst, deinem Studium und deiner Arbeitsweise entzünden. Nur du weißt, was du wirklich brauchst!

2 *Sei ehrlich zu dir selbst!* Weil es schwierig ist, sich selbst, seine Einstellungen und sein Handeln zu verändern, musst du einiges dazu beitragen, dass die Konzepte dieses Buches auf fruchtbaren Boden fallen. Sei offen und ehrlich zu dir selbst, denke über die Konzepte tiefgründig nach und hinterfrage deine eigene Sichtweise auf die dich umgebenden Dinge (→ Tugend 1: Annahmen hinterfragen). Sei bereit, Dinge zu verändern, auch wenn es zunächst schwer fällt.

3 *Arbeite mit dem Buch!* Beim Nachdenken über das Gelesene und der Suche nach eigenen Erfahrungen und Anwendungsbeispielen setzt du dich intensiv mit den Dingen auseinander. Das Buch ist voll mit Übungen, Denkmodellen („Tools") und Reflexionen, sodass du einen leichten Start in die Umsetzung der Modelle bekommst. Probiere es gleich aus! Denke mit Zettel und Stift, am besten mit einem Tagebuch.

4 *Sprich über das Buch!* Vermittle deinen Freunden die Konzepte, diskutiert gemeinsam darüber. Werde vom Schüler zum Lehrer! Lies das Buch aufmerksam, arbeite mit ihm: Hat der Autor Recht? Oder siehst du das anders? Welche dieser Konzepte und Übungen sind gut für dich? Es ist ganz normal, dass sich einige der Methoden nicht hundertprozentig auf deine Situation anwenden lassen. Die hier vorgestellten Methoden geben dir lediglich eine Richtung – bestimme selbst, wie du sie umsetzt.

5 *Gehe nach der Engpass-Strategie vor!* Wenn du keine Zeit für das ganze Buch hast, lese das Wichtigste zuerst! Die Teile sind bis auf kleine Querverweise separat lesbar. Du kannst den Ratgeber also selektiv und problembezogen als Nachschlagewerk verwenden. Optimal ist es natürlich, das Buch einmal ganz zu lesen, um das Maximale herauszuholen. Aufgrund der zusätzlichen „Nachschlagewerkfunktion" gibt es kleinere Wiederholungen, die aber lernpsychologisch förderlich sind: Die Wiederholung frischt auf, festigt und verankert die Konzepte und Beispiele in anderen Kontexten.

6 *Fokussierte Aufmerksamkeit!* Durch das bewusste Arbeiten und Nachhaken an deinen Baustellen, lenkst du deine Energie und Aufmerksamkeit konzentriert auf die Brennpunkte. Die Chance ist hoch, durch diesen Bewusstseinsprozess dein Denken und Handeln nachhaltig zu verändern. Lege immer wieder Reflexions- und Kontrollpausen ein, z.B. mit der „persönlichen Tagesschau" (S. 155).

7 *Das Survival-Diplom.* Wenn du das Buch durchgelesen hast, lege es bitte nicht weg! Es sollte dir ein ständiger Begleiter im Studium sein. Nach einmaligem Lesen würdest du vieles wieder vergessen oder nicht umsetzen. Deswegen habe ich das „Survival-Diplom" (Erklärung S. 155) als zwölfstufiges Anwendungs- und Umsetzungsprogramm konzipiert, das du Monat für Monat abarbeiten kannst. Die Beschreibung der einzelnen Stationen erwartet dich ganz am Ende des Buches (S. 246).

Teil A:

DAS GELÄNDE: ÜBERLEBEN IM DSCHUNGEL DER ALMA MATER

Kommt dir deine Universität (lat. Alma Mater) manchmal vor wie ein undurchsichtiger Dschungel mit vielen Schlammlöchern, Fallstricken und langen Regenperioden? Fällt es dir bei der Artenvielfalt akademischer Modelle schwer, den Überblick zu behalten? Das geht nicht nur dir so, sondern ist charakteristisch für diese Institution und die studentische Lebensform. Welche Eigenschaften und inneren Einstellungen braucht man zum Überleben in der Alma Mater? Eine Antwort geben dir die 7 Tugenden, die dich auf deiner Reise durch das spannungsreiche Terrain sicherer machen werden.

1. Kapitel: Facetten deines Studiums

Die Tücken des Studentenlebens - Eine Analyse

Überforderung: Viel zu tun und keinen Plan

Mit den ersten vorsichtigen Schritten im Labyrinth deiner Alma Mater stellt dich das Leben auf eine harte Probe. Die Nummerierung der Seminarräume ist doch tatsächlich noch unübersichtlicher als das Vorlesungsverzeichnis. Endlich in der Vorlesung angekommen, verstehst du nur Bahnhof und wirst für das erste Referat verpflichtet, während du dich noch insgeheim fragst, ob du überhaupt im richtigen Kurs sitzt.

Mit dem Auszug aus dem „Hotel Mama" und dem Einzug ins chaotische Reich der WG hast du noch ganz andere Sorgen: Wenn du Heim kommst und eigentlich lernen willst, lauert ein riesiger Abwaschberg, mufflige Klamotten und ein Bücherstapel auf dich. Der Schreibtischstuhl ist auch noch nicht aufgebaut, das Bett steht noch unentdeckt beim schwedischen Möbelmarkt und deine alten Freunde hören schon lang nichts mehr von dir, während deine Neuen sich in einer Stunde zum „Vorglühen" treffen wollten...Langsam dämmert dir, dass du in allen Lebenslagen und Facetten gefordert bist: Plötzlich bist du nicht nur Wissensmanager und Projektleiter deiner Studien, sondern auch Innenarchitekt, Koch und Hausfrau/-mann deiner neuen Wohnung. Herrje, dabei bräuchtest du dringend mal einen Job, Ferien und so was wie 'ne Vorstellung deiner Zukunft ...

Im Unterschied zur Schulzeit „darfst" du nun viele Entscheidungen allein treffen, musst aber gleichzeitig Verantwortung dafür übernehmen. Deine erste Aufgabe wird also sein, dir einen Überblick über die Möglichkeiten zu verschaffen, Prioritäten zu setzen und Entscheidungen zu treffen. Zudem heißt studieren etwas anderes als „pauken". Du musst hier viel tiefgründiger vorgehen und andere Methoden anwenden. Viele der notwendigen Kompetenzen hat dir niemand beigebracht und das wird so bleiben, wenn du nicht selbst aktiv wirst. Diese Selbstverantwortung wahrzunehmen, ist wahrscheinlich die wichtigste Fähigkeit, die du im Studium brauchst. Ja, das ist die andere Seite der studentischen Freiheit. Sie ist eben auch der Zwang zur Selbstkontrolle und der eigenen Planung und Koordination. Als Student ist man für seinen Weg selbst verantwortlich. Das kann ein Segen, aber auch ein Fluch sein!

Orientierungslos: Wohin mit meiner Energie?

Es verwundert nicht, wenn sich manch ein Student aufgrund all der Freiräume überfordert fühlt. Die „Multioptionsgesellschaft" (Gross 1997) ermöglicht uns immer mehr Wahlfreiheiten und verlangt von uns immer weniger Pflichten. All diese Optionen übersteigen aber bei weitem unsere Realisierungsmöglichkeiten: Zahlreiche Sport- und Freizeitangebote an der Uni, Ausgeh-Möglichkeiten der Stadt, Praktika, Auslandsaufenthalte, zusätzliche Kurse anderer Fakultäten, berufsbildende Seminare ... Du willst sooo viel davon mitnehmen, hast aber sooo wenig Zeit! Bei dem Versuch, sämtlichen interessanten Optionen nachzugehen, verliert man sein Ziel relativ schnell aus den Augen.

Eine Lösung zu finden, erscheint schwierig. Die vielfältigen Möglichkeiten und die mangelnde Vorgabe erhöhen den Selektions- und Entscheidungs-druck: Welche Ausbildung? Welchen Beruf? Welchen Partner? Verein-barungen und Entscheidungen sind wiederum leicht kündbar, das bringt zusätzlich Dynamik und ständige Unsicherheit ins Spiel. Der Druck, über seine Ziele und Wünsche nachzudenken, ist immens hoch.

Unsicherheit: Was muss ich wissen?

Was wir zu Beginn des Studiums lernen, hat gegen Ende nur noch begrenzte Gültigkeit („sinkende Halbwertszeit des Wissens"). Dies gilt für alle Studien- und Berufsfelder, wenn auch in unterschiedlichem Maße: Ein Ingenieur kann auf seinen Formel-Fundus zurückgreifen, um Statiken zu berechnen. In anderen Berufen ist es viel wichtiger, am „Zahn der Zeit" zu bleiben. So müssen sich Mediziner ständig fortbilden, um eine optimale Betreuung ihrer Patienten zu gewährleisten - Ich jedenfalls lasse mich nur ungern operieren, wenn mein Arzt die neuesten Heilungsmethoden nicht kennt. Für Absolventen der Wirtschaftswissenschaften wird es zunehmend problematischer, auf „handfestes Wissen" zurückzugreifen: Es ist zwar wichtig, wirtschaftliche Grundzusammenhänge und Gesetzmäßigkeiten zu kennen. Dennoch verlangt jedes Problem, jede Firma und jeder Kunde eine individuelle Handhabung, sodass du mit dem erlernten „Schema F" nicht weit kommen wirst. Stattdessen musst du lernen, dich innerhalb kürzester Zeit in neue Sachverhalte und Aufgaben einzuarbeiten. Was kannst du von deinem betriebswirtschaftlichen Wissen später aber anwenden? Vielleicht fünf Prozent. Es kommt stattdessen auf deine erworbenen Kompetenzen und dein ausgeprägtes Denkvermögen an. Dies erklärt auch, warum gerade Unternehmensberatungen viele Absolventen einstellen, die überhaupt nichts mit Wirtschaft zu tun haben: Biologen, Ingenieure - sogar Künstler und Theologen.

In Zukunft steigt die Bedeutung der Analysefähigkeit, der Kreativität und des schnellen Wissenserwerbs. Auch ist es kaum mehr möglich, die Arbeitsaufgaben allein zu erledigen – Teamarbeit ist angesagt. Dies setzt einiges an kommunikativen Fähigkeiten und den viel propagierten „Soft Skills" voraus. Kurz: Um den heutigen Arbeitsanforderungen gerecht zu werden, braucht man eine starke Persönlichkeit, Eloquenz im Umgang mit Kollegen, Analyse- und Entscheidungsstärke und den Mut, eigenverantwortlich zu arbeiten.

Da die Universitätsausbildung aber noch immer die reine Wissensvermittlung fokussiert, vernachlässigt sie die Persönlichkeitsentwicklung ihrer Studenten und das Vermitteln von handfesten Kompetenzen. Sokrates prägte den Satz „Ich weiß, dass ich nichts weiß". Damit wusste er vermutlich mehr als jeder andere, denn er versuchte die Welt immer wieder vorurteilsfrei zu ergründen und mit unbefangenen Augen zu sehen. Denn obwohl Sokrates mit dieser Einsicht bei seinen Mitmenschen auf Unverständnis stieß, hielt er daran fest. Heute nach ca. 2400 Jahren, wissen wir nicht nur, dass er Recht hatte, sondern sein Ansatz gilt in dieser komplexen Welt mehr denn je!

Ein weiteres Problem der Universitäten ist die mangelnde Rückmeldung über seine eigenen Leistungen. Man lernt das ganze Semester hindurch und bekommt erst zwei Monate nach der Klausur eine Note. Dieser Bewertung fehlen detaillierte Angaben darüber, was man gut oder schlecht gemacht hat. Man fühlt sich dann oft wie beim Tontaubenschießen auf dem Schützenfest: Mal trifft man ins Schwarze, mal total daneben. Ob es einmal am eigenen Können und beim anderen Mal am Gewehr lag, sagt dir keiner.

Die größte Schwierigkeit: Die Gravitationskraft

Die meisten Studenten wollen möglichst schnell und aufwandsarm zum perfekten Ergebnis kommen. Viele Bücher suggerieren mit ihren Tipps, dass dies besonders einfach ist. Doch die meisten dieser Tipps kratzen nur an der Oberfläche und dringen nicht bis zum eigentlichen Kern vor. Denn der Umsetzung deiner Aufgaben und Ziele steht zuweilen ein bedeutender Gegenspieler im Wege: der ISH (Innere Schweinehund).

Der ISH: Keine Lust, keine Energie, keine Zeit, kein Mut

Meistens ist der „Innere SchweineHund" nichts anderes als die Gewohnheit, Dinge so zu machen wie bisher. All das, was du tust oder nicht, ist mehr oder weniger Routine, läuft „automatisch" ab. Das hat durchaus etwas Positives, da du auf diese Weise wichtige Zeit für Entscheidungen einsparen kannst und deine Energie anderweitig einsetzbar ist.

Dennoch: Dein ISH ist mit einer **„Gravitationskraft"** vergleichbar, die dich immer wieder in gewohnte Denk- und Bewertungsmuster zurückzieht und in eingespulte Handlungen zurückfallen lässt. Diese Gravitationskraft hat drei tückische Komponenten:

- *Die „Standby"-Falle*. Sie betrifft das Gehirn. Es schaltet bei Alltagshandlungen ab, um Energie zu sparen. Das ist wichtig, weil das Gehirn im Körper den meisten Sauerstoff verbraucht. Es betreibt deswegen oft nur ein Notstromaggregat, in dem alle Dinge gespeichert sind, die gewohnheitsmäßig ablaufen.

- **Der „Sofa-Effekt."** Ist dir einmal aufgefallen, wie einfach dir manche Dinge fallen, wenn du sie erst einmal begonnen hast? Und wie schwer es dagegen fällt, sich aufzuraffen, wenn man zwei Stunden vor dem Fernseher gechillt hat? Das Gesetz der Trägheit gilt auch für Menschen, es scheint sich aber bei Studenten zu potenzieren ...

- **Das „Heimat-Herz."** Wenn man seine Wohnung erst einmal kuschelig eingerichtet hat und sich in seinem Studienort ganz gut zurecht findet, fällt es sehr schwer, sich neuen Aspekten zu zuwenden. Das, was man bereits erreicht hat, liegt ja auch so viel näher als all die anderen Abenteuer, die noch auf dich lauern.

Um unsere Gravitationskraft zu überwinden, unsere Zeit effektiv zu nutzen und persönliche Glücksmomente dennoch nicht aus den Augen zu verlieren, bedarf es eines starken Willens und einer ausgeglichenen, gern auch „kantigen" Persönlichkeit. Dieses Buch möchte dich bei der Entwicklung zu einer solchen Persönlichkeit unterstützten. Daher stelle ich dir Prinzipien vor, die hilfreich für dein Studium und sehr nützlich im Leben sind.

Dieser Wegbegleiter ist kein Kochbuch mit Standardrezepten, das dir suggeriert, dass du kochen kannst, sobald du ein paar Kräuter stur nach Anleitung zusammenschmeißt. Nein, es geht hier eher um einen Aufruf, dir Gedanken zu machen, wie du dich ernähren möchtest! Gleichzeitig will ich dir das Experimentieren mit den Zutaten deiner Gerichte schmackhaft machen, denn: Der Chefkoch bist du – und zeitgleich der Gourmet, der das Ergebnis hinterher genießen darf.

Studieren?! – Worum geht's hier eigentlich?

Was ist der Sinn des Studiums? Dies kann man anhand einer einfachen Grafik darstellen:

Der große Kreis symbolisiert die Anforderungen, das zu erwerbende Wissen und die benötigten Fähigkeiten des Studiums. Es ist das Terrain, das es zu erkunden gilt. Der kleine Kreis steht für deine Kompetenzen und dein Wissen im ersten Semester. Wie du siehst, ist unser „Kompetenzkreis" zu Beginn des Studiums sehr klein. Wir haben zwar eine Vorstellung von dem Fach, wissen aber nicht, welchen Lernumfang es zukünftig bereithält. Die Lücke zwischen dem, was man von uns erwartet und dem, was wir bereits können, ist naturgemäß sehr groß. Ich habe im Grundstudium für jede einzelne Klausur mehr gelernt als für die gesamten Abiprüfungen! Um diesem Ungleichgewicht Herr zu werden, bedarf es mehr als reinem Büffeln. Wir müssen sowohl unsere Kompetenzen und Charaktereigenschaften schulen als auch Mut, Ausdauer und Kreativität weiterentwickeln.

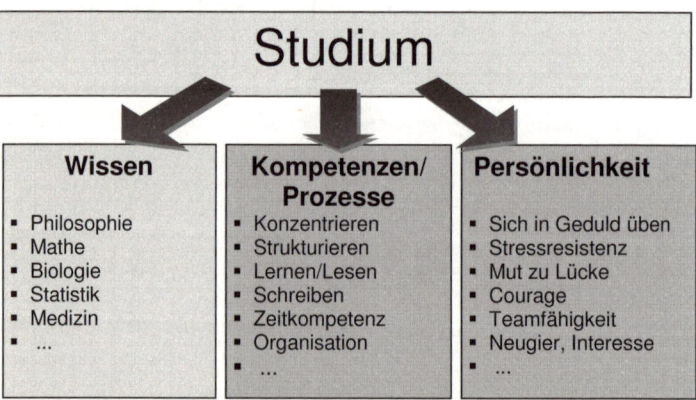

Das Fach an sich ist nur ein Teil des Studiums. Die anderen Bereiche sind ebenso wichtig, werden aber von vielen Studienplänen vernachlässigt. Ziel des Buches ist es, eine notwendige Ergänzung zum wissensgeprägten Studium zu schaffen.

Welcher Weg ist der Richtige für mich?

Dies ist eine Frage, die du dir wohl immer wieder stellen wirst – und stellen musst. Denn nur einer kann sie wirklich beantworten: Du! Neben deinem eigenen Anspruch werden viele externe Erwartungen an dich gestellt. Zur Entsprechung dieser Erwartungen steht dir ein breites Spektrum an Strategien zur Verfügung. Gehe bewusst bei der Anwendung der Erfolgsprinzipien vor, denn viele Ratgeber suggerieren eine Allmächtigkeit ihrer Ratschläge. Sie meinen, dass ihre Tipps allgemeingültig und ohne Einschränkung gelten. Das ist aber nicht wahr: Sicher spiegeln Erfolgsprinzipien Dinge wieder, die den Fortschritt wahrscheinlicher und Sachen effizienter machen. Du musst diese jedoch immer kritisch sehen und auf deine Situation anpassen.

Bediene dich aus dem Pool der hier dargestellten Prinzipien. Modifiziere sie und versuche sie auszubauen bis du das Gefühl hast, dass sie auf deine Bedürfnisse abgestimmt sind.

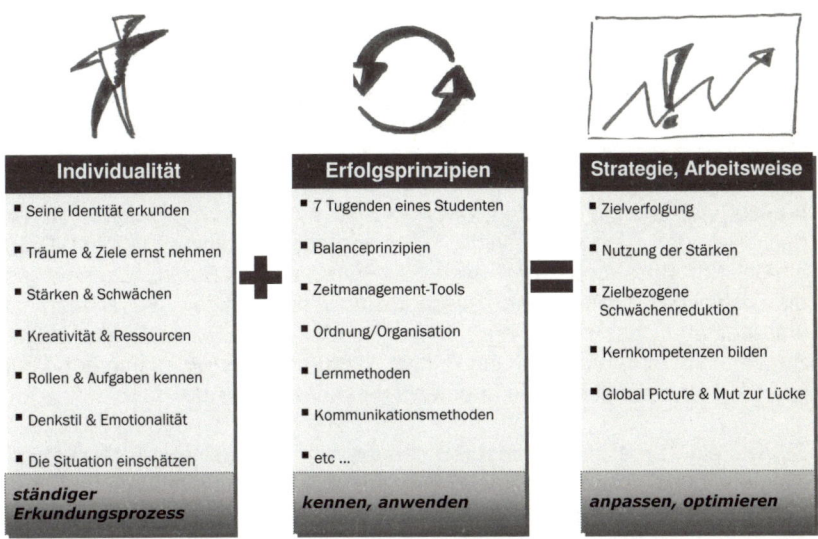

Individualität	Erfolgsprinzipien	Strategie, Arbeitsweise
▪ Seine Identität erkunden	▪ 7 Tugenden eines Studenten	▪ Zielverfolgung
▪ Träume & Ziele ernst nehmen	▪ Balanceprinzipien	▪ Nutzung der Stärken
▪ Stärken & Schwächen	▪ Zeitmanagement-Tools	▪ Zielbezogene Schwächenreduktion
▪ Kreativität & Ressourcen	▪ Ordnung/Organisation	▪ Kernkompetenzen bilden
▪ Rollen & Aufgaben kennen	▪ Lernmethoden	▪ Global Picture & Mut zur Lücke
▪ Denkstil & Emotionalität	▪ Kommunikationsmethoden	
▪ Die Situation einschätzen	▪ etc ...	
ständiger Erkundungsprozess	*kennen, anwenden*	*anpassen, optimieren*

Deine persönliche Strategie ist eine Kombination aus zwei Elementen: Deiner individuellen Situation und von gewissen Erfolgsprinzipien, die du je nach Aufgabe und Situation auf deine Bedürfnisse anpassen musst.

2. Kapitel: Die 7 Tugenden eines erfolgreichen Studenten

Lange Zeit habe ich mich gefragt, warum andere Kommilitonen so viel besser abschnitten und mehr Erfolg hatten. Ich wollte auch zu denjenigen gehören und suchte nach den Dingen, die sie anders machten. Ich bemerkte, dass sie gewisse Denkhaltungen und Handlungsprinzipien verinnerlicht hatten, die maßgeblich zur Lösung von Problemen und zur Verwirklichung ihrer Ziele dienten. Ich habe während meines Studiums immer wieder solche Erfolgsprinzipien gesucht, sie angewandt und letztendlich systematisiert. Hier sind nun meine „Forschungsergebnisse" – die 7 Tugenden eines Studenten!

Ich halte die 7 Tugenden für so zentral, dass ich sie an den Anfang des Buches gestellt habe. Sie sollen dir ein Ansporn sein, dich in deinen Zielen und deinem Studium voranzubringen und auch ein Trostpflaster bieten, wenn es mal nicht so klappt. Eines ist bei den Tugenden sehr wichtig: Du darfst nie die Gravitationskraft unterschätzen. Denn selbst wenn du diese Dinge schon weißt, bringen sie nicht viel, wenn sie nur graue Theorie bleiben. Sie entfalten erst ihre Kraft in der Anwendung. Einstellungen und Verhaltensweisen zu ändern, ist für das "Gewohnheitstier Mensch" gar nicht so einfach. Wir müssen nicht einfach etwas, sondern *uns* ändern. Dies braucht viel Energie und Zeit, deswegen ist es so wichtig, dass du dir die beschriebenen Dinge tief verinnerlichst und zur Gewohnheit machst. Dann handelst du quasi unbewusst nach den Prinzipien des Erfolgs. Du gewinnst die Fähigkeit, schnell und passend in verschiedenen Situationen zu entscheiden. Das ist die Kraft eines Prinzips. Das wir auf der rechten Straßenseite fahren ist auch ein Prinzip. Dadurch, dass wir es immer so tun, muss keiner mehr überlegen - der Verkehr läuft effizient ab!

So, wie ein Turner ein Sprungbrett benutzt, um die Kraft seiner Muskeln zu steigern, sind diese Prinzipien ein Trampolin, das dich bei gleichem Energieeinsatz um einiges höher springen lässt. Je früher und öfter du sie anwendest, desto schneller wirst du sicherer im Umgang mit den an dich gestellten Anforderungen. Schreib dir die wichtigsten Erkenntnisse heraus und hänge sie an deine Wand. Sie werden dir, wie ein Leuchtturm, den richtigen Weg weisen!

Die 7 Tugenden im Überblick

Auf deiner Reise durchs Studium ist die **erste Tugend** **„Annahmen hinterfragen".** Sie ist die Tugend des Denkens und der Kritikfähigkeit. Sie wird dir zeigen, dass es notwendig ist, genau zu beobachten und zweimal hinzuschauen bevor man sich ein Urteil bildet.

Die **zweite Tugend „Proaktives Handeln"** zeigt dir den Weg zu einer selbstbestimmten, optimistischen und zukunftsgerichteten Handlungsweise.

Mit der **dritten Tugend „Exploration"** entdeckst du dich, deine Umgebung und deine Ziele. Wo willst du hin? Was hast du vor?

Definiere mit der **Tugend 4 „Strategisches Denken"** deine Ziele und marschiere in dessen Richtung.

Unterwegs werden dir viele Hindernisse im Weg stehen. Ob Sumpf oder schweißtreibender Berganstieg, - gib nicht auf und beweise mit der **Tugend fünf „Hartnäckigkeit".**

Du wirst unweigerlich Fehler machen, dich mal verlaufen oder Gefahrensituationen falsch einschätzen. **Tugend sechs „Fehlertoleranz"** erklärt dir, warum solche Fehler Teil deines Entwicklungsprozesses sind und wie du aus ihnen lernen kannst.

Die **Tugend sieben „Produktivitätssteigerungen"** beschäftigt sich mich dem Prinzip der permanenten Verbesserung deiner Fähig- und Fertigkeiten. Nutze jeden deiner Schritte zum Aneignen und Festigen deines Wissens. Sie dienen deiner Prozesskompetenz und prägen nachhaltig deine Persönlichkeit.

Tugend 1_Sei kritisch:
Hinterfrage Annahmen

Der Einfluss von positiven Erwartungen und Gedanken

Deine Wahrnehmung und Bewertung der Dinge ist für deinen Erfolg ausschlaggebend. Dein Denken bestimmt unmittelbar dein Handeln. Es folgt damit dem auf Aristoteles zurückgehendem Prinzip von Ursache und Wirkung. Die richtige Einstellung kann dein Leben entscheidend ändern. Diese Erfahrung habe ich selbst schon gemacht:

> *Ich entschied mich, in Witten zu studieren. Der gute Ruf der Uni war hierbei ausschlaggebend, doch leider ist das beschauliche Witten nicht unbedingt eine coole Universitätsstadt. Hinzu kam, dass ich eigentlich im Ausland studieren wollte, aber beim Einstufungstest knapp gescheitert war. Derart deprimiert, verglich ich alles mit meinem unerreichten Traumstudienort. Nichts in und an Witten gefiel mir. Erst einige Zeit später wurde mir im Gespräch mit einer Freundin, die freiwillig aus einer Großstadt nach Witten gezogen war, klar, dass ich immer nur auf die negativen Seiten der Stadt geschaut hatte. Die positiven Aspekte, z.B. dass es hier viel Wasser und Grünflächen gab, hatte ich völlig außer Acht gelassen! Zudem wollte ich nach dem Grundstudium ursprünglich die Uni wechseln und lebte mein zweites Studienjahr als wäre es das Letzte: Ich unternahm viel mit meinen Studienkollegen und Sportfreunden, um die Zeit richtig auszuleben. Dieses „letzte Jahr" wurde so cool, dass ich beschloss, in Witten zu bleiben.*

Nachdem ich meine Situation nicht mehr ganz so schwarzsah, konnte ich mich all den positiven Aspekten öffnen. Bis zu diesem Zeitpunkt hatte ich mich allein auf meine nicht zu erfüllenden Erwartungen konzentriert.

Nicht nur, dass Erwartungen die Zufriedenheit entscheidend beeinflussen, sie haben auch Auswirkungen auf deine Leistungsfähigkeit. Ein Beispiel dafür ist der „Rosenthal-Effekt":

> *Rosenthal gab Lehrern einer Schule zu Beginn eines Schuljahres eine Liste von Schülern, die angeblich ein hohes Entwicklungspotenzial hatten. Tatsächlich waren diese „Hochbegabten" nach dem Zufallsprinzip ausgewählt worden. Zum Ende des Jahres zeigten diese zufällig ausgewählten Schüler überdurchschnittliche Leistungen. Der Grund: Die positiven Erwartungen der Lehrer wurden den Schülern unbewusst vermittelt (u.a. durch die Wartezeit auf eine Schülerantwort, durch Häufigkeit und Intensität von Lob oder Tadel).*

Dies ist nur eine Form von sich selbst erfüllender Prophezeiungen. Die Unterschiede in der Intelligenz sind gering. Wenn jemand erfolgreicher ist, dann wohl deshalb, weil er seine Talente und Fähigkeiten besser entwickelt hat als du. Denke daran: Die schädlichsten Einflüsse sind die, die dich einschränken. Suche nach solchen selbstauferlegten Beschränkungen, wenn du das Gefühl hast, dass andere dir überlegen sind. Es gibt auch für dich keine Schranken! Du kannst genau das erreichen, was andere schon vor dir erreicht haben - oder gar ein wenig mehr! Verkaufe dich nicht unter Wert und gib dich nicht mit weniger zufrieden. Selbstauferlegte Schranken sind wie ständig schleifende Bremsen am Fahrrad: Sie hindern dich am Vorwärtskommen. Es ist daher wichtig, dass du dir viel zutraust. Solange du an dich und deine Stärken glaubst, kannst du deine Ziele auch erreichen!

Was bestimmt unser Denken und Handeln?

Unser Leben ist das Produkt unserer Gedanken. Wenn wir Einfluss auf unser Denken nehmen und den Automatismus der vorschnellen Schlüsse durchbrechen können, haben wir die Chance Dinge differenzierter zu beurteilen, Lernprozesse schneller voran zu treiben und unsere Wahrnehmung scharfsinniger zu gestalten. Deswegen muss es unser erstes Ziel sein, eingefahrene Denk- und Beurteilungsmuster aufzulösen.

Die Reaktion auf einen äußeren Reiz erfolgt zumeist sehr schnell. Ein schlechtes Feedback zu einem Referat löst in uns eine beleidigte Haltung aus. Wir raunen zurück oder sind am Boden zerstört, weil wir dann denken, „alles falsch gemacht" zu haben.

Reiz → Reaktion/ Bewertung

Die Grafik zeigt, was in diesem Fall passiert: Aus einem Umweltreiz erfolgt augenblicklich eine Reaktion. Tiere reagieren bei einem Geräusch instinktiv ängstlich und flüchten. Im Gegensatz zu Tieren ist die Reaktion eines Menschen immer eine individuelle. Bei einer Beleidigung sind einige gekränkt und ziehen sich frustriert zurück. Andere schimpfen lauthals. Manche wiederum lächeln nur müde, weil sie wissen, dass eine Beleidigung mehr über den Sprecher als über den Empfänger des Schimpfwortes aussagt. Was ist es also, das diesen Unterschied in der Reaktionsweise der Menschen ausmacht? Es sind ihre „Mentalen Modelle" (auch Paradigmen genannt), die ihre Wahrnehmung und Bewertung von Umweltfaktoren beeinflussen:

Reiz 〉 Mentales Model → Reaktion

Was genau ist ein Mentales Modell? Es ist unsere Sicht und Einschätzung der Umwelt. Es ist die Brille, durch die wir die Welt sehen. Und wie bei Brillen, die verschiedene Stärken haben und verschiedene Sehfehler korrigieren, unterscheiden sich die Mentalen Modelle der Menschen ebenfalls. Das, was wir sehen, ist immer subjektiv, weil unser Wissen, unsere Erfahrungen und unsere Werte das Gesehene prägen. Es ist nicht die Realität.

So ist es nur zu verständlich, wenn sich zwei Menschen über etwas streiten und beide Recht behalten wollen. Stell dir vor, du stehst gemeinsam mit einer Freundin im Museum vor einer Plastik. Ihr betrachtet die Plastik von einem unterschiedlichen Einfallswinkel. Ihr seht beide dasselbe *reale* Phänomen, aber jeder *interpretiert* es, abhängig vom Standort, anders.

Wenn du behauptest, du würdest einen alten Mann sehen und deine Freundin, dass die Skulptur doch eine Frau darstellte, hättet ihr eine zähe Diskussion, wer von euch Recht hat. Ihr streitet dabei nicht über die Realität, sondern über eure subjektive Wahrnehmung. Ein Streit basiert also oft auf verschiedenen Interpretationen, die wir als die „Wahrheit" sehen. Wenn ihr stattdessen eure Wahrnehmungen akzeptieren und addieren würdet, hättet ihr mehr Informationen und wärt der Realität ein Stück näher.

Es ist nur zu offensichtlich, dass keiner von uns die Realität überschauen kann. Zu komplex sind die Zusammenhänge, zu reichhaltig die Informationen. Dies verdeutlicht auch folgendes Beispiel:

Bei einem Teamtraining wurden wir nachts geweckt, mit verbunden Augen in Autos gesetzt und durch zwölf Runden im Kreisverkehr orientierungslos gemacht. In einem hügeligen Gelände wieder ausgesetzt, sollten wir zu unserem abgelegenen Seminardorf zurückfinden, lediglich mit einem Walkie-Talkie und je einem weiteren Hilfsmittel (Kompass, Trillerpfeife, Taschenlampe, unterschiedliche Ausschnitte einer Landkarte) ausgestattet. Die einzige Chance, sich einen Überblick über die tatsächlichen Gegebenheiten zu machen, lag in der Kommunikation mit den anderen. Durch die Walkie-Talkies konnten wir uns nach und nach ein Bild über unsere Standorte und das Gelände machen, in dem wir ausgesetzt waren. Manche der Kartenstücke überlappten sich, sodass man nach Gemeinsamkeiten suchen konnte. Durch die Trillerpfeife und die Taschenlampe konnten andere auf sich aufmerksam machen. Allmählich wurden wir kleinere Grüppchen, die sich zusammenfanden und die Kartenstücke zusammensetzten. Diejenigen, die keine Karte hatten, konnten von den anderen navigiert werden, indem sie ihren Standpunkt durch Angabe markanter Orientierungspunkte beschrieben. Durch die

Kooperation und die genaue Beschreibung der jeweiligen zur Verfügung stehenden Informationen konnten wir uns aus dieser misslichen Lage befreien.

Aus dieser Geschichte kann man einiges lernen: Zunächst, dass wir den anderen in seiner Wahrnehmung ernst nehmen sollten. Denn er sieht nur das, was er aufgrund seines Standpunktes sehen kann und er kann nur das zur Lösung beitragen, was ihm an Informationen und Fähigkeiten zur Verfügung steht. Wir dürfen also von anderen und von uns selbst nicht zu viel erwarten. Auf der anderen Seite stellen die kleinen Kartenausschnitte unsere Mentalen Modelle dar, mit denen wir versuchen, unsere Umwelt zu erklären.

Wir müssen also unsere Mentalen Modelle als subjektive Ausschnitte der Realität akzeptieren. Wir müssen uns bewusst werden, dass unsere Wahrnehmung von Dingen und unsere Bewertung von Umwelteinflüssen unvollständig, subjektiv und relativ sind. Oft kommt es vor, dass man nur einen Teil der Karte in der Hand hält oder man mit alten Karten operiert, wohingegen sich das Stadtbild längst geändert hat.

Unsere Welt besteht aus Konventionen. Diese sind wichtig, um unser Leben zu strukturieren, Unsicherheiten zu reduzieren und unser Zusammenleben zu vereinfachen. Wir haben viele Dinge von unseren Eltern, Lehrern und Freunden gelernt und dadurch automatisch Einstellungen und Wertvorstellungen von ihnen übernommen. So haben wir vorgefertigte Bewertungsraster, Modelle und die berühmten Schubladen verinnerlicht. Ein Modell muss nicht falsch sein, aber es passt nicht jedes Modell auf jede Situation. Ein Modell versucht nur, die Wirklichkeit zu erklären. Es kann die Wirklichkeit nie ganz erfassen. Somit ist es fehleranfällig. Sicherlich sind einige Modelle veraltet und bedürfen eines Updates. Sie sind schuld daran, dass wir uns so viele selbst auferlegte Schranken setzen. Denk immer daran: Die Welt ist so, wie du sie siehst! Siehst du sie als chancenreich, werden sich dir Möglichkeiten zeigen. Siehst du die Welt als risikoreich, wirst du viele Dinge nicht ausprobieren und einige Chancen verspielen.

Konventionen und Routine sind per se nichts Schlechtes. Unser Gehirn strebt nach Struktur. Wir brauchen gewohnte Muster, um überleben zu können. Aber manchmal hindern uns diese Muster eben auch.

Denkpause: Welchen Konventionen folgst du stillschweigend? Welche Dinge, die andere ganz anders sehen, sind für dich selbstverständlich? Welche Regeln hast du übernommen, ohne sie zu hinterfragen? Welche dieser Regeln kannst du brechen, um mehr Erfolg zu haben?

Versuche, das Zebra zu sehen!

Albert Einstein sagte einmal: „Wir können Probleme nicht auf derselben Ebene lösen, auf der sie verursacht wurden." Recht hatte er, was also tun? Wir müssen den Reiz-Reaktionsprozess unterbrechen, um einen anderen Gang zu wählen. Dieser Auskuppelungsprozess setzt bei der bewussten Hinterfragung unserer Wahrnehmung und unserer Bewertungen an. **„Ist es wirklich so?"** ist eine der wichtigsten Fragen, die du dir immer wieder stellen musst! Sonst haben unsere Mentalen Modelle unser Denken, Fühlen und Handeln komplett in der Hand.

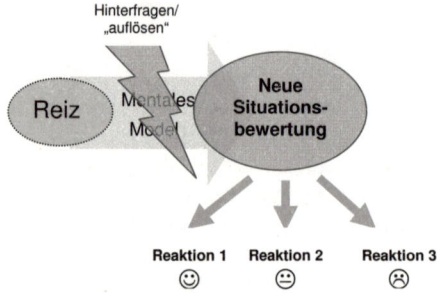

Wir müssen unsere Mentalen Modelle immer wieder hinterfragen und „updaten". Nur so können wir einen Entscheidungsspielraum gewinnen. Auf diese Weise stehen uns mehrere Reaktionen zur Wahl. Zum Beispiel können wir uns nach dem Referat freuen, dass wir endlich mal ein ehrliches Feedback für die Leistung bekommen haben. Wir können uns aber auch bewusst werden, dass die Art des Feedbacks nicht in Ordnung war. Wir können also zwischen dem unsachlichen und brauchbaren Teil trennen. Du empfindest die Situation nicht mehr als schwarz oder weiß sondern differenzierter. Dort, wo vorher ein schwarzes Ross oder ein weißer Schimmel stand, befindet sich plötzlich ein Zebra! (Ich weiß, der Vergleich hinkt. Ein farbenfrohes Chamäleon wäre sicher besser. Nur: Hast du schon einmal versucht, ein Chamäleon zu zeichnen?)

Wende deine Fähigkeit in folgenden Situationen an:

Im Studium kann man lernen, was im Berufsleben ungleich schwieriger ist: seine eigenen Urteile zu bilden. Du kannst an der Universität frei denken, Texte interpretieren und dir einen eigenen Reim auf wissenschaftliche Modelle machen. Die Reflexion hat Auswirkungen auf unsere Wahrnehmung und Situationseinschätzung. Unsere **Kritikfähigkeit** wird geschult.

Hinterfragen von wissenschaftlichen Modellen: Ein wissenschaftliches Modell ist der Versuch, die Wirklichkeit durch vereinfachte Annahmen zu erklären – Es ist nicht die Wirklichkeit! Frage dich also immer, inwieweit das Modell auf deine Aufgabe anwendbar ist, welche Annahmen stimmen und welche hinterfragbar sind. Deshalb musst du jede Theorie, jeden Text kritisch hinterfragen: Kann man das wirklich so sagen? Unter welchen Umständen treffen die Annahmen des Autors zu? Unter welchen Umständen muss das Modell verworfen werden (wie robust ist es)? Bilde dir eine eigene Meinung und „friss" nicht alles blindäugig!

Entwicklung von Kreativität und Alternativen: Die erste Lösung ist nicht immer die beste. Neue Perspektiven anzunehmen und sich von verschiedenen Richtungen dem Problem zu nähern, ist das Geheimnis der Kreativität. Dies setzt voraus, dass wir uns bewusst von eingefahrenen Denkhaltungen lösen können.

Bei Enttäuschung oder Bewertung von Situationen: Oft ist man von anderen enttäuscht, weil man von ihnen ein ganz bestimmtes Verhalten erwartet. Wir gehen von bestimmten Annahmen aus, ohne die Situation des anderen zu kennen. Wir sind daher selbst für unsere Enttäuschungen verantwortlich. Frustration, Enttäuschung aber auch Zufriedenheit ist immer auch ein Ergebnis unserer eigenen Erwartungen. Hinterfrage sie, wenn du unzufrieden bist!

Übung - Auflösen von selbstauferlegten Beschränkungen: Wann immer du das Gefühl hast, dass ein Problem aufgrund deines fehlenden Wissens und deiner selbstauferlegten Schranken entsteht, frage dich: „Was wäre wenn ...?." Beispiel: „Ich kann im Zug nicht arbeiten." Erstelle eine „Was wäre, wenn ich ..."-Liste!

Was wäre wenn ich...
... einen Sitzplatz mit Schreibtisch reserviere?
... mir Ohrstöpsel besorge?
... im Zug unwichtige Sachen abarbeite?
... zu solchen Zeiten Zug fahre, in denen ich eh unproduktiv bin?
... die Bewegung nutze, ein paar Gedanken schweifen zu lassen?

Bei Voreingenommenheit: Allzu oft übernehmen wir einen Ratschlag ohne die Aussage zu überprüfen, z.B. dann, wenn wir fragen, was jemand von einem bestimmten Seminar oder Professor hält. Eine positive Auskunft ist oft ein gutes Zeichen, eine negative Meinung muss aber nicht gleich heißen, dass das Seminar uninteressant oder der Prof inkompetent ist. Bewertungen sind äußerst subjektiv. Stelle einen Ratschlag also stets in Frage und bilde dir lieber eine eigene Meinung.

Nachdenken, bevor man handelt: Lege zuerst eine gedankliche Pause ein und überlege dir, warum und wie du etwas tust. Das klingt vielleicht banal, aber wie oft machst du das wirklich? Wir erledigen viele kleine Aufgaben, ohne nachzudenken, ob sie überhaupt sinnvoll sind. Diese Eigenschaft hilft dir beim Zeitmanagement und ist die Voraussetzung für Produktivitätssteigerungen (→ Tugend 7).

Übung „Auskuppeln": Tritt auf die Bremse, wenn dich jemand um einen Gefallen bittet. Stimme nicht jedem verlockenden Angebot gleich zu, wenn du dich damit überlastest oder du es eigentlich gar nicht machen möchtest. Bitte um Bedenkzeit. Überlege, welche Ziele du hast, welche Aspekte die angetragene Sache beinhaltet und welche Handlungsalternativen es gibt. Entscheide erst dann!

Eine bewährte Methode: Mentale Modelle hinterfragen!

Es gibt eine sehr hilfreiche Übung, seinen eigenen Annahmen und Denkmodellen auf die Spur zu kommen:

1. Zeichne eine Tabelle und schreibe in die linke Spalte eine Situation, die nicht gut gelaufen ist (z.B. ein Gespräch, bei dem es zum Konflikt kam) oder bei der du dich schlecht gefühlt hast (z.B. eine Prüfung, Einarbeitung im Praktikum).

2. Schreibe in die rechte Spalte, was du in den jeweiligen Momenten gedacht und gefühlt hast! Versuche dich genau daran zu erinnern, was gesagt wurde. Was ging darauf in deinem Kopf vor?

Im Folgenden das Beispiel eines schlecht gelaufenen Referats:

Interaktion/ Konfliktgespräch	Meine Gedanken & Gefühle
Prof.: Das Referat war mir viel zu unstrukturiert. Die Folien waren überladen und die Quellenangaben auf den Seiten fehlen. *Du: Das stimmt nicht, ... (nun verteidigst du dich nur, anstatt ihm wirklich zuzuhören) ...*	*Wie kann der nur so reden? Ich habe 50 Stunden in die Vorbereitung der Präsentation gesteckt, und jetzt kommt der mit solchen Vorwürfen. Ich habe mir so lange einen Kopf um die Struktur gemacht, die Folien kreativ gestaltet und die Quellenangaben zum Ende der Präsentation aufgelistet.* *...*

Prof.: ... ich gebe ihnen deshalb eine 2,7.	So eine Frechheit. Diese Note entspricht nicht der Wertschätzung, die ich für dieses Referat bekommen sollte ...

Ich habe extrem gute Erfahrungen mit dieser Übung gemacht. Sie dient sowohl der Analyse deiner Mentalen Modelle als auch der Verbesserung zukünftiger Interaktionssituationen durch:

- **Dokumentation:** Durch diese Übung holst du dir die Konfliktsituation ins Gedächtnis zurück und ziehst den Gesprächsverlauf nach.

- **Gedanken und Gefühle:** Durch die rechte Spalte erinnerst du dich an das, was du in dieser Situation gedacht und gefühlt hast. Du kannst deine Reaktion besser nachvollziehen, weil du verstehst aus welchem Grund sie erfolgt ist.

- **Identifikation der Annahmen:** Der Student im Beispiel ist der Auffassung, das Referat richtig vorbereitet zu haben und meint, dass eine kreative Gestaltung bei Folien generell gut ist. Er hat nicht bedacht, dass es bei Präsentationen auf ein einheitliches Gliederungs-schema ankommt. Ebenso kannte er den akademischen Usus noch nicht, jedes Modell und jede Aussage zitieren zu müssen. Er hatte die Annahme, dass ein Quellenverzeichnis am Ende des Referats reicht, so wie er es in der Schule gelernt hat.

- **Nachvollziehen der „Konfliktlinie":** Analysiere, welche Teile des Gespräches konfliktverstärkend und welche konfliktreduzierend waren. Vielleicht war die Wortwahl des Professors zu direkt, sodass du dich angegriffen gefühlt hast. Vielleicht bist du auf Abwehr statt auf Zuhören umgestiegen und hast somit neues Holz ins Feuer geworfen.

- **Generierung von Alternativen:** Du kannst nun in aller Ruhe überlegen, welche deiner Sprechakte ungeschickt gewählt waren. Was könntest du in Zukunft konfliktreduzierend antworten, wie hättest du besser argumentieren können?

- **Schlagfertigkeit:** Oft ärgert man sich, dass einem die guten Argumente nicht früher eingefallen sind. Wenn du solche Gespräche regelmäßig auswertest, erhöhst du bald deine Schlagfertigkeit.

 ***Die Fähigkeit, Annahmen zu hinterfragen, ist für die Flexibilität deines Denkens sowie für deine Analyse- und Kritikfähigkeit essentiell!***

Tugend 2_Handle proaktiv:
Nimm dein Studium in die eigene Hand

Das Wörtlein *„proactivity"* ist im englischen Sprachraum sehr populär. Es bezeichnet selbstbestimmte, weitsichtige Menschen, die die Initiative ergreifen. Eine andere Bezeichnung für Proaktivität ist „Selbstverantwortung wahrnehmen". Auch du solltest proaktiv handeln, denn das ist eine der bedeutendsten Eigenschaften überhaupt!

Übernimm die Initiative!

Es hilft nichts, abzuwarten bis sich etwas Entscheidendes ändert, wenn du aktiv dazu beitragen könntest! Wenn du mit deiner Alma Mater unzufrieden bist, kannst du dich mit deinen Freunden über den Prof, die Uni oder das mangelnde Studienangebot auslassen. Oder *du* erarbeitest dir den Stoff in einer Lerngruppe, schließt dich einer studentischen Organisation an oder stellst selbst etwas auf die Beine. Hast du z.B. Probleme mit dem Schreiben? Wie wäre es mit einem Aushang für eine Schreibgruppe, die Hausarbeiten und allerlei andere Textarten miteinander bespricht? Du musst viele Referate halten oder argumentieren? Dann gründe doch einen Debating Club bzw. schließe dich einem existierenden Club an! Mit solch einer Initiative punktest du nicht nur im nächsten Bewerbungsgespräch, sondern triffst auch engagierte Leute, die dich sicher auch in anderen Dingen voran bringen können.

Wenn du Hemmungen hast, etwas zu tun, dann stell dir immer die Frage: *„Was ist das Schlimmste, was passieren kann?"* Meist ist das gar nicht so wild. Hier greift die „0 oder 1"-Philosophie: Machst du nichts, hast du ein Ergebnis von 0. Tust du aber etwas, so hast du eine hohe Wahrscheinlichkeit, ein Ergebnis zwischen 0 und 1 zu bekommen. Im schlimmsten Fall klappt es nicht und du bist wieder bei 0. Du kannst also nichts verlieren! Worauf wartest du noch?!

> *Es ist besser, ein Licht anzuzünden,*
> *als auf die Dunkelheit zu schimpfen.*
> *(Chinesisches Sprichwort)*

Habe Vertrauen in deine eigenen Fähigkeiten

Wer hilft dir, wenn nicht du selbst? Wer macht den ersten Schritt, wenn nicht du? Das Fundament für jede Initiative ist das Vertrauen in deine Ressourcen und deine Kreativität. Auch wenn du die Möglichkeiten, etwas zu bewegen, jetzt noch nicht kennst, suche aktiv nach ihnen, und vertraue darauf, dass du einen Weg finden wirst. Verlass dich auf deinen Einfallsreichtum, wenn es darum geht, Probleme zu lösen. Schaue nicht hilfesuchend umher, bis dir jemand väterlich aus der Patsche hilft. Nimm dich deiner Situation an und versuche selbst, einen Lösungsweg zu finden. Ich höre immer wieder „Ich kann das nicht" oder „Ich habe keine Ahnung davon". Manche glauben das wirklich, meist sind es jedoch nur Ausflüchte und Auswüchse von Bequemlichkeit, um sich nicht selbst in ein Problem hineinfuchsen zu müssen. Viele warten auf jemanden, der ihnen weiterhilft. Aber die, die etwas erreichen, sind immer diejenigen, die Lösungen entwickeln und sich nicht selbst zum Problem machen! Von jetzt an, wann immer du auf etwas wartest, das passieren soll, sag dir: *Ich habe die Ressourcen, und ich kann die Initiative ergreifen! Ich bin von niemandem abhängig!*

So meisterst Du jedes Problem: Deine „Farbpalette"

Um mehr Vertrauen in deine eigenen Fähigkeiten zu bekommen, möchte ich einen Vergleich mit der Farbpalette anstellen: Aus dem Kunstunterricht kennst du das Farbspiel mit den drei Grundfarben rot, blau und gelb. Mischt man diese drei Farben miteinander, erhält man jede andere Farbe. Es ist doch ein kleines Wunder, wie farbenfroh man mit nur drei Farben malen kann!

rot	blau	gelb
= Initiative	*= Kreativität*	*= Ressourcen*

Ähnlich kannst du mit der richtigen Mischung der drei folgenden Farben deine Probleme und Herausforderungen meistern:

- **Rot** habe ich mit der **Initiative** gleichgesetzt. Du kannst es mit Feuer und Energie assoziieren. Es ist die Farbe des Handelns, der Spontaneität und des energischen Findens eines Lösungsansatzes.

- **Blau** assoziiere ich mit **Kreativität** und dem Himmel. Das erinnert mich daran, an einem Sommertag auf einer Wiese zu liegen und die Gedanken mit den wenigen Wolken am blauen Himmel schweifen zu lassen und dabei neue Ideen zu finden.

- **Gelb** steht für die **Ressourcen**, also z.B. für ein Lehrbuch oder einen Studienordner mit gelbem Einband.

Deine Farbpalette in Aktion

Egal, ob im Studium, Job oder im Privaten - immer wenn dir etwas Angst macht, dich verzweifeln lässt oder dich überfordert, dann analysiere schriftlich, was dir Sorgen macht und wie du deine Probleme mithilfe deiner drei Grundfarben „Initiative", „Kreativität" und „Ressourcen" lösen kannst:

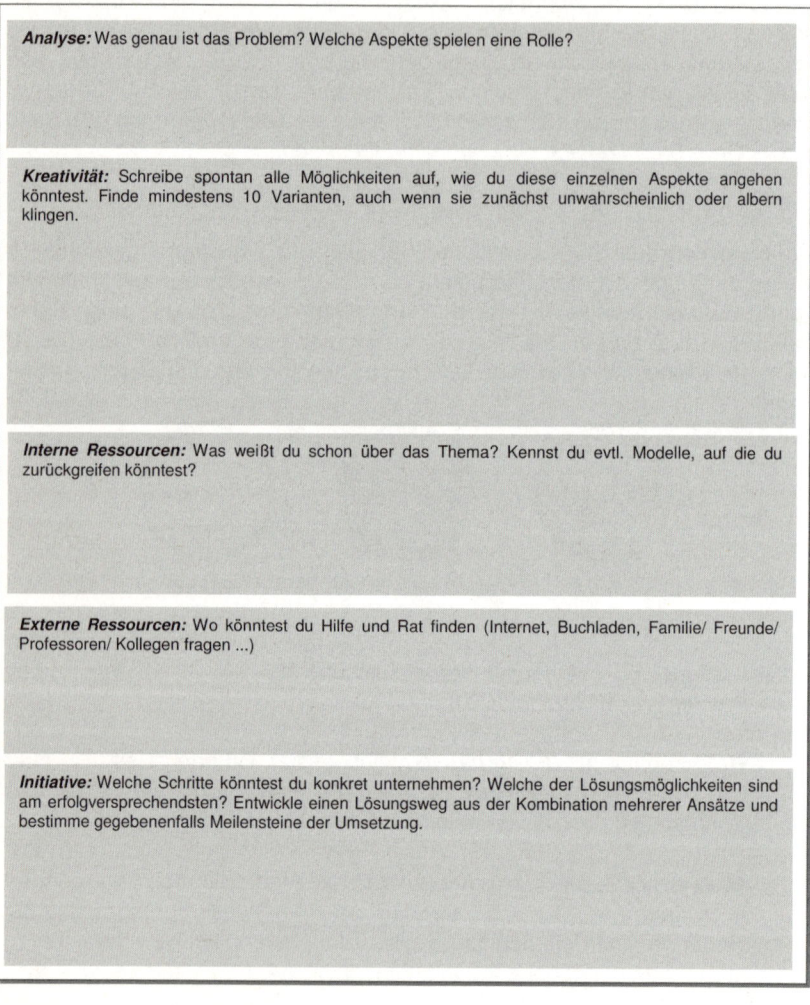

Analyse: Was genau ist das Problem? Welche Aspekte spielen eine Rolle?

Kreativität: Schreibe spontan alle Möglichkeiten auf, wie du diese einzelnen Aspekte angehen könntest. Finde mindestens 10 Varianten, auch wenn sie zunächst unwahrscheinlich oder albern klingen.

Interne Ressourcen: Was weißt du schon über das Thema? Kennst du evtl. Modelle, auf die du zurückgreifen könntest?

Externe Ressourcen: Wo könntest du Hilfe und Rat finden (Internet, Buchladen, Familie/ Freunde/ Professoren/ Kollegen fragen ...)

Initiative: Welche Schritte könntest du konkret unternehmen? Welche der Lösungsmöglichkeiten sind am erfolgversprechendsten? Entwickle einen Lösungsweg aus der Kombination mehrerer Ansätze und bestimme gegebenenfalls Meilensteine der Umsetzung.

Wenn du die Übung richtig machst, sollte es kein Problem sein, ein DIN- A-4-Blatt mit Aspekten und Ideen innerhalb einer halben Stunde zu füllen. Erstaunlich, was alles schon in dir steckt und dass du mit ein wenig Überlegung schon konkrete Maßnahmen identifizieren kannst!

Eine Anwendung: Sich gute Voraussetzungen schaffen

Durch dein Handeln kannst du zu deinen Gunsten auf deine Umwelt einwirken. Reges Engagement in Vorlesungen kann z.B. nicht schaden. Es geht dabei aber nicht um plumpe Fragen oder Heuchelei, sondern um ein gesundes Interesse am Thema oder am Forschungsgebiet der Lehrperson. Der Professor erinnert sich später an dein Gesicht, wenn du bei ihm in der Prüfung sitzt oder mal ein Gutachten für ein Stipendium brauchst. Darüber hinaus motiviert dich das aktive Mitarbeiten in der Vorlesung und steigert deine Aufnahmefähigkeit.

Ebenso sinnvoll ist es, sich am Lehrstuhl des Fachgebietes als studentischer Mitarbeiter zu engagieren. Diese Arbeit bessert deinen Geldbeutel auf und ermöglicht dir Einblicke in verschiedene Forschungsbereiche. Auf diesem Wege lernt man gleich die Personen kennen, die vielleicht die Betreuung der Haus- oder Abschlussarbeit übernehmen. Es fällt wesentlich leichter den Hiwi, mit dem man quasi „per du" ist, um einen Rat zu fragen, als mit dem Gefühl hinzugehen ein Unbekannter zu sein.

Eine weitere gute Voraussetzung ist das gezielte Einwirken auf die Rahmenbedingungen, die deinen Erfolg bestimmen:

Ein befreundeter Kommilitone wollte sein Vordiplom in einem Jahr „durchziehen", hatte aber bereits den Einstieg in die obligatorische Statistikveranstaltung verpasst und hätte aus formellen Gründen sein Vordiplom frühestens nach drei Semestern machen können. Er löste das Problem, indem er mit dem Statistikdozenten sprach, zum Dekan ging und Kommilitonen für seine Sache begeisterte. Seine Idee: Die Einführung eines „Statistik-Fast-Course", der statt in zwei Semestern in nur einem Semester absolviert wird. Die Idee fand immensen Zulauf. Denn, auch anderen (mathebegabten) Studenten war mit diesem Kurs geholfen, da sie ein zügigeres Tempo mithalten konnten und vertiefende Statistikthemen behandeln wollten.

Zugegeben, diese Vorgehensweise ist schon ziemlich abgebrüht und verlangt etwas Courage. Aber schöner könnte man das Prinzip der Proaktivität kaum erklären: Das aktive Verändern der zunächst als starr angenommen Rahmenbedingungen zum gegenseitigen Vorteil!

Proaktivität = Vorausdenken und präventiv handeln

Peter Drucker, einer der bekanntesten Vorausdenker des Managements, formulierte einmal einsichtige Worte: „Effektive Leute sind nicht problemorientiert, sondern suchen nach Lösungen. Sie füttern Chancen und entziehen Problemen die Nahrung. Sie denken präventiv." Dies verdeutlicht zwei weitere Merkmale der Proaktivität: zukunftgerichtetes, optimistisches Handeln und das Erkennen von Problemen und Gefahren im Anfangsstadium. Proaktive Menschen warten nicht bis etwas schief läuft, sondern versuchen die Gefahr im Vornherein abzublocken.

Ode an die Optimisten: An dieser Stelle ein Vergleich mit den Optimisten, die quasi automatisch proaktiv handeln. Es sind Menschen, die immer einen Weg finden, weil sie ihn immer und überall suchen. Sie halten in jeder Situation Ausschau nach dem Guten und suchen die positiven Aspekte in Rückschlägen. Denn sie wissen: Probleme sind wie Sportverletzungen, die auf die eigenen Schwachstellen hinweisen. Optimisten haben die Zukunft im Auge, nicht die Vergangenheit. Sie suchen nach der Chance in jeder Schwierigkeit. Sie denken darüber nach, was getan werden kann, nicht darüber, was geschehen ist und wer die Schuld daran trägt. Optimisten sind lösungsorientiert, sie konzentrieren sich auf den nächsten Schritt und nicht auf das Problem und seine Entstehung. Ihnen gelingen viele Dinge leichter, weil sie durch ihre Art zu denken die Zuversicht ausstrahlen, Schwierigkeiten zu überwinden und Ziele zu erreichen.

Proaktivität beim Lernen:

Ein Lehrer meiner Schule hatte einen Spruch an seinem Rednerpult stehen, der sich im Laufe meines Studiums immer wieder bewahrheitet hat:

Wir behalten 10% von dem, was wir lesen, 20% dessen, was wir hören, 50% vom Hören und Sehen, 70% vom Diskutieren und 90% dessen, was wir selbst tun

Wir kommen also im Studium nicht umhin, die Initiative zu ergreifen und Dinge tiefgründig und mit dem nötigen Aufwand zu erarbeiten. Langfristig wird sich dieses Investment auszahlen, wenn wir uns intensiv und vielseitig mit dem Stoff beschäftigen und freiwillig Aufgaben und Verantwortung übernehmen, um in mehreren Situationen Erfahrungen zu sammeln. Etwas zu verändern und Fortschritte zu machen, ist keine Sache des Glücks, sondern Früchte harter, konsequenter Arbeit.

Sprache als Spiegelbild deines Denkens

Deine Einstellungen äußern sich in deiner Sprache: Benutzt du z.B. Phrasen wie: *„Ich muss noch lernen."* Dann frage dich, ob du wirklich lernen musst oder ob du das Fach nur gewählt hast, um bei der Prüfung gut abzuschneiden. Sagst du manchmal: „Ich denke eigentlich, dass vielleicht ..."? (Klingt nicht besonders überzeugend, oder?) Vertritt deine Meinung ruhig selbstbewusster. „Ähs" und „ähms" sind Ausdruck dieser Unsicherheit. Erkennst du den Unterschied zwischen der reaktiven, getriebenen Sprache und der proaktiven Sprache, die Probleme als Aufgaben begreift? Wörter –

geschrieben oder mündlich – sind immer auch ein Ausdruck deines Denkens. Kontrolliere daher für mehrere Tage deine Sprache und achte darauf, ob du reaktiv sprichst (und denkst) oder Dinge proaktiv angehst. Suche ähnliche Beispiele wie in dieser Aufstellung:

Reaktiv	Proaktiv
Ich kann nichts tun	*Was sind meine Alternativen?*
So bin ich nun mal	*Ich werde es anders versuchen!*
Sie treibt mich in den Wahnsinn	*Ich lasse mir den Tag von ihr nicht verderben!*
Er wird den Abgabentermin nicht verlängern.	*Wenn ich ihm gute Gründe und eine Alternative liefere, habe ich eine Chance auf eine spätere Abgabe.*
Ich muss	*Ich entscheide*
Wenn doch nur.	*Ich werde*

Spiele mit dieser Liste. Zähle deine eigenen „Reaktionswörter" und die deiner Freunde und vergleiche. Damit wird dir deine reaktive Denk- und Handlungsweise bewusst und deine Wahrnehmung geschult.

Steh auf und nimm dein Schicksal in deine Hand!

Tugend 3_Sei ein Explorer:
Erforsche dich und dein Studienfach

Kinder erkunden vorurteilsfrei die Welt. Sie probieren alles aus, um ihre Umwelt zu verstehen. Mit zunehmendem Alter und zunehmender Erfahrung glauben viele, die Welt zu kennen (→ Annahmen hinterfragen). Im Laufe der Entwicklung verliert man so oft seine Neugier und den Forschungsdrang. Man gibt sich schnell mit dem zufrieden, was man bereits weiß. Aber nichts auf dieser Welt wäre vorangekommen ohne die großen und kleinen Erfindungen und die Schritte ins unbekannte Land. Entdecker und Erfinder haben die Neugier und den Mut, eingetretene Bahnen zu verlassen. Einige Menschen haben ihre kindliche Neugier und ihren Entdeckerdrang auch im Erwachsenenalter nicht abgelegt, darunter: Leonardo da Vinci, Goethe und Picasso. Ihr Erfolgsgeheimnis: Sie haben einfach nicht mit dem Fragen aufgehört! Der ungarisch-amerikanische Motivationsforscher mit dem unaussprechlichen Namen Mihaly Csikszentmihalyi untersuchte erfolgreiche und kreative Persönlichkeiten (u.a. Nobelpreisträger, Wissenschaftler, Musiker, Künstler) und fand eine leidenschaftliche Ausdauer sowie eine stark ausgeprägte Neugier und Offenheit (Steiner 2000). Deswegen sei auch du ein „Explorer", der neue Erfindungen und Endeckungen macht. Denn im Studium gibt es viel zu erforschen:

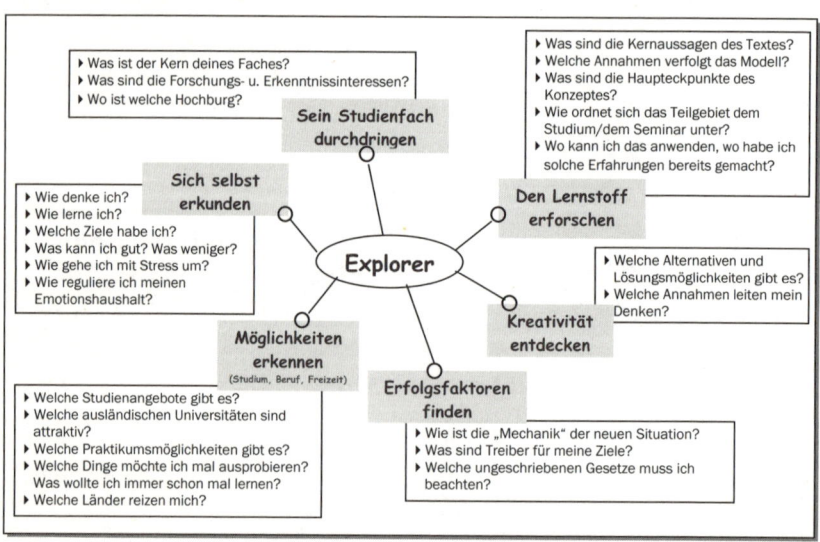

Sein Studienfach durchdringen & den Lernstoff erforschen:

Deine Neugier und dein Interesse waren maßgeblich an der Entscheidung für ein ganz bestimmtes Studienfach beteiligt. Kultiviere dieses Interesse und bringe die Flamme immer wieder zum Leuchten. Sei offen und positiv gegenüber unangenehmen Studienbereichen eingestellt. Du weißt nie, wozu sie mal gut sein werden:

Ich wunderte mich im zweiten Semester, wie ich mich anfangs für mein Studienfach so begeistern konnte und dann nur noch fluchte, weil ich so viele uninteressante und schwere Pflichtbestandteile absolvieren musste. Ich hasste beispielsweise Statistik: zuviel Mathe, zu wenig Anwendung. Bis mir jemand klar machte, dass Statistik die Grundlage der Marktforschung ist. Diese wiederum war ein zentraler Bestandteil meines Berufswunsches. Mir wurde nun die Bedeutung dieses Faches klar - je mehr ich davon mitnehmen würde, desto leichter würde es mir später im Beruf fallen. Ich änderte meine Einstellung und zeigte mehr Interesse, fragte nach und überlegte immer wieder Anwendungsbeispiele.

Schalte bei solchen „Frustfächern" deinen anfänglichen Missmut und deine Unlust auf „abwarten" und versuche dabei zu ergründen, wofür das Stoffgebiet nützlich sein könnte. Es ist wichtig sich gegenüber einem schwierigen Seminar oder einem unangenehmen Pflichttext emotional zu öffnen, sonst blockierst du deinen Lernprozess: Dein lymbisches System, das deine Gefühle steuert, schaltet bei Angst oder Unmut auf „Rückzug" und verhindert so, dass das Großhirn Informationen aufnehmen und verarbeiten kann (Vester 1997). Fühle dich also in das Stoffgebiet herein, gehe spielerisch heran. Erfinde kleine Motivationsspielchen, um dein Interesse wach zu halten.

Kreativität entdecken:

Die Kreativität ist ein wichtiger Teil unseres Studiums. Menschen bleiben in Erinnerung, weil sie Dinge neu erfinden oder anders machen als ihre Vorgänger. Wer nur die Ideen anderer umsetzt, fällt nicht weiter auf. Arbeitgeber und Professoren schätzen Pfiffigkeit und Leute, die mit Ideen und cleveren Lösungsmöglichkeiten kommen, nicht solche, die das „Schema F" unhinterfragt anwenden. Denke auch daran, dass die Kreativität ein bedeutender Teil deiner „Farbpalette" ist, der dir hilft neue Aufgaben zu bewältigen. Wenn noch niemand eine Vorstellung oder Lösung hat, entwickle eine! Kreativität ist beides: Originalität (im Sinne der Kreation von neuen Ideen) und die gute Verarbeitung einer Analyse (also eine clevere Lösung für ein Problem finden). Darüber hinaus spielt die Kreativität bei der Hartnäckigkeit (Tugend 5) und der Produktivitätssteigerung (Tugend 7) eine

Rolle. Denn durch kreative Versuchs- & Irrtumsprozesse werden neue Kompetenzen und Erfahrungswissen erworben. Selbst wenn du Dinge schon gut kannst, klammere dich nicht daran fest, kultiviere deine Experimentierlust. Es geht dir nichts verloren, wenn du weiter suchst, experimentierst und Erfahrungen machst. So wirst du deine erworbenen Kompetenzen von verschiedenen Seiten kennen lernen, sie vertiefen und robuster machen. Bist du z.B. gut in Powerpoint und Word, baue durch spielerischeres Experimentieren neue Folienkompositionen oder Layouts, die einen eindrucksstarken ersten Eindruck hinterlassen. Nutze deine Kreativität insbesondere auch beim Lernen. Denn durch die Verknüpfung von Fakten, Erfahrungen und Bildern prägt man sich Dinge besser ein. Der Kreativität werde ich in meinem zweiten Buch ein ausführliches Kapitel widmen.

Erfolgsfaktoren finden:

Im Studium kommst du unweigerlich mit unbekannten Situationen und neuen Gebieten in Kontakt. Erkunde die Mechanik und die Treiber dieser Situationen. Frage dich immer, welche Dinge maßgeblich zum Erfolg oder Misserfolg beitragen. Diese kannst du durch aufmerksames Beobachten, Lesen und Nachdenken normalerweise schnell erfassen. Verlass dich nicht darauf, dass die Dinge in dieser neuen Situation so laufen wie bisher! Jede Situation und jede neue Aufgabe unterliegt anderen Gesetzmäßigkeiten.

Erkunde die Mechanik und Erfolgskriterien einer neuen Situation und identifiziere die Stellhebel.

Versuche in jedem Umfeld die dort herrschenden Spielregeln zu recherchieren, zu erfühlen oder zu erfragen:

In der Universität spielst du das Spiel „wissenschaftliches Arbeiten." Wichtige Regeln sind z.B. Zitierrichtlinien, die genaue Wiedergabefähigkeit von theoretischen Modellen und Wissen. In der Praxis heißt das Spiel aber „Anwendung." Es geht um schnelle und praktische Lösungen. Wichtig ist, dass die Dinge funktionieren, nicht ob sie streng einem Modell entsprechen.

Möglichkeiten erkennen:

Auf deinem Segelkurs in die unbekannte Zukunft musst du deinen Radarschirm aufspannen, um die Möglichkeiten zu erfassen, die sich dir im Studium, im Beruf oder im Privaten bieten. Scanne deine Umwelt immer mit einem offenen Ohr und Auge nach relevanten Optionen und interessanten Informationen ab. Wer weiß, ob etwas Schicksalsträchtiges dabei ist. Hast du etwas gefunden, gleiche es mit deinen Zielen ab und behalte es im Blickwinkel. Institutionalisiere deinen **Radarschirm**, indem du offen durch die Welt gehst, auf Bekanntmachungen/Angebote am Schwarzen Brett achtest und Karriere-Zeitschriften liest.

Durch das Sammeln und Beobachten verschiedener Möglichkeiten verfolgst du, wie auf einem Radarschirm, ganz unterschiedliche Optionen und entscheidest dann situativ, welche dieser Optionen du einlösen möchtest. Einen solchen Radarschirm stellt z.B. die Sammlung verschiedener Möglichkeiten für einen Auslandsaufenthalt dar, den ich im dritten Kapitel unter „Entdecke die Möglichkeiten" aufgeführt habe.

Sich selbst erkunden:

Wir sollten nicht nur neue Wissensgebiete erforschen, sondern auch unsere Persönlichkeit: Wie kommen wir in einer neuen Umgebung zurecht? Wie nehmen wir Informationen und Wissen auf? Wie leicht fallen uns gewisse Dinge? Je mehr du dich beim Lernen beobachtest desto größer wird dein Bewusstsein für deine Lernbedürfnisse und desto positiver stimmst du dich auf das Lernen generell ein. Während der Eine schon genau weiß, was er warum lernen will, muss sich ein Anderer erst noch mit kleineren Tricks motivieren. Der Eine lernt am liebsten durch das Besprechen in der Lerngruppe, der Andere lieber im stillen Kämmerlein. Dennoch ist es wichtig, dass beide auch mal andere Lernformen ausprobieren, um ihre Lernskills und die Art der Wissensverarbeitung anzureichern. Sei also dein eigenes Forschungsobjekt – es gibt mehr zu erkunden, als du glaubst!

Tugend 4_Denk strategisch:
Du bestimmst, wo´s lang geht

Die Tugend „strategisches Denken" hilft dir bei der geschickten Umsetzung deiner Ziele. Wir müssen wissen, *was* wir *warum* und *wie* wir etwas tun. Eine gute Strategie gibt dir Antworten auf diese Fragen. Sie ist eine Wegbeschreibung und die Kenntnis der besten Gangart. Sie ist daher auch die Lehre vom richtigen Einsatz der eigenen Kräfte und Mittel. Mit der richtigen Strategie konzentrieren wir uns auf:

1. *Das, was man am besten kann und am meisten Spaß macht:* Die Dinge, die man gut und gerne macht gehen leicht von der Hand und bescheren uns viele Erfolgserlebnisse. Du erlangst so „Flow" und Motivation – Energie, die dich antreibt!

2. *Das, was dich mit Blick auf deine Ziele am weitesten voran bringt:* Du machst nicht einfach nur irgendetwas, sondern genau die Sachen, die dich im Hinblick auf deine Ziele Schritt für Schritt voranbringen.

3. *Die Tätigkeiten mit dem höchsten Wirkungsgrad:* Du erledigst immer zuerst die Sachen, die dir die größten Sprünge erlauben, ersuchst immer wieder den Blick auf das große Ganze (das „Global Picture") und weißt, dass die letzten Kleinigkeiten manchmal mehr von deinen Zielen abhalten als voranbringen.

An dieser Stelle beschäftigen wir uns mit den Umrissen dieser Tugend. Im Strategie-Workshop (Kapitel 4) nehmen wir uns viel Zeit, diese Tugend durch Herausarbeitung deiner Ziele und Stärken mit Inhalt zu füllen.

Ziele – klar definiert

Ohne sich darüber im Klaren zu sein mit welchem Zweck wir handeln, können wir nicht effektiv sein. Es ist als würden wir mit einem Boot wild drauflos paddeln ohne unser Ziel genau zu kennen. Bald ist man total k.o. und verzweifelt, weil man sich im Kreis bewegt. Es bedarf also der Zielbestimmung *vor* dem Betreten des Bootes. Unterwegs kannst du dich ruhig hin und wieder treiben lassen, wenn der Wind günstig steht. Behältst du dein allgemeines Tempo und den Kurs im Auge sind kleine Abweichungen vom Kurs oder eine spontane Pause auf einer vorbeiziehenden Insel vollkommen okay.

Um ein Ziel festzulegen, bedarf es zunächst einer *Standortbestimmung*. Die Prüfung, was man erreichen möchte und was tatsächlich zu realisieren ist, ist enorm wichtig: Kann ich meine Wünsche mit den mir gegebenen Mitteln erreichen? Wenn nicht, was brauche ich? Oder muss ich meine Wünsche gegebenenfalls etwas niedriger ansetzen? Aus diesem Plausibilitätscheck leiten sich die Ziele ab.

Schreibe deine Ziele spezifisch auf damit diese konkret, eindeutig und präzise formuliert sind. Ziele sollten zudem Ansatzpunkte für eine positive Veränderung aufzeigen. Ein weiteres Kriterium: Ziele sollten motivierend und ehrgeizig, aber immer erreichbar sein. Anspruchsvolle und dich fordernde Tätigkeiten sind gut für dich. Erst wenn du dich ein wenig recken und strecken musst, kannst du an den Aufgaben wachsen. Zu guter Letzt muss das Ziel überprüfbar und zu einem konkreten Zeitpunkt umsetzbar sein.

> *Faustregel:* Du kannst als Hilfe für deine Ziele die SMART-Formel anwenden. Gut formulierte Ziele sind demnach:
>
> *S -* pezifisch. Das heißt konkret benennbar.
>
> *M -* essbar. Ein Ergebnisfortschritt muss sich fassbar machen lassen.
>
> *A -* nspruchsvoll. Setze deine Ziele sportlich, dann schaffst du mehr.
>
> *R -* ealistisch. Es darf dennoch nicht zu abgehoben sein.
>
> *T -* erminierbar. Bis wann soll das Ziel/die Zwischenschritte erreicht sein?

Flexibilität von Zielen

Trotz konkreter Planungen und Ziele solltest du offen gegenüber neuen Chancen und Rückmeldungen sein, die dich deine Ziele eventuell noch einmal überdenken lassen. Es gibt zu viele unbekannte Determinanten, sodass du immer wieder deine Ziele auf die neue Situation anpassen musst. Dadurch ergibt sich keine starre Zielscheibe, wie z.B. beim Dart, sondern ein relativ offener Zielraum.

Wege zum Ziel

So, wie viele Wege nach Rom führen, gibt es immer auch mehrere Wege, dein Ziel zu erreichen. Diese sind vom Ziel, vom Startpunkt, deinen Möglichkeiten (Zeit, Geld), weiteren Ressourcen und Fähigkeiten abhängig. Auch kommt es nicht immer nur auf das Ziel an, sondern auch auf die Art zu reisen: Willst du viel von der Landschaft sehen und Leute kennen lernen? Dann ist eine Pauschalreise mit dem Flieger nach Rom vielleicht die einfachste, aber nicht ideale Lösung.

Gerade im Studium ist der Weg oft das Ziel: Du willst dir ja Kompetenzen aneignen, nicht nur von einer Prüfung zur nächsten hecheln!

Eine Strategie, die mit dem geringsten Aufwand den größten Effekt erzielt, sollte deine Vorgehensweise bestimmen. Es ist daher sehr wichtig, deine Stärken und Schwächen zu kennen. Denn diese definieren den Wirkungsgrad bestimmter Vorgehensweisen erheblich. Strategisch klug ist es jedenfalls, deine Stärken zu nutzen und deine Schwächen zu meiden. Dann ist die Erfolgschance am größten.

Die Umsetzung: Immer nach vorn schauen!

Nachdem du deine Strategie definiert hast, musst du dementsprechend handeln und entscheiden. Jede Strategie ist nur so gut wie ihre Umsetzung! Rückschläge und Vergangenes sind in Bezug auf deine Ziele irrelevant. Das, was du schon getan hast, zählt weniger als das, was du noch tun musst, um deine Ziele zu erreichen. Es geht um die Ergebnisse, nicht um die Menge der Arbeit, die du dafür investieren musst:

Stell dir vor, du bist Professor und musst die Arbeit eines Studenten bewerten. Welche Arbeit bekommt die bessere Note: Die ohne einen inhaltlichen Fokus oder die mit einem kreativen Ansatz, der den gelernten Stoff sehr gut analytisch und strukturiert aufbereitet? Du wirst dich sicher für das bessere Ergebnis entscheiden, denn du weißt ja nicht, wie viel Zeit für beide Arbeiten investiert wurde. So kann es sein, dass der erste Student vier Wochen daran gesessen hat, sich aber verzettelt hat, der zweite hingegen innerhalb von fünf Tagen zu dem Ergebnis gekommen ist.

Wenn du die Vergangenheit hinter dir lässt, ergeht es dir wie dem Ballonfahrer, der Ballast abwirft und dadurch höher steigt. Schaust du auf die zu gehenden nicht die gegangenen Schritte, stellst du automatisch die richtigen Fragen. Denn du schaust auf deine Ziele, nicht auf den Startpunkt.

Ich wollte unbedingt nach Kalifornien, um dort ein Auslandsstudium zu absolvieren. Ich hatte viel darüber gelesen, dass die Kalifornier kein „Gestern" kennen, sondern im Hier und Jetzt leben und daher einen so coolen Lebensstil besitzen. Bis zu meinem Auslandsaufenthalt orientierte ich mich stark an der Vergangenheit, schwelgte in Erinnerungen und trauerte verpassten Chancen nach. In meinem „California Dreaming" erhoffte ich mir, diese Eigenschaft abzulegen und stärker zukunftsorientiert und optimistisch zu leben. Die intensive Beschäftigung mit dieser Eigenschaft und der spätere tatsächliche Aufenthalt haben mich in der Veränderung meines Charakters bestärkt.

Das „Global Picture" sehen und den Mut zur Lücke haben

Für viele sind Prüfungsvorbereitungen eine Qual. Weil man einen hohen Anspruch an sich stellt, will man die Prüfungsvorbereitung möglichst perfekt machen und lernt und lernt und lernt. Jedes Detail wird eingehämmert, kein Satz im Buch ausgelassen. Die Gefahr der Verzettelung ist groß. Andere hingegen machen sich vor Klausuren keinen Kopf, es wird schon irgendwie gehen... . Sie konzentrieren sich auf wenige Dinge und überstehen die Prüfung tatsächlich relativ unbeschadet.

Ich stand mal am Grand Canyon am oberen Rand und überblickte das ganze Tal und die Struktur des Canyons. Ich sah alle Hügelkuppen und konnte mich wunderbar orientieren. Ich hatte den Überblick – im Gegensatz zu den Wanderern unten im Tal, die auf jeden Schritt Acht gaben. Ohne vorherige Orientierung am Rande des Canyons und ohne Wanderkarte wären sie in diesem riesigen Gelände verloren gewesen.

Wenn wir uns auf eine weite Reise machen, bei der die Gefahr besteht sich in zu vielen Details und Weggabelungen zu verzweigen, dann müssen wir es wie die Wanderer des Grand Canyon machen: Zuerst verschaffen wir uns einen Überblick über unseren Standpunkt, unser Reiseziel und wichtige Orientierungspunkte. Erst dann planen wir die Wegstrecke und können unsere Reise starten.

Auch im Alltag ist es unumgänglich, sich zuerst einen Überblick und eine Struktur zu erarbeiten. Ansonsten würden wir uns in Details verlieren. Das nennt man auch das „Global Picture" suchen. Hierzu zählt ebenso der Mut zur Lücke: Alle Details beim Lernen zu berücksichtigen, erscheint keineswegs sinnvoll. Wir brauchen einen fundierten Überblick, den wir nach und nach mit den wichtigsten Inhalten füllen.

Immer wieder nach dem „Großen und Ganzen" Ausschau zu halten, ist wichtig für's *Gehirn*, da es nach Strukturierung und Vernetzung strebt. Den Mut zur Lücke zu haben, ist insbesondere für die *Nerven* wichtig: Denn, hälst du dich an jedem kleinen und unwichtigen Detail auf, bringt dich das schnell in Verzug und du verzetteltest dich in Nebensächlichkeiten – klar, dass man in einem solchen Fall nervös und angespannt wird.

Das Global Picture und der Mut zur Lücke sind wie zwei Seiten einer Medaille, wie Yin und Yan. Sie gehören zusammen. Sie bewahren dich davor, dass du dich in Details verstrickst und verheddert untergehst.

Denke strategisch! Setze dir Ziele, behalte diese im Auge und finde geeignete Wege sie zu realisieren!

Tugend 5_Sei hartnäckig:
Entwickle Durchhaltevermögen

Sieh dir mal den armen Kerl dort unten links in der Skizze an. Er hat ehrgeizige Ziele. Er möchte den Gipfel erklimmen. Er hat aber keine Erfahrung im Bergsteigen und ist nun ziemlich entmutigt, als er von unten den übermächtig langen und steilen Weg zum Ziel sieht. Wird er es schaffen? Ich sage ja, wenn er ein paar Prinzipien verfolgt, die ich unter der Tugend „Hartnäckigkeit" zusammengefasst habe.

Schritt für Schritt

Keiner sagt, dass du in Null-Komma-Nichts auf den Berg spurten musst. Es ist klar, dass dir da die Puste ausgeht oder du stolperst. Du musst dich also in kleinen, überschaubaren Etappen vorwärts tasten. Große Dinge entstehen nun mal nicht an einem Tag!

Beim Turnen musste ich eine Figur wiederholt üben bevor ich es geschafft hatte, meinen Geist und meine Muskulatur erfolgreich miteinander kommunizieren zu lassen. Es ist selbstverständlich, dass man das neue Element innerhalb von einer Trainingswoche noch nicht perfekt beherrscht. Oft schafft man gerade mal die Vorübung, die das Erlernen des eigentlichen Elementes erst ermöglicht.

Beim Lernen wird man oft unzufrieden, wenn man merkt, viele Dinge schnell wieder zu vergessen. Das muss nicht sein. Zwar kann man den Lernfortschritt nicht so eindeutig wie das Training beobachten, doch der Prozess ist annähernd derselbe. Nur durch Wiederholungen, Berichtigungen der Technik und andere Herangehensweisen erschließt und festigt sich der Lernstoff.

Übe dich zunächst an kleineren Herausforderungen. Über kleine Schritte und einzelne Erfolgserlebnisse kommt man leichter und sicherer ans Ziel, als von einer totalen Überforderung traumatisiert zu werden. Die Amerikaner sagen dazu: **„Walk before you run."** Wenn du auf einer Entwicklungsstufe von „2" stehst, kannst du nicht sofort auf die „5" springen, ohne vorher die Stufen „3" und „4" durchlaufen zu haben.

Dranbleiben, den Faden nicht abreißen lassen

"Steter Tropfen höhlt den Stein" – Treffender kann man dieses Prinzip nicht formulieren. Nur, wenn du dich gegen Widerstände und Rückschläge durchsetzen kannst, dich nicht entmutigen lässt und dich an Dingen, die du wirklich willst, festbeißt, wirst du langfristig Erfolg haben. Wir würden kaum einen langwierigen Prozess durchstehen, kaum ein kompliziertes Problem lösen, wenn wir nicht einen starken Willen hätten, unsere Ziele zu erreichen und gleichzeitig die Zähigkeit besäßen Rückschläge in Kauf zu nehmen. Was wäre ein Leistungssportler, ohne den eisernen Willen zu gewinnen? Er kennt die Höhenflüge, den Überoptimismus und die Rückkehr zur Realität. Er hat Rückschläge und Stillstände hingenommen, weil er weiß, dass er am Ende dafür belohnt wird.

Jeder Student kennt solche „Wettkampfvorbereitungen": Tage an denen man sich im Kreis dreht, Zeiten in denen man Angst vor dem Tag X hat, die Nervosität, aber auch das zufriedene Gefühl, etwas gelernt oder ein gutes Resultat erzielt zu haben.

Manche meiner Tage entpuppten sich nach einem denkbar schlechten Start als überraschend produktiv, obwohl ich ihn als Arbeitstag schon aufgeben hatte. Ich gönnte mir dann eine ausgedehnte Pause, setzte mich aber immer noch einmal an den Schreibtisch, weil ich mir dachte „Jetzt versuchst du wenigstens noch einmal für zwei Stunden etwas rauszuholen, dann kannst du Feierabend machen." Und diese zwei Stunden lohnten sich meistens bzw. wurden doch noch zu vier oder sechs Stunden produktiver Arbeit. Und das nur, weil ich nicht gleich aufgegeben hatte!

Motivationsschwankungen akzeptieren

Ich habe mich immer gewundert, warum ich trotz konkreter Ziele und einem starken Willen immer wieder mit Motivationsschwankungen zu kämpfen hatte. Ich war dann unzufrieden und habe an mir selbst gezweifelt. Bis ich mir den Zusammenhang aufgezeichnet und folgendermaßen erklärt habe:

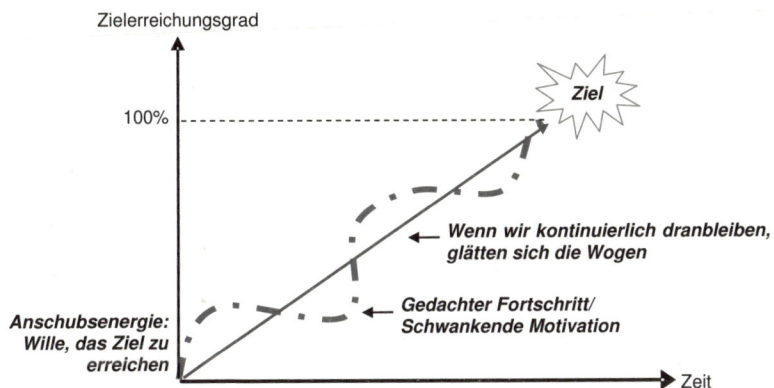

Der Wille ist die Anschubsenergie, die uns vorwärts treibt. Während ein Ziel die Richtung beschreibt und uns vorwärts „zieht." Das die nicht jeden Tag kontinuierlich verläuft gehört zum Prozess und sollte nicht beunruhigen.

Ist das Ziel einmal definiert, bestimmt es die Richtung unseres Handelns. Der Wille und das Committment (die Verpflichtung) treiben uns an, auf der gedachten Linie voranzukommen. Aus dem Ziel und dem Willen entsteht die Motivation (aus dem lat. „movere" für Bewegung), die uns in Richtung des Ziels in Bewegung setzt. Allerdings ist dies nur eine gedachte Luftlinie. Es ist eher die Regel als die Ausnahme, dass man von dieser Geraden abweicht: Bei einem Teilerfolg glauben wir den Kern unseres Projektes erfasst zu haben oder jubeln, wenn wir eine sehr positive Rückmeldung zu unserem Projekt bekommen. Unsere Motivation steigt und wir glauben unserem Ziel um einiges näher zu sein. An anderen Punkten dieses Prozesses ist es genau umgekehrt: Wir merken, dass wir auf eine falsche Fährte gekommen sind oder dass sich Fallstricke auftun, die vorher nicht absehbar waren. Unsere Motivation sinkt. Außerdem ist unser Gefühlszustand stark von unserer Tagesform abhängig. Mein Großvater, gleichzeitig mein Trainer, sagte immer, wenn ich hoch motiviert ins Training ging und mir die Turnelemente dennoch nicht gelangen: „Es ist nicht jeder Tag gleich." Er unterstrich damit, dass man Geduld braucht, bis man Lernfortschritte erzielt.

Sowohl dein Ergebnisfortschritt als auch deine Motivation sind ganz natürlichen Schwankungen unterworfen. Akzeptierst du dieses Bergauf- und Bergabsteigen, wirst du ausgeglichener und geduldiger an deiner Aufgabe arbeiten können. Es hilft dir, an guten Tagen nicht übermütig zu werden und an schlechten Tagen nicht an deinen Zielen/Willen zu zweifeln. Nur, wenn du regelmäßig an der Sache arbeitest, glättest du diese Schwankungen -

das gibt Halt und ermöglicht dir, die Richtung beizubehalten, unabhängig von deiner aktuellen Motivation oder dem Fortschritt des Projekts.

Versuch & Irrtum

Mit Hartnäckigkeit ist nicht Sturheit gemeint. Man muss sensibel und experimentierfreudig bleiben, um neue Wege ausprobieren zu können oder eine andere Stelle im Berg zu finden, an der man besser hochklettern kann. Es ist wie bei einem „störrischen" Nagel, der nicht so recht ins Holz gehen will. Vielleicht liegt es daran, dass du den Hammer falsch hältst. Vielleicht solltest du einen anderen Nagel nehmen. Eventuell ist gerade ein Astloch im Holz, dann setze den Nagel ein paar Zentimeter weiter links oder rechts an. Das Wichtigste: Hör nicht auf, das Holz zu bearbeiten!

Den Status quo akzeptieren und Schlüsse daraus ziehen

Manchmal klappt es nicht gleich beim ersten Anlauf. Wir schaffen es einfach nicht weiter zu kommen. Da hilft nur eine Pause und weiter trainieren:

Ich wurde einmal nach einem Auswahlverfahren für ein Stipendium abgelehnt, was sehr hart für mich war. Im Nachhinein musste ich aber erkennen, dass ich damals einfach noch nicht so weit war, um die Kriterien zu erfüllen: Die Noten noch mäßig, meine Ziele diffus und meine Selbstpräsentation kläglich. Zurückblickend würde ich heute eingestehen, dass ich mich auch nicht genommen hätte. Ich bin aber dran geblieben, habe aus diesen Fehlern gelernt und habe es noch einmal bei einer anderen, noch bekannteren Stiftung probiert – mit Erfolg.

Rückschläge, wie bei Bewerbungen, sind oft ein Fall des „noch nicht so weit seins": Es ist gut möglich, dass du gegenwärtig nicht die gesuchten Qualifikationen mitbringst oder dass andere einfach besser sind, weil sie vorbereiteter oder erfahrener sind. Aber auch du kannst dich für die nächste Chance vorbereiten und Erfahrungen sammeln. Es gibt fast immer eine zweite Chance, nutze sie!

Prozessdenken bei Unzufriedenheit: Das „Asia-Prinzip"

Viele Aufgaben sind so komplex angelegt, dass man sie nicht in einem Schwung lösen kann. Gib dem Prozess eine Chance. Wir Deutschen suchen eher nach Sicherheit und festen Strukturen, an die wir uns gern klammern. Asiaten betrachten dagegen den „Weg als das Ziel" (Marshak 1993). Diese buddhistische Auffassung erkennt den ständigen Wandel der Umwelt an und besagt, dass man nur durch permanente Veränderung vorwärts kommt. Dazu gehören auch Abschweifungen, Schleifen und scheinbare Rückschritte. Also sei nicht zu hart mit dir, wenn du an einem Tag nicht viel geschafft hast. Frag dich lieber, was dich morgen weiterbringen könnte!

Ein kleines Hartnäckigkeits-Trainingslager

Hartnäckigkeit ist nicht unbedingt eine Frage des Charakters. Sie ist lern- und trainierbar. Hier ein paar kleine Anregungen und Übungen:

Konzentriere dich auf deine Ziele: Dies wird dir den notwendigen inneren Antrieb geben, um bei Gegenwind nicht aufzugeben. Werde dir über deine Ziele und Motive klar. Diese intrinsische Motivation ist das Feuer, das in dir brennt und deine Maschine mit Energie versorgt. Bist du hingegen nur von außen (extrinsisch) motiviert, ist es schwerer, deine Ziele zu erreichen. Deswegen werden wir uns im Teil B intensiv mit deinen Zielen befassen.

Hartnäckigkeit ist Selbstdisziplin und Konsequenz: Produktive Leistung ist nur möglich, wenn du dich auf das Wichtigste konzentrierst und dich daran abarbeitest, bis es erledigt ist. Wenn du deine Arbeit immer wieder unterbrichst, benötigst du ständig neue Anschubsenergie und deine Konzentration wird unweigerlich sinken. Durch diszipliniertes Arbeiten erreichst du ein schnelles sowie quantitativ und qualitativ gutes Ergebnis.

Commitments: Einen starken Willen zu haben, heißt „Commitments" (Verpflichtungen) an sich zu stellen: Zur Verwirklichung deiner Ziele musst du Opfer bringen. Fallen sie dir schwer, dann schreibe sie auf und stelle sie dir als Belohnung nach Erreichung deines jetzigen Zieles in Aussicht!

Nicht aufgeben! Stattdessen neue Blickwinkel einnehmen: Nimm dir vor für eine Sache einzustehen, auch wenn deine Motivation nachlässt. Suche nach Möglichkeiten, Sprungfedern oder helfenden Händen, die dich aus dem Motivationsloch herausholen. Der Rat eines Freundes ist z.B. meist objektiver und kann dir helfen einen neutraleren Standpunkt einzunehmen.

Die Schwierigkeiten im Blick: Was sind die größten Herausforderungen, die du zu bewältigen hast? Erstelle eine Liste. In welchen Bereichen fühlst du dich entmutigt oder unsicher? Wo musst du derzeit besonders hartnäckig sein?

Denke immer daran: Was Erfolgreiche und Erfolgslose voneinander unterscheidet ist vor allem die Fähigkeit, länger als andere auszuhaaren und einen Rückschlag besser wegstecken zu können.

Tugend 6_Verzeihe dir und lerne daraus: Fehler gehören dazu

Fehler zu machen, gehört zu jedem Lernprozess. Wir müssen lernen mit Fehlern und Misserfolg umzugehen, wenn wir langfristig erfolgreich sein wollen. Mit der Tugend 2 wollte ich dich ermuntern, deine im Studium verlangte Selbstverantwortung aktiv in deine Hände zu nehmen und deinen Kurs selbst zu bestimmen. Gleichzeitig trägst du so die Verantwortung für deine Fehler. Fehler zu machen, ist nicht tragisch. Die Hauptsache ist, dass du aus diesen Erfahrungen lernst und mit der Zeit ein besseres Gefühl für mögliche Konsequenzen deines Handelns bekommst.

Unsere Angst vor Fehlern ist kulturell stark beeinflusst

Besonders in Deutschland ist Fehler machen verpönt und gefürchtet. Hier schimpft und lacht man gern über die Fehler anderer. Konsequenterweise sinken wir selbst gleich beschämt in Grund und Boden, wenn uns ein Fehler unterläuft. Auch gehen wir dann hart mit uns ins Gericht und denken gleich: „Das musste mir ja passieren – Ich bin halt ein Tollpatsch." „Blödsinn", sage ich. „C´est la vie!", sagt der Franzose.

Diese Mentalität ist ein Hemmfaktor in vielerlei Hinsicht. Wer Fehler macht gilt in Deutschland schnell als Versager. Mutigen Entscheidungen wird allzu oft kein Tribut gezollt! Amerikaner sind da anders: Sie fangen sich schnell, suchen neue Ideen und legen erneut los. Nur durch diese Hartnäckigkeit und die Bereitschaft sich nicht entmutigen zu lassen, steigt die Chance auf Erfolg. Um dieses unternehmerische Denken auch in Deutschland zu fördern tourt „Die Show des Scheiterns" durch unsere Lande, in der „gescheiterte" Unternehmer hochspannende und oft sehr unterhaltsame Geschichten ihrer Firmengründungen erzählen. Die Art und Weise, wie sie das tun, ist beeindruckend. Es sind echte Persönlichkeiten, die zu ihren Fehlern stehen und zeigen, dass Fehler machen sehr lehrreich, ja sogar lustig sein kann (www.show-des-scheiterns.de). Alexander von Schönburg hat „Die Kunst des stillvollen Verarmens" geschrieben. Einen Bestseller, durch den er aus seinem Scheitern Profit und Ansehen schlagen konnte.

Umgang mit Fehlern

Wie geht man korrekterweise mit Fehlern um? Soll man sie vertuschen oder sofort berichtigen? Zu kleineren Fehlern kann man beruhigt stehen (So brauchst du wegen einem Tippfehler nicht unbedingt die ganze Hausarbeit noch einmal komplett ausdrucken) oder auch schweigen (wenn es unerheblich für das Ergebnis ist). Für alle anderen Fehler ist es wichtig, dass wir aus ihnen lernen, um sie langfristig zu vermeiden und sie gegebenenfalls sofort korrigieren: Dies ist wichtig, weil die negative Energie, die von Fehlern und Misserfolgen ausgeht, noch zu lange nachwirkt. Das trifft insbesondere auf Freundschaften und Kollegen zu. Wenn wir einen Fehler gemacht haben, sollten wir diesen eingestehen und uns entschuldigen. Dies weist mehr Charakter auf als der mürbe Versuch, den Fehler hinter einer Maske zu verstecken.

Chance = Risiko

Das chinesische Wort für Krise "weiji" enthält die Schriftzeichen "wei" (Gefahr) und „ji" (Gelegenheit oder Wendepunkt). Eine Krise stellt somit sowohl einen Moment der Chance als auch der Gefahr da. Ebenso bezeichnet das griechische „krisis" nicht eine hoffnungslose Situation, sondern den Höhe- oder Wendepunkt einer gefährlichen Lage – von da kann es eigentlich nur noch besser werden.

Dieses Sprachspiel verdeutlicht, dass jede Chance sowohl das Risiko des Scheiterns als auch die Möglichkeit, etwas Großartiges zu erreichen, birgt! Vorsicht! Ich sage nicht, dass du alles ohne Überlegung probieren und dich in jedes noch so riskante oder aussichtslose Abenteuer stürzen sollst! Du musst in jedem Fall, die Konsequenzen abwägen und Fehler vorhersehen. Je höher der erwartete Gewinn desto höher ist in der Regel auch das Risiko. Das heißt umgekehrt, dass bei einem hohen Risiko auch ein hoher Gewinn zu erwarten ist!

Sieh Blockaden, Rückschritte und Demotivation als eine Chance an. Denn sie haben eine wichtige Funktion: Sie weisen dich auf Schwachstellen hin, die du durch die Reflexionsebene erkennen und beseitigen musst. Jedes Mal, wenn du eine Blockade hast oder dich einer Krise ausgesetzt fühlst, frage dich: „Welche Veränderung versucht sich hier den Weg zu bahnen? Wie lautet die Botschaft, die in der Krise steckt?" In fast jedem Fall bedeutet eine Krise, dass etwas schief läuft und dass bisherige Vorgehensweise offensichtlich nicht die geeignete ist, das Problem zu lösen.

> ***Play the GAME!!!*** Ich finde es gut, wenn man sein Studium, Wettbewerbe und Bewerbungen als eine Art Spiel auffasst: Je mehr und je öfter du spielst desto mehr Übung bekommst du, desto mehr Tricks und „Shortcuts" kennst du und kommst so in immer höhere Semester. Ein wirkliches Game-Over gibt es erfreulicherweise nicht. Du kannst immer wieder neu anfangen oder etwas anderes spielen. Denke immer daran: In diesem Spiel kannst nur du gewinnen. Und zwar an Erfahrung!

Coache dich durch ein Tagebuch

Neben Fehlern treffen wir oft die richtigen Entscheidungen und machen dadurch wichtige Erfahrungen. Diese sollten wir aufarbeiten, um aus ihnen zu lernen. Das Gelernte aus der Vergangenheit kann so am effektivsten auf die Zukunft einwirken:

Ohne bewusste Reflexion u. Tagebuch:

Vergangenheit		Zukunft
Erfahrungen, Fehler, Erfolge	Vergessen	Nur wage Erinnerungen

Das Ursache-Wirkungsprinzip kann nicht greifen

Mit Tagebuch:

Vergangenheit	Gegenwart	Zukunft
Erfahrungen, Fehler, Erfolge	Reflexion: Woran lag es? Was genau ist geschehen?	Lerneffekte nutzen

Du kannst das Prinzip von Ursache und Wirkung verstehen und nutzen

Wir brauchen regelmäßige Feedbacks und Reflexionen. Analysiere die Hintergründe der Geschehnisse und lerne aus ihnen! Es ist wichtig, dass du immer wieder innehältst und dich von dem Reiz-Reaktionsschema löst. Sich immer wieder zu fragen, was man warum tut und wie es besser geht, ist das einfachste und gleichzeitig das erfolgversprechenste Prinzip! Schreibe nach jeder bewältigten oder gescheiterten Prüfung die Gründe für deinen Erfolg oder Misserfolg auf! Versuche ebenfalls, sofort Verbesserungsvorschläge zu vermerken! Für diese „Lessons learned" legt man sich am besten ein kleines Büchlein an. Das hat eine Reihe von Vorteilen:

- *Du denkst aktiv.* Gedanken kommen nicht einfach. Du holst sie in dein Bewusstsein.

- *Du hältst die Gedanken schwarz auf weiß fest.* So kannst du wiederkehrende Fragen „festhalten." Du machst Sorgen oder Ideen greifbar und kannst sie mit weiteren Bemerkungen anreichern.

- *Du hast eine Chronik deiner Entwicklung.* So kannst du deine Fortschritte verfolgen und nach einiger Zeit auch noch weitere Erfolgserlebnisse oder Einsichten hinzuschreiben.

- *Du erinnerst dich später genau an Details.* Ich habe mir z.B. nach Bewerbungsgesprächen immer den groben Verlauf aufgeschrieben.

Darin halte ich fest, wie ich mich gefühlt habe, welche Antworten gut liefen und bei welchen Fragen ich mich hinterher geärgert habe, dass ich nicht schlagfertiger war. Vor jedem neuen Gespräch (besonders auch vor Prüfungen) nehme ich mir diese Reflexionen vor und kann so diese Situationen nochmals nacherleben. Ich bereite mich so mental auf die neue Herausforderung vor.

- *Es steigert deine Motivation*, wenn du in einem Jahr liest mit welchen Problemen du dich einmal herumgeschlagen und wie du sie bewältigt hast. Erfolgserlebnisse werden so transparenter und du erkennst, dass du dich aus eigenem Antrieb weiterentwickelt hast. Das steigert dein Selbstvertrauen und macht Lust auf mehr.

Tagebücher sind wie Gesprächspartner bei der Reflexion und Auseinandersetzung mit der eigenen Person. Angenommen, du möchtest deine Konzentration verbessern und notierst dazu zwei Wochen lang jeden Abend deine Beobachtungen. Du wirst merken, dass du nun tagsüber öfters deine Aufmerksamkeit auf deine Konzentration richtest und dich selbst beobachtest. Du denkst bewusst darüber nach, warum dir die Konzentration gerade besonders leicht oder schwer fällt. Das Tagebuch hilft dir, an deinen Zielen und deinen „Baustellen" (Schwächen) zu arbeiten.

Nun auf: Besorge dir ein schönes, gebundenes Tagebuch und nimm deinen Lieblingsstift zum Schreiben. Das Tagesbuchschreiben hat etwas Feierliches, Ritualisiertes – Hier schreibst du über dich und dein Leben. Und das ist doch etwas Wunderbares!

Schreibe nur für dich: Kein anderer wird es lesen. Du darfst schmieren, Rechtschreibfehler machen und deine eigene Grammatik und Zeichensprache erfinden. Es gibt keine Regeln, außer die: Sei ehrlich zu dir und benenne die Dinge, die dir Sorgen machen.

Tagebuchabende (du musst längst nicht jeden Abend schreiben) sind kleine Meilensteine, an denen du dich kurz ausruhst, auf den gegangen Weg schaust, deinen jetzigen Standpunkt genießt und gewissenhaft in die Zukunft schaust.

Tugend 7_Erhöhe deine Produktivität: Lerne zu lernen

Wenn ein Student im zweiten Semester Abgabetermine verschiebt und sich Nächte um die Ohren haut, um seine Aufgaben zu schaffen, ist das normal. Aber wenn er das im siebten Semester bei ähnlichen Aufgaben immer noch macht, dann hat er in der Zwischenzeit nicht viel gelernt, oder? Er kennt sich jetzt vielleicht mit den bearbeiteten Inhalten ganz gut aus, aber er hat weder gelernt sich schnell und effizient einen Überblick zu verschaffen noch Aufgaben zu strukturieren und in überschaubaren Zeiteinheiten abzuarbeiten. Dieser Student hat es verpasst, seine Produktivität zu erhöhen.

Produktivität ist die Fähigkeit, möglichst viel mit wenig Aufwand herzustellen: Wer eine hohe Produktivität hat, schafft es, viel zu geringen Kosten oder mit niedrigem Zeiteinsatz herzustellen. Eine bestimmte Fabrik kann zum Beispiel 50 Produkte herstellen. Worauf sollte sich der Unternehmer deiner Meinung nach konzentrieren? Auf die Produkte oder auf die Herstellung? Beide Aspekte sind wichtig: Ein Teil seiner Energie und Ressourcen muss in die Produktion fließen, schließlich verdient er damit sein Geld. Aber ein anderer Teil muss dazu dienen, seine Maschinen schneller, seine Arbeiter geschickter und seine Fabrik auszubauen, damit er in Zukunft noch mehr produzieren kann.

Henry Ford hat die Fließbandarbeit erstmalig eingesetzt und damit die Produktionsweise revolutioniert: Plötzlich konnte er statt einem Auto pro Tag 30 bauen. Ein schöner Erfolg! Doch über die Jahre hätte sich die Firma mit diesem einem Erfolg nicht halten können, hätte sie nicht weiter geforscht, neue Modelle gebaut und Produktionstechniken weiterentwickelt. Das Wettbewerbsumfeld schläft nicht, die Kunden wollen immer bessere Produkte. So auch dein Umfeld: Es verändert sich, Wissen veraltet, Neues kommt hinzu. Andere Studenten sind ebenfalls engagiert und würden an dir vorbeiziehen. Ein tolles Abiturzeugnis reicht bei Weitem nicht. Es zeigt sicher Potential, das aber entfaltet werden muss!

Ebenso bist du ein „Unternehmer", der möglichst viel Wissen zu (re-)produzieren, Klausuren zu schreiben und Hausarbeiten zu bewältigen hat. Wenn deine Produktionskapazität auf dem Niveau verharrt, mit dem du deine Abi-Prüfungen geschrieben hast, wirst du es kaum schaffen am Ende deines Studiums deine Abschlussarbeit zu schreiben. Es muss soviel recherchiert, gedacht und geschrieben werden, dass diese Produktionsmenge deine bescheidenen Möglichkeiten bei Weitem sprengt. Du kannst nicht auf demselben Niveau verharren, sondern brauchst Innovationen und Verbesserungen, um den steigenden Anforderungen zu entsprechen.

Erinnere dich an das 1. Kapitel: Du musst gleichzeitig die Inhalte/das Wissen deines Faches lernen (=Produkt) als auch deine Fähigkeiten und deine Persönlichkeit (=Produktionsvermögen) weiterentwickeln:

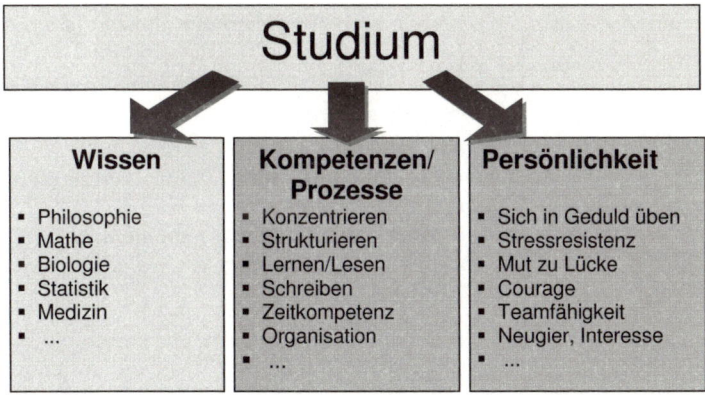

So erweiterst du deine Produktivität:

Solche Produktivitätssteigerungen verlaufen nicht gleichmäßig. Folgende Dinge kannst du unterstützend tun:

Schrittweise Ausweitung deiner Handlungskompetenz: Wenn du eine Klausur schreibst, übe vorher das Schreiben. Lege dir Einleitungs- und Abschlussformulierungen zurecht und spiele mit möglichen Strukturierungsansätzen. Schreibst du eine Hausarbeit, lies ein Buch über wissenschaftliches Arbeiten. Das klärt viele Fragen. Lernst du, dann schau ab und an in ein Buch mit Lerntipps. Das gibt neue Anregungen und motiviert. Viele denken: *„Dafür habe jetzt doch gar keine Zeit!."* Sicher würde es ein wenig Zeit kosten, aber auf der anderen Seite könnte es dir viel Zeit ersparen oder deine Ergebnisse verbessern! Also: Am Problem und gleichzeitig an deiner Problemlösung arbeiten!

Reflexion: Suche deine beste Arbeitsmethode! Beobachte dich beim Lernen. Was machst du immer wieder falsch? Was gut? Was kannst du wie verbessern? So kannst du ab und an bei Texten *bewusst* reflektieren, wie du sie erarbeitest und dich fragen, was ein schnelleres und tieferes Verständnis in Zukunft erleichtern könnte. Nutze dafür dein „Lessons learned" Tagebuch.

„Sprünge" - Anders denken & Perspektiven wechseln: Manchmal geht es nicht voran. Oder man erleidet einen Rückschlag. Solche Plateaus sind ganz normal. Man wuselt auf der Stelle herum und kommt einfach nicht weiter, weil man außerhalb seines mentalen Modells nicht denken kann. Aber dann schaffen wir es nach einiger Zeit doch. Vielleicht durch einen Input von außen. Wir machen eine Erfahrung und es fällt uns wie Schuppen von den Augen: „Daran lag es also!" Die Blockade ist weg und es kann weiter gehen. So etwas nennt man einen Paradigmenwechsel.

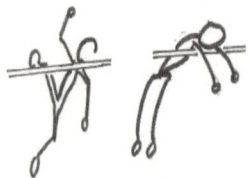 *Irgendwann schien die Grenze der Leistungsfähigkeit beim Hochsprung erreicht. Es gab keine neuen Rekorde. Doch plötzlich veränderte ein junger Amerikaner die Spielregeln, indem er einfach rückwärts über die Stange sprang und damit Olympiasieger wurde. Das Erfolgsprinzip: Er hat sich vom Paradigma „Man springt vorwärts über die Stange" gelöst und somit den Weg für eine neue Technik frei gemacht.*

Denkpause: Von welchen eingefahrenen Mustern kannst du dich lösen, um besser zu werden? (Du könntest z.B. von einer Overhead- auf eine Computerpräsentation umsteigen, Zeitmanagement optimieren, Zeitungstexte nicht mehr Zeile für Zeile sondern selektiv lesen).

„Wer nicht aufhört besser zu werden, hört auf gut zu sein": Dieses Zitat habe ich mal in einem Kampfsportkatalog gelesen. Es wurde zu meinem Motto. Denn das Studium ist wie der Sport: Man muss einerseits trainieren, um überhaupt das Niveau zu halten und nichts zu vergessen. Andererseits muss man besser werden, weil auch andere gut trainieren bzw. weil in diesem Fall das Wissen schnell veraltet. Was heute noch Aussagekraft hat, ist morgen vielleicht schon nicht mehr anwendbar. Es gibt immer eine Chance zur Verbesserung. Du bist sehr versiert im Umgang mit Microsoft? Warum vertiefst du dein Wissen nicht? So wird man nach und nach zu einem kleinen Experten. Oder bist du gut im Moderieren von Gruppendiskussionen? Warum machst du nicht zusätzlich einen Rhetorik-Kurs und bietest dich öfter als Moderator von Seminaren an, um diese Kompetenz auszubauen?

Hilfe zur Selbsthilfe: Zum Erlernen einer Kompetenz braucht es viel Geduld und die schrittweise Ausweitung deiner Fähigkeiten. Brauchst du Hilfe oder wendet sich jemand an dich? Dann achte immer auf die richtige Mischung von Hilfe und Hilfe zur Selbsthilfe. Somit hilfst du dir oder deinen Freunden langfristig mehr, als wenn du nur ein Pflaster auf die Wunde klebst und dich an der nächsten Ecke wieder stößt, weil du es immer noch nicht gelernt hast, dich zu ducken. Wenn du Hilfe suchst, versuche zu verstehen, wie dein

Helfer das Problem löst und wie er zu dieser Kompetenz gekommen ist. Was musst du tun damit das Problem nicht wieder auftaucht? Hüte dich vor der „Abhängigkeitsfalle": Wann immer du Hilfe in Anspruch nimmst, nutze sie als Chance deine Problemlösungskompetenz zu steigern! Umgekehrt gilt ähnliches:

Bist du z.B. ein Computerfreak, repariere nicht einfach nur den Computer, sondern erkläre, warum er kaputt gegangen ist und wie man den Fehler verhindern kann. Du hilfst deinem Freund somit langfristig mehr und verhinderst zudem, dass er immer mit demselben Problem wieder zu dir kommt. (Vielleicht entdeckst du ja auch dein Talent und bekommst eine Geschäftsidee).

Üben!

Das ständige Praktizieren einer Fähigkeit erhöht die Geschwindigkeit und verbessert das Ergebnis. Je öfter du etwas tust desto routinierter, kompetenter und professioneller wirst du darin.

Nachdem ich für das erste Referat gut 60 Stunden Vorbereitung gebraucht habe, würde ich nun (nach 15 anderen Referaten) ein ähnliches Thema in gut 12 Stunden vorbereiten können und wesentlich professioneller vortragen. Die Folien wären übersichtlicher, grafisch ansprechender und präziser. Ebenso habe ich für meine erste Bewerbung Tage gesessen, jetzt brauche ich im Schnitt vier bis sechs Stunden, um die Anforderungen der Firma zu recherchieren, ein Anschreiben zu verfassen und den Lebenslauf noch einmal durchzusehen.

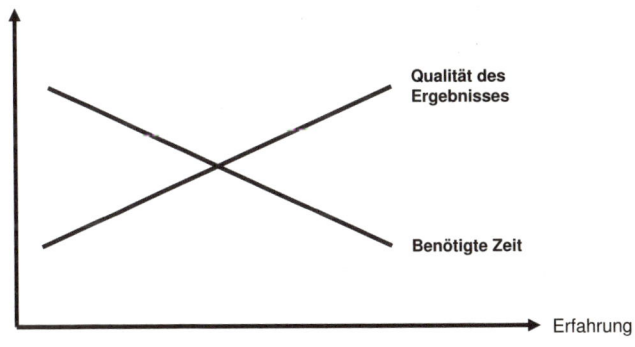

Je mehr Erfahrung und Übung du hast desto mehr erreichst du mit weniger Aufwand!

Werde immer besser, indem was du tust. Deine Produktivität bestimmt die Qualität deiner Leistungen und ermöglicht es dir, Freiräume zu erarbeiten.

Die 7 Tugenden kompakt:

1. *Hinterfrage deine Annahmen!* Sei kritisch und versuche immer zu ergründen, welche Mentalen Modelle dein Handeln leiten. Koppele den Denkprozess aus. Versuche, die Dinge differenziert zu sehen („Suche das Zebra").

2. *Sei proaktiv!* Gehe Probleme optimistisch und vorausschauend an! TU etwas anstatt dich über Dinge zu beklagen. Vertraue auf deine Kreativität und deine Ressourcen (Freunde, Recherchemöglichkeiten, Wissen)!

3. *Sei ein Explorer!* Entdecke dich und deine Umwelt. Erforsche Erfolgsfaktoren und dein Fachgebiet mit Neugier und einer interessierten Offenheit. Du wirst so Probleme als Aufgaben und Schwierigkeiten als Herausforderungen sehen.

4. *Denk strategisch!* Sei ein Visionär und ein Manager, wenn du deine Ziele festlegst und den besten Weg bestimmst. Nutze so oft es geht deine Stärken. Betrachte Dinge, die du nicht so gut kannst als Baustellen, nicht als Schwächen!

5. *Sei hartnäckig!* Lass dich von Misserfolgen nicht abschütteln. Es gehört zum Spiel, dass es Mitspieler gibt, die besser oder erfolgreicher sind. Du weißt, du kannst nicht immer gewinnen. Du weißt gleichzeitig, du kannst nicht immer verlieren, wenn du nicht aufgibst!

6. *Verzeihe dir und lerne daraus!* Sei nicht zu hart mit dir, wenn du Fehler machst. Du hast schon als Kind gelernt, dass zum Laufen das Fallen dazugehört. Steh auf und lerne aus deinen Fehlern!

7. *Erhöhe deine Produktivität!* Produziere nicht nur, sondern erhöhe deine Produktionskapazität. Schule deine Wahrnehmung, dein Denken, deine Fähigkeiten und feile an deinen charakterlichen Stärken. Werde eine ausgeglichene Persönlichkeit, die weiß, was sie kann und was sie will!

Letztendlich gibt es keine Garantie dafür, dass man seine Ziele erreicht und seine Träume verwirklichen kann. Doch es gibt per se auch keine rationalen Umstände, die einen davon abhalten, es nicht zu versuchen! Änderungen beginnen immer bei dir selbst. Getreu dem Motto der Hip-Hop-Band „Blumentopf": *„Man bewegt nichts, wenn man sich selber nicht bewegt."*

Teil B:

DIE RICHTUNG: WAS WILLST DU? STRATEGIE-WORKSHOP

Mit den 7 Tugenden kennst du die wesentlichen Einstellungen und Faktoren, die deinen Erfolg entscheidend beeinflussen. Nur ist dir vielleicht noch nicht 100%ig klar, womit du erfolgreich sein willst. Zur Beantwortung der Fragen: „Wer bin ich? Was will und kann ich?" habe ich einige Übungen zusammengestellt, die dir helfen sollen, deine Ziele und deine Stärken und Schwächen zu ergründen. Bevor wir das jedoch tun, solltest du einige Balance-Prinzipien kennen lernen, die dein Leben auf ein ausgewogenes Verhältnis stellen. Denn, wer alles auf eine Karte setzt, verliert zu oft im Spiel des Lebens, dessen Kartenspiel gut durchmischt ist.

3. Kapitel: Balanceprinzipien: Basis für langfristigen Erfolg

Deine Lebensbatterien für mehr Ausgewogenheit

Wenn man sich über seine Ziele Gedanken macht, sollte man einige Dinge beachten. Oft kommt uns nämlich das Gefühl, dass etwas zu kurz kommt. Dieses Gefühl lässt sich begründen: Wir streben nach Ausgleich. Professor Nossrat Peseschkian hat in länderübergreifenden Studien herausgearbeitet, dass Menschen glücklich sind und sich wohl fühlen, wenn vier Lebensbereiche in einem ausgewogenen Verhältnis stehen: „Leistung", „Körper", „Soziales" und „Sinn." Die Kraft der Lebensbereiche kann man an solchen Tagen sehen, an denen man eigentlich hochmotiviert ist, einem aber trotzdem die Kraft fehlt, es tatsächlich umzusetzen. Die Gedanken schweifen immer wieder ab und man hat das Gefühl, eigentlich doch etwas anderes tun zu wollen. Diese Untersuchungen sind sehr aufschlussreich und sind in das Zeitmanagement als vier Lebensbereiche eingegangen (Seiwert 1999).

Das Modell fand ich während meiner Studienzeit sehr hilfreich. Es bestätigte sich oft, dass ich nach einem ausgelassenen Abend mit Freunden oder intensivem Training viel motivierter und produktiver war, als an den Tagen, an denen ich den ganzen Tag nur am Schreibtisch saß (Abgesehen vom (Muskel-)Kater, wenn ich es mal wieder übertrieben hatte ... ☺). Ich habe das Modell dennoch etwas abgewandelt. Ich verwende es als Analyse-Modell und Strukturierungshilfe, die eine Orientierung zur Zeiteinteilung eines Tages bzw. einer Woche gibt. Des Weiteren finde ich den energetischen Aspekt der Lebensbereiche wichtig. Ich spreche daher von „Lebensbatterien", die du gezielt aufladen kannst. Allerdings können sie auch Energie durch einseitige Belastung und andere Faktoren verlieren.

Des Weiteren habe ich eine Lebensbatterie inhaltlich transformiert und eine neue hinzugefügt, damit das Modell tatsächlich eine Hilfe bei der Verteilung des Zeitbudgets ist. So war der Bereich „Sinn" (Werte) schwer zu greifen. Es stellte sich mir die Frage: „Wie soll ich diesen Bereich mit Zeit füllen?" Sinn und Werte stehen außerdem eine Ebene höher, indem sie Einfluss auf deine übergreifende Mission und Strategiekarte (erarbeiten wir im 4.Kapitel) nehmen. Stattdessen steht in meinem Modell die Kategorie „Ausgleich", die all das beinhalten soll, was uns neben unserem Leistungsbereich mit „Sinn", Abwechslung und Lebensfreude versorgt. Das können ein Hobby, ehrenamtliches Engagement, aber auch die Sinnsuche und die Beschäftigung mit seinen Werten sowie seinen Zukunftsoptionen sein.

Die neue Lebensbatterie ist die der unterstützenden „Support"-Tätigkeiten. Darunter fallen Organisationskram, Haushaltsmanagement, Fahrtzeiten, Finanzen, etc. Ordnung und Organisation lassen uns vielleicht nicht in Euphorie ausbrechen, aber eine gute Prozesssteuerung und Überblick über die Finanzen ist auch eine Art Energie, die andere Dinge erst ermöglicht. Es kann einiges an Energie verloren gehen, wenn wir diesem Bereich zu wenig Beachtung schenken. Diese Batterie stellt uns vielleicht weniger Energie bereit als alle anderen. Dennoch wirkt sie wie ein Schmiermittel, auf das wir nicht verzichten können.

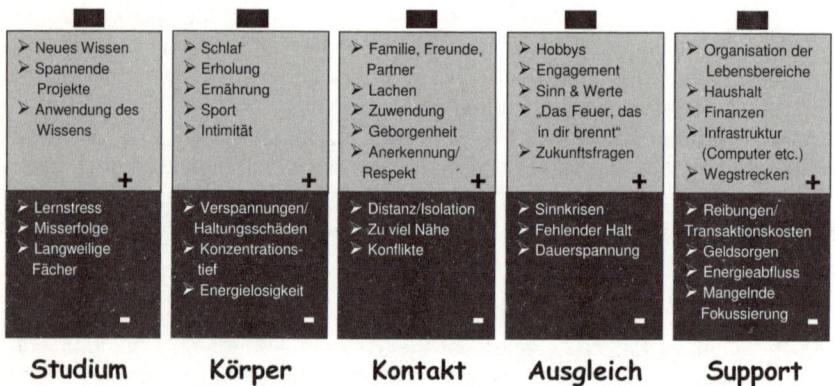

Studium	Körper	Kontakt	Ausgleich	Support

Erfolgreich und glücklich sind wir, wenn wir die verschiedenen zum Leben gehörenden Facetten ausbalancieren. Eine andauernde Überbelastung einer Batterie zerrt an unseren Energien, die auf mehrere „Akkus" aufgeteilt sind.

Studium: Das Studium steht wahrscheinlich im Fokus deines Tages. Erfolge, neues Wissen, spannende Projekte in diesem Lebensbereich geben dir Energie. Lernstress, Misserfolge und langweilige Fächer können demgegenüber an deiner Motivation (=Energie) zerren. Man verbringt ca. 40% der wachen Zeit in diesem Leistungsbereich – erst im Studium, später im Beruf. Doch viele übertreiben es, indem sie Raubbau an ihrer Energie und an ihrem Körper betreiben, statt nachhaltig zu investieren. Andere schöpfen hingegen ihr Leistungspotential nicht voll aus.

Körper: In ihm wirst du den Rest deines Lebens verbringen! Bau eine freundschaftliche Haltung zu ihm auf, verwöhne ihn ab und an. Er ist deine „Denk- und Produktionsmaschine." Pflegst du sie richtig? Oder quälst du sie auf Hochtouren, dass einige Teile bald streiken wollen? Gesunde Ernährung, Erholung und sportliche Anstrengung sind ein guter Ausgleich. Sie machen den Kopf frei und geben dem Gehirn gewissermaßen Ersatzteile und Zeit zur Wartung. Die Portion Extra-Energie kommt schließlich von den Endorphinen - Glückshormonen, die bei sportlicher Belastung ausgeschüttet werden (eine gute Nachricht für Sportmuffel: auch Sex gehört dazu!☺). Zuviel Stress und mangelnde Bewegung kann schnell zu Konzentrationsschwächen und Muskelschmerzen führen.

Soziales: Lachen, Zuwendung, anregende Gespräche mit der Familie, Freunden oder dem Partner sind unser Motor und Trostpflaster zugleich. Wir ziehen Energie aus dem Zusammensein mit vertrauten Personen. Es macht uns Spaß, unsere Gefühle mit anderen auszutauschen sowie Lob und Anerkennung von ihnen zu bekommen. Auch Partys zählen in diesen Bereich. Menschen mit einem intakten sozialen Netz leben gesünder - Witwer sterben früher, Singles werden häufiger krank. Übersäuern kann diese Batterie bei Konflikten oder wenn du in „soziales Gedränge" gerätst (zu viele Leute, die was von dir wollen). Achte daher auf die Distanz/Nähe, die dir angenehm ist.

Ausgleich: Diese Lebensbatterie ist mit all jenen Dingen gefüllt, die uns abschalten, die Zeit vergessen und den Dauerstress durchbrechen lassen. Was ist es, das dich deine Probleme vergessen lässt? Ist es der Sport? Kunst und Kultur? Ein gutes Buch? Clubbing? Engagement oder Religion? Wo findest du emotionale Kraft bzw. Zuflucht? Auch Sinn- und Wertefragen, Arbeit an deinem Lebensstil und Zukunftsfragen gehören in diesen Bereich: Worauf arbeitest du hin? Was verleiht dir „Sinn"? Sind es deine beruflichen oder deine privaten Ziele? Wofür „brennst" du? Musst du bei diesen Fragen passen, fällt es dir wahrscheinlich schwer, dich mal abzulenken oder du tappst mit Sinnkrisen durch die Welt und fragst dich: Wozu?

Supportprozesse sind einerseits dazu da, deine Aufgaben oder Tätigkeiten der anderen Lebensbereiche zu ermöglichen. Andererseits, um andere wichtige Dinge wie Finanzen, Wohnungs- und Versicherungskram, Koordination und Bewerbungen zu erledigen. Diese Prozesse sind wie Schmiermittel: Wenn wir es schaffen, diese Prozesse gut und effizient zu steuern, wird der Auslastungsgrad der anderen Batterien höher. Lassen wir sie allerdings verschlampen hat unser System ein „Leck", aus dem Energie entweicht.

Das sagt dir das Lebensbereich-Modell:

Oft wollen wir alle anfallenden Pflichten und Termine an nur einem Tag erledigt wissen und ärgern uns, weil die Zeit nicht reicht. Das liegt schlicht daran, dass wir falsch rechnen: **Der Tag hat keine 24 Stunden!** Denn zunächst müssen wir ausreichend schlafen. Dies ist besonders für uns Studenten wichtig, da wir als Wissensarbeiter auf ausreichend Energie und die volle Brainpower angewiesen sind. Nach Abzug deines Schlafbedarfs bist du wahrscheinlich bei 15 – 16 Stunden Wachzeit. Von diesen müssen wir nun die Zeit für Ernährung, Körperpflege und Erholungspausen einrechnen. Hierfür benötigen wir weitere 3 – 4 Stunden. Damit brauchen wir täglich ca. 12 Stunden für den Erhalt unserer körperlichen Grundfunktionen (Schlaf, Ernährung, Hygiene, Ausruhen). Es bleiben somit täglich nur **zwölf Stunden als Zeitbudget zur Verfügung**.

Du solltest jetzt allerdings nicht davon ausgehen, dass du die verbleibenden zwölf Stunden durchackern kannst. In Notsituationen sind sicher ein paar dieser Kaffee-gedopten Powertage drin, aber bald merkst du, wie deine Akkus überproportional schlapp machen, wenn die Adrenalinreserven nachlassen. Wenn du in diesen Momenten nicht zumindest teilweise deinen Bedürfnissen nach Sport, Sozialem oder ein wenig Ablenkung nachgehst, sinkt deine Zufriedenheit und Leistungskraft. Deine Motivation verdrückt sich in den Keller und das Gehirn schreit nach Pausen, um die vielen Informationen abzuspeichern.

Langfristige Leistungsfähigkeit setzt die Balance aller Lebensbereiche voraus. Einseitige Belastung führt zu Verschleißerscheinungen, Frust und Stress. Deswegen ist es nur clever, dir ab und zu echte Erholungspausen zu gönnen und einige Lerneinheiten zusammen mit Freunden abzuhalten. Auch einfache Supportprozesse müssen nicht zu kurz kommen: Einkaufen, Haushalt und kleinere Organisationen sind eine willkommene Abwechslung zum Lernen. Entwickle und kultiviere Rituale, die der einseitigen Anspannung entgegenwirken und dein Leben auf eine balancierte Basis stellen!

Workshop - Dein Zeitbudget: Schätze, wie viel Prozent des Tages (Wachzeit) du im Durchschnitt für welche Tätigkeit aufbringst: Rechne dafür deinen Schlafbedarf heraus: Also 24h – Schlafbedarf = 100%. Trage alle Tätigkeiten deiner letzten Woche oder deiner letzten Tage zusammen und erinnere dich, wie viel Zeit du insgesamt dafür beansprucht hast. Rechne es am besten in Prozent um: Wie viel Prozent verwendest du für's Studium, wieviel Prozent ist dir dein Körper wert? Wie viel deine Freunde/Partner? Bewerte zum Schluss, ob du mit diesen Tätigkeiten und dieser Verteilung zufrieden bist (☺☺=sehr zufrieden, ☺=zufrieden, ?=neutral/unsicher; ☹=unzufrieden, ☹☹=sehr unzufrieden).

Lebensbatterie	Tätigkeiten	Zeit/ %	☺/ ☹
Studium			
Körper			
Kontakt			
Ausgleich			
Support			

Workshop-Auswertung: Ein Beispiel

Die Analyse deiner Zeitverteilung gibt dir Aufschluss über deinen Tagesplan und deine Zufriedenheit mit dieser Aufteilung:

Batterie	Verwendet für?	Zeitanteil	☺/ ☹
Studium	Lernen für Prüfungen, 1 Vorlesung	15%	☹☹
Körper	Essen, Ausruhen (Fernsehen), Hygiene	20%	☹
Kontakt	Freunde treffen, Partys, ...	25%	☺☺
Ausgleich	Keine Zeit – schon seit Wochen!	0%	☹☹
Support	Job kostet Zeit, viel Kram durch Umzug	45%	☹☹

Schritt 1 - Bestandsaufnahme: Offenbar läuft in unserem Beispielsfall etwas schief. Der Kandidat ist in vier von fünf Fällen unzufrieden mit sich selbst: Zum einem hat er Prüfungsstress, lernt aber aufgrund von Motivationsproblemen nur sehr wenig. Er besucht nur noch eine Vorlesung und hat vier andere geschmissen, obwohl er weiß, dass er dies im nächsten Semester bereuen wird. Zwar relaxed er viel vor dem Fernseher, kann sich aber nach dem Einschalten des Fernsehgerätes nicht mehr für andere Dinge aufraffen. Die Zeit, die er mit seinen Freunden durch die Gegend zieht, schlaucht ihn enorm. Er hat sowohl viele neue Freunde aus seinem Semester gefunden, zum anderen ist gerade bei seiner alten Clique viel los. Die Zeit mit seinen Freunden genießt er sehr, weil sie ihn vom Studiendruck entlastet. Für seine Hobbys findet er keine Muße, denn der Umzugsstress nach dem ersten Semester sitzt ihm noch im Nacken und sein neuer Job, mit dem er das Studium z.T. finanziert, verlangt Einsatzbereitschaft. (Der Job zählt in diesem Fall zur Batterie „Support", weil er nur dem Gelderwerb dient, aber keine inhaltliche Verbindung zum Studium aufweißt).

Schritt 2 - Erste Hilfe: Was könnte man zur Verbesserung der Situation tun? Kurzfristig gilt es, Schaden zu vermeiden: Einen Abend in der Woche einplanen, um sich richtig zu erholen und den Kopf freizukriegen: auspowern, ins Kino gehen, einfach nur nachdenken. Eine Übersicht über den Lernstoff machen und das Lernpensum täglich mindestens vier Stunden abarbeiten – egal wie produktiv man ist. Dabei sollte man sich nur das Wichtigste anschauen und nicht in Details verzetteln. Regelmäßige Termine (zweimal wöchentlich) mit den neuen Kumpels vereinbaren und gemeinsam lernen. Soviel wie möglich vom operativen Support-Kram verschieben. Verabredungen mit anderen eingrenzen. Diese ersten Gegenmaßnahmen müssen schnell und entschlossen getroffen werden, sonst kommt man erst zwei Wochen vor der Klausur in Gang. Und das wäre definitiv zu spät, um all den Lernstoff nachzuholen ...

Schritt 3 - Langfristiger Plan: Dein Tagesplan sollte sowohl feste Zeiten für dein Studium als auch für deine Hobbys enthalten. Achte hierbei auf Regelmäßigkeit! Wenn es dir möglich ist, solltest du dir einen Job mit Bezug zum Studium z.B. als studentische Hilfskraft besorgen. Dann zählt der Job gleichzeitig zum Bereich „Studium." Ich würde versuchen, möglichst viele Felder zu überlappen: Mit Freunden lernen, Sport als Hobby, etc. Alle weiteren Supportprozesse müssen so effizient wie möglich erledigt werden: Sie sind nur Mittel zum Zweck - Perfektionismus ist hier fehl am Platz!

Ein möglicher Aktionsplan könnte zusammengefasst so aussehen:

Batterie	Ist	Soll	Sofortmaßnahmen	Langfristige Abhilfe
Studium	15%	40%	Konsequenter lernen, Lerngruppe	Studienbezogener Job, In der Bibliothek lernen, dann lohnt es sich eher zur Uni zu fahren
Körper	20%	20%	Aktive Erholung, Sauna, Kurzschlaf zwischendurch	Ausreichend Schlaf, Gute Ernährung
Kontakt	25%	25%	Lerngruppe! Termine absagen, Freunde in Mittagspausen treffen	Mehr Zeit für meine wichtigsten Freunde - weniger mit Hinz und Kunz, nur noch zu guten Partys gehen
Ausgleich	0%	10%	1 Abend in der Woche nur für mich!	1 fester Abend und 1-2 variabel nach Lust und Laune
Support	45%	15%	Alles, was weder wichtig noch dringend ist, verschieben	DSL u. Kombinationsdrucker besorgen, damit man zum surfen und kopieren nicht immer in die Uni fahren muss, Zeitmanagement-Tipps aus Teil C umsetzen!

Die richtige Strategie für die Lebensbereiche:

- **Ausgleich von Soll und Ist:** Jeder muss seine Schwerpunkte individuell definieren. (Der eine möchte 40% für sein Studium aufbringen, der andere nur 30%). Der Ausgleich der angestrebten und der tatsächlichen Verteilung ist entscheidend, nicht eine quantitative Gleichverteilung.

- **Mindestmaß an Energie in jeder Batterie:** Ein gewisses Mindestmaß an Zeit muss in jedem Bereich stecken. Denn der Akku ist in Summe nur so stark, wie seine schwächste Batterieeinheit. Welche Tätigkeiten bieten dir eine gute „Grundspannung" und welche lassen die Batterien besonders gut wieder aufladen?

- **Zeitlich verschobene Prioritäten:** Es ist normal, dass die einzelnen Studienphasen unterschiedliche Prioritäten beanspruchen. Zu Beginn deines Studiums solltest du dich ausprobieren, verschiedene Kultur- und Sportangebote wahrnehmen und dir Gedanken um deine Ziele und deine nächsten Schritte machen. Wenn es dann auf die Abschlussarbeit zugeht, treten diese Bereiche natürlich in den Hintergrund - Du würdest es bereuen, die Freiheiten des Studiums nicht vorher ausgenutzt zu haben!

- **Kombination der Felder:** Pro Tag haben wir nur ein begrenztes Zeitkontinent zur Verfügung. Die Ausweitung des einen Bereichs führt zur Beschränkung eines anderen. Aus diesem Grund solltest du versuchen, die einzelnen Lebensbereiche miteinander zu kombinieren und deine Zeit immer zuerst für die wichtigen und schönen Dinge zu nutzen!

- **Reduziere den Bereich „Support":** Achte peinlich darauf, dass Supportprozesse effizient ablaufen und kein Mittel zum Selbstzweck sind! Schließlich willst du kein Beamter sein, der sich den ganzen Tag selbst verwaltet. Der Teil E meines Buches („Organisation und Ordnung") ist voll mit Ideen zur Reduktion dieses Bereichs.

 **Achte darauf, dass deine Akkus immer rechtzeitig wieder aufgeladen werden!**

Jetzt oder später? Langfristige Orientierung vs. Leben im Hier & Jetzt

Viele machen sich mehr Gedanken über ihr nächstes Party-Styling als um ihre Zukunft. Wieder andere büffeln das ganze Studium über. Diese haben zwar super Noten, bleiben aber später stumm, wenn andere von ihren Studienabenteuern berichten. Mein Lösungsvorschlag: Setze dir zukünftige Ziele und realisiere sie. Lebe und genieße aber die Gegenwart! In diesem Abschnitt geht es mir um das Verhältnis von langfristiger Orientierung und dem Leben im Hier und Jetzt.

Beginnen wir mit einer Reise nach Schottland: Stell dir vor, du wärst ein schottischer Hochlandbauer. Es ist Herbst und du fährst eine gute Ernte ein. Du könntest sie nun komplett ausnutzen: So richtig reinhauen, einen Teil verkaufen oder verschenken. Du hättest viele Freunde, Geld und Spaß – und einen ziemlich dicken Bauch. Aber im Frühjahr käme das böse Erwachen: Alles ist verprasst! Du hast weder Saatgut für die Bestellung der Felder aufgehoben noch in neue Felder oder Dünger investiert, um die Erntemenge zu steigern. Mit diesem Beispiel, das die uralte Weisheit „Du erntest, was du sähst" ausdrückt, ist der Kerngedanke des Konzepts der lang- und kurzfristigen Orientierung beschrieben.

Wir müssen genau abwägen, wie viel Zeit wir nutzen wollen, um Spaß zu haben und wie viel Zeit wir in die Zukunft investieren. Weil unser Leben immer ein Resultat unserer Vergangenheit ist und von unseren jetzigen Umständen beeinflusst wird, hängt auch die Zukunft von unserem jetzigen Geschick ab. Erinnere dich an die Fabel der „Goldenen Gans":

Ein Bauer hat Glück gehabt und eine Gans legt ihm tatsächlich täglich frisch zur Frühstückszeit ein goldenes Ei vor die Füße! Der Bauer wird nach einiger Zeit gierig und schlachtet die Gans, um alle Eier auf einmal zu bekommen. Natürlich findet er nur klebrigen Milchdotter. Die Konsequenz: Er wird wieder bettelarm, denn er hat seine „Produktionsmaschine Gans" getötet.

Du solltest den Bogen nicht überspannen und zuviel auf einmal wollen. Es ist besser, sich in Geduld zu üben und statt der Arbeitszeit die Kapazität der Arbeit (Produktivität) zu erhöhen!

Für den Bauern mit der Gans hieße das: Nicht die Gans dazu zwingen, zehn Eier täglich zu legen (dann bekommt sie Magenkrämpfe), sondern lieber dazu bewegen, kleine Schnatterienchen zu zeugen, die wiederum goldene Eier legen ... ☺

Dein Investitionskonto

Zur vereinfachten Darstellung des harmonischen Ausgleichs zwischen Gegenwart und Zukunft habe ich das Bild eines Bankkontos gewählt: In der Vergangenheit getätigte Investitionen stehen dir heute als Kapital zur Verfügung. Dieses kannst du nun nutzen oder weiterhin für die Zukunft zurücklegen. Je mehr du heute investierst desto mehr wirst du in der Zukunft an Investitionen zur Verfügung haben. Achte aber darauf, das Hier und Jetzt nicht zu vernachlässigen. Die Zukunft ist zum großen Teil ungewiss. Du solltest also auf keinen Fall alles in die Zukunft investieren. Suche immer den Ausgleich! Wenn man im Studium nicht lernt sich genügend Zeit für private Dinge zu nehmen, fällt es im späteren Job umso schwerer. Denn zu den eigenen Vorstellungen gesellen sich ebenso die Erwartungen der Vorgesetzten und Kollegen.

| *Vergangenheit* "Kapital" | *Gegenwart* "Investment" | *Zukunft* "Auszahlung" |

Da dir ganz verschiedene Kompetenzen zur Verfügung stehen, musst du dir das Modell als ein Portfolio vorstellen, das unterschiedliche "Kompetenzkonten" umfasst. Von deinen Stärken kannst du schon jetzt profitieren – du lebst von deren Zinsen. In die für die Zukunft ertragreich erscheinenden Anlageformen solltest du investieren. Verwende das folgende Analyseschema, das deine Kompetenzen in der Vergangenheit, Gegenwart und Zukunft aufzeigt:

Kompetenzen	Vergangenheit:	Heute:	Zukunft:
PowerPoint	• Hab viele Präsentationen gehalten und sehr viel experimentiert.	• Bin sehr fit in dem Programm, fast schon ein kleiner Experte	• Kompetenzen für Webdesign nutzen • Grafikkompetenz weiter steigern
Ms Word	• Einführung in der Schule bekommen. • Grafiken „baue" ich in Powerpoint	• Brauche das Programm oft für Layouts und Diplomarbeit	• Will auch hier Experte werden, damit ich mein Buch gut layouten kann
Englisch	• Gute Ergebnisse in der Schule • Gutes Vokabular, 2x in den USA gewesen	• Meine Aussprache ist grottenschlecht • Habe Probleme im argumentieren	• Muss verhandlungssicher werden, will in London leben
Kommunikation	• Viel gefeiert, viele Leute kennen gelernt → keine Berührungsängste	• Tue mich schwer mit dem Networking und hasse Smalltalk	• Sehr wichtig: werde einen Ratgeber lesen u. meine Einstellung ändern
Lerntechniken	• Habe viele Bücher darüber gelesen	• Kann das Wissen für das Buch verwenden	• Ich schaue ab und an mal in die gelesenen Bücher, um mein Wissen aufzufrischen

Durch die Analyse hat man eine fundierte Sicht über sein heutiges Kapital und weiß, wie man dieses in der Zukunft weiterentwickeln könnte.

Die Kontometapher besitzt Parallelen zur Tugend 7 - „Produktivitätssteigerungen." Dort haben wir bereits das Verhältnis der Zeitaufteilung auf „Produktion" und „Produktionsoptimierung" besprochen.

Denkpause: Angenommen, du hast diese Woche viel konsumiert, aber noch wenig investiert. Deine Woche war lebhaft, du warst Dienstag im Kino, Donnerstag auf der Erstsemesterparty und Freitagabend auf einem Geburtstag. Zwar hast du alle Vorlesungen abgeklappert, hast es aber noch nicht geschafft, etwas für die Uni vorzubereiten. Nun ist es Samstagabend, ein guter Freund ruft an und will etwas unternehmen - Wie entscheidest du dich?

Würde es etwas ändern wenn du:

- Sonntag arbeiten müsstest?

- Den Freund lange nicht gesehen hast bzw. er bald wegzieht?

- Du einen Abgabetermin hast?

- Du dich kränklich fühlst?

Mache dir deinen Entscheidungsprozess und deine Entscheidungskriterien bewusst. Helfen dir vielleicht die Lebensbatterien als Hilfe, wenn du einmal zusammenrechnest, zu welchen Anteilen du dein Zeitbudget schon verwendet hast? Was gibt es für Alternativen?

Strategie für's Studium: Pflicht, Kür und Positionierung

Das folgende Modell der drei Studienbereiche entstand aus der Überlegung, wie ich meine Aktivitäten einem potentiellen Arbeitgeber verkaufen soll:

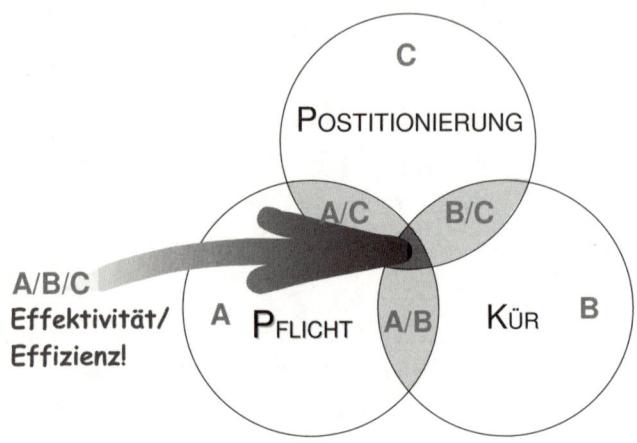

Der Bereich A/B/C sollte möglicht groß sein, weil es der Bereich ist, der zwischen das „Entweder-oder" in ein „Sowohl-als-auch" transformiert.

Pflicht (A): Zunächst gibt es für mich einen Pflichtteil, der Dinge umfasst, die man tun muss, weil sie gefordert sind. Die „Pflicht" ist das für deinen Abschluss zu erfüllende Pensum: die zu erbringenden Noten, Scheine und weitere Voraussetzungen (z.B. Praktika). Aber auch die Finanzierung des Studiums, BAföG-Anträge, jobben usw.

Kür (B): Des Weiteren gibt es Dinge, die man frei wählen kann So z.B. die einzelnen Studienfächer, die Referats- und Hausarbeitsthemen und deine Freizeitgestaltung. Diese Analogie entstammt bestimmten Sportarten, in denen es Pflicht- und Kürübungen gibt. Erstere schreiben Abläufe und Elemente genau vor. Die Kürübungen hingegen können frei zusammengestellt werden.

Positionierung (C): Dinge, die dein potentieller Arbeitgeber gern sieht bzw. die du gut verkaufen kannst, zählen zum Bereich „Positionierung." Dieser Begriff entstammt dem Marketing: Man macht sich Gedanken, wie man ein bestimmtes Produkt, in diesem Fall sind das deine Tätigkeiten, der

Zielgruppe (=Arbeitgeber) anpreisen will. Die Positionierung ist daher die Ausrichtung deiner Tätigkeiten auf ein Ziel, z.B. auf das Anforderungsprofil deines Traumjobs. Du positionierst dich deinem zukünftigen Arbeitgeber und „verkaufst" ihm deine Fähig- und Fertigkeiten, die du durch den Pflicht- und Kürteil des Studiums erworben hast.

Diese drei Bestanteile überschneiden sich teilweise:

A/B: Manchmal sind Pflicht und Kür miteinander verbunden. So enthalten die Pflichtbestanteile des Studiums (z.B. die vorgeschriebenen Fächer, die zu erbringenden Credit Points oder Pflichtpraktika) oft Wahlbestanteile und Freiheitsgrade, die sich mit deinen Interessen decken können. Im Studium könnte es zum Beispiel eine vorgeschriebene Hausarbeit (=Pflicht) mit einem selbst wählbaren Thema (=Kür) sein.

A/C: In diesem Bereich sind all jene Bestandteile verzeichnet, die du auch in der Praxis noch anwenden kannst. Leider überschneiden sich in vielen Universitäten/Studiengängen diese beiden Bereiche nicht allzu stark, weil das Curriculum sehr theoretisch-abstrakt statt anwendungsorientiert ausgerichtet ist. Umso wichtiger erscheint es, diese Bestandteile durch den dritten Bereich zu kompensieren.

B/C: Diese Schnittstelle listet all jene Dinge auf, die du zu deinem Privatvergnügen machst, die aber gleichzeitig für deinen zukünftigen Job nützlich sein könnten. Organisierst du in deiner Freizeit gern und professionell Partys oder ehrenamtlich Veranstaltungen, so kannst du diese als Beweis deines Organisationstalentes in deinem Lebenslauf darstellen.

In der Mitte liegt die Schnittstelle aller drei Bereiche. Du erreichst diese immer dann, wenn du z.B. ein Studienprojekt mit einem privaten Interesse ausfüllen kannst, das gleichzeitig berufsqualifizierend ist. Du schreibst gern Texte und möchtest Journalist werden, dann solltest du dein Pflichtpraktikum vielleicht in einem Zeitungsverlag absolvieren. Jeder Studiengang und jede Tätigkeit bietet gewisse Freiheitsgrade und Interpretationsspielräume. Versuche diese Freiheitsgrade bzw. Kürbestandteile so auszunutzen, dass sie sich möglichst mit einem oder besser zwei anderen Bereichen des Modells überschneidet. Ist die Schnittstelle besonders groß, erreichst du zwei magische Ziele des Zeitmanagements gleichzeitig: Effektivität und Effizienz. Effektivität heißt, dass du genau auf deine Ziele hinarbeitest, ohne viel Energie für die Randbereiche zu verwenden (oder gar Dinge zu machen, die außerhalb der drei Kreise ABC liegen). Auf der anderen Seite bist du effizient, weil du mit nur einer Tätigkeit gleich einen oder sogar zwei weitere Bereiche abdeckst: Du schlägst damit zwei Fliegen mit einer Klappe. Ich nenne das die **„Methode des gemeinsamen Schnittpunkts".** Sie erhöht deine Effizienz, indem du zwei Tätigkeiten gleichzeitig nachgehst.

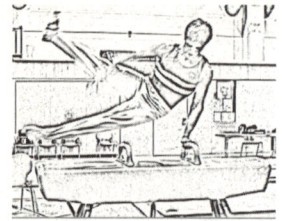

Ich habe intensiv Wettkampfsport (=Kür) betrieben und dies in meinem Lebenslauf unter „Hobbys" hervorgehoben. Allerdings war ich mir unsicher, ob das nicht falsche Signale sendet. Erfreulicherweise hatte ich einmal die Gelegenheit meinen Lebenslauf von Jochen Kienbaum, dem Chef einer bekannten Personal-beratung, checken zu lassen. Er konnte mir meine Bedenken nehmen: Sport sei ein guter Indikator im Lebenslauf. Denn er signalisiere, dass man belastbar, begeisterungsfähig und ehrgeizig ist. In diesem Fall überschneiden sich also die Bereiche „Kür" und „Positionierung" - das Hobby punktet für den Lebenslauf!

Effektivität & Effizienz: Mit diesem Doppel erreichst du deine Ziele: Oft werden die Begriffe gleichgesetzt, wir müssen sie aber unterscheiden:

Effektivität heißt, die richtigen Dinge tun." Voraussetzung hierfür ist das Wissen, was man will und was für einen im Leben wichtig ist. Wenn etwas einen „Effekt" auf uns haben soll, muss es etwas Wichtiges bewirken.

Effizienz heißt hingegen, die Dinge richtig tun." Was das Englische als „efficiency" bezeichnet, benennt im Deutschen die „Leistungsfähigkeit": Jemand ist also effizient, wenn er Dinge schnell und gut erledigen kann.

> *Effektivität: Die richtigen Dinge tun*
> *Effizienz: Die Dinge richtig tun*

Es ist also effizient, sich sehr schnell mit einem Ruderboot vorwärts zu bewegen. Dabei jedoch die falsche Richtung anzusteuern, bewirkt das Gegenteil. Effektivität ist also der Kompass deines Lebensplanes. Effizienz die Uhr, die die Zeit misst, in der du die benötigte Leistung bringst.

4. Kapitel: Bestimme deine Marschrichtung

In diesem Kapitel geht es um Grundsatzfragen: Wir „zoomen" uns aus dem Tagesgeschehen heraus und gehen der Frage nach, was dir in deinem Leben wichtig ist, welche Ziele du verfolgst und auf welche Ressourcen du dabei zurückgreifen kannst. Wenn du dir deiner Ziele, Stärken und Schwächen bewusst bist, kannst du leichter einen Fahrplan mit einer konkreten Route entwickeln. Jeder Mensch ist einzigartig und „funktioniert" daher auch anders. In diesem Kapitel findest du nützliche Übungen, die dir bei der Suche deiner Ziele und Wünsche helfen sollen.

Zu Beginn meines Studiums schielte ich zu sehr auf die Aktivitäten und Leistungen meiner Kommilitonen. Das verunsicherte mich, weil ich das Gefühl hatte überhaupt keinen Plan zu haben. Irgendwann besann ich mich zurück auf meine Wünsche und meinen angestrebten Weg. Ich fühlte mich dabei ungleich wohler, gleichberechtigter und erfüllter. Meine Motivation steigerte sich und ich machte nun Dinge, die mir richtig Spaß machten und die mich in meiner persönlichen Entwicklung weiterbrachten.

Das Finden deines eigenen Weges und die Orientierung an deinen eigenen Wünschen und Bedürfnissen sind immens wichtig für deine Zufriedenheit und deinen Erfolg. Zwar kann man sich von anderen inspirieren lassen, aber deine Träume und Ziele sowie deine Stärken und Schwächen bestimmen deine Marschrichtung. Ziele und Stärken stehen in enger Verbindung zueinander. Denn das, was wir gern tun, können wir meistens besonders gut. Das, was uns weniger gut von der Hand geht, macht dementsprechend weniger Spaß und erscheint uns weniger erstrebenswert. Du findest hier genügend Gelegenheit diesen Zusammenhängen nachzugehen und dich zu fragen, was für dich wirklich zählt. Dies wird einige Zeit in Anspruch nehmen. Nimm sie dir!

Du musst nicht alle der Übungen sofort durchackern. Beginne mit einer, die dich besonders anspricht und mache die anderen nach Bedarf zu einem späteren Zeitpunkt.

Zielfindung: Was willst du erreichen?

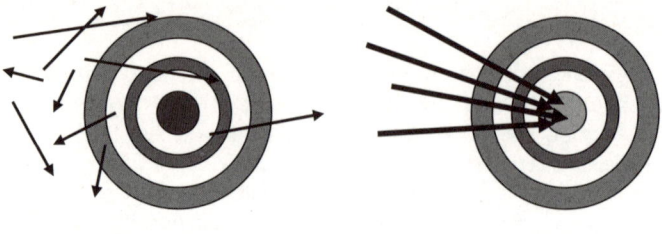

Energie ohne Ziel   Energie mit Ziel

Die Grafik verdeutlicht es gut: Nur wer eine klare Vision, ein berufliches und persönliches Ziel hat, ist in der Lage seinem Leben Sinn und Richtung zu geben:

> *„Ob Heinrich von Schliemann, der schon in jungen Jahren von seinem Troja träumte, oder Arnold Schwarzenegger, der sich als schmächtiger Bub vorstellte, den wohlgeformtesten, muskulösesten Körper auf diesem Planeten zu besitzen - viele bekannte Persönlichkeiten und Stars hatten schon sehr früh eine Vorstellung davon, was sie einmal erreichen wollen."*
>
> *(aus Seiwert 1998)*

Solche Zukunftsvisionen wecken Energien, lösen Aktivitäten aus und reißen andere mit. Eine Vision erinnert dich täglich daran, an einer wichtigen Sache zu arbeiten: Wenn du deine Mission und Ziele klar im Kopf behältst, trägt jeder Tag deines Lebens zur Erfüllung deiner Vision bei. Die Energie geht immer dahin, wo deine Aufmerksamkeit liegt. Lenke daher deine Aufmerksamkeit auf deine großen Ziele und auf die für ihre Umsetzung notwendigen Aufgaben.

Je öfter du deine Ziele formulierst desto klarer werden sie. Die Erfahrungen, die du dabei machst, ändern und schärfen deine Ziele - sie bleiben also beweglich!

Übung 1: Mach dir ein Bild!

Ziele und Strategien sind Bilder deiner Zukunft. Deswegen beginnen wir sowohl die Bestandsaufnahme als auch deinen ersten Zukunftsentwurf mit einer kreativen Übung:

Jetzige Situation – gewünschte Situation

Bild 1_ Die Momentaufnahme: Wie denkst du in diesem Moment über dein Leben? Worum dreht es sich? Was füllt es aus? Was macht es zäh? Was macht es leicht? Was sind deine Aufgaben? Wer hilft dir? Wer sind deine Freunde? Wie geht es dir? Fühlst du dich wohl in deinem Körper? Womit beschäftigst du dich, wenn du mal Zeit für dich hast?

Du benötigst ein Blatt Papier (am Besten DIN A3) und ein paar Stifte. Lass deiner Phantasie freien Lauf und versuche, so viele Details wie möglich aufzuzeichnen. Nimm ein großes Blatt Papier und male alles darauf, was dir dazu einfällt. Es geht nicht um eine detailgetreue Zeichnung. Jede Darstellungsform ist möglich. Auch diejenigen, die normalerweise nicht zum Zeichenstift greifen, sind aufgefordert, es zu probieren. Es ist eine Zeichnung ganz für dich alleine, die von niemand anderen verstanden werden braucht und von keinem bewertet wird.

Bild 2_ Skizze deiner Zukunft: Nun mach dich an das Bild deiner Zukunft und wähle dabei einen ganz bestimmten Zeitraum aus. Benutze auch hier die oben angegebenen Fragen. Was muss sich ändern? Hänge das Bild auf! Es gibt dir Kraft, darauf hin zu arbeiten!

Deine Zeichnung ist der erste Schritt zur Veranschaulichung deines momentanen Entwicklungsstandes. Sie hilft dir zu begreifen, was dir zu Komplimentierung noch fehlt. Du kannst sie jederzeit ergänzen.

Durch das Visualisieren schaltest du deine Kreativität ein und erschließt dir bisher nicht Sichtbares, nicht „Aussprechbares." Gerade fern liegende, große Ziele sind oft wenig greifbar. Deswegen ist es hilfreich, wenn du sie dir möglichst konkret vorstellst. Ziele, die einem bildlich vorliegen, sind leichter zu verwirklichen. Sie haben mehr Zugkraft.

Manch einer tut sich schwer damit, ein Bild seiner Zukunft zu malen. Wenn du partout kein Bild findest, suche eine Fotografie, eine Werbekampagne oder Ähnliches, das dein Leben repräsentieren könnte. Du kannst auch versuchen, deine Vorstellungen schriftlich festzuhalten – oder setze dich intensiver mit der zweiten Übung auseinander!

Übung 2: Frage und Antwort

Diese Übung beinhaltet grundlegende Fragen, die dir helfen, deine erzeugten inneren Bilder konkreter werden zu lassen.

Stell dir folgende Fragen:

- Wann bin ich am meisten ich selbst? Welche Menschen, Orte und Tätigkeiten erlauben es mir, ganz ich selbst zu sein?

- Welche Wünsche hege ich? Was wollte ich immer schon mal tun und habe mich bisher nicht getraut?

- Wenn ich vor mich hinträume, an was denke ich und was tue ich dann?

- Wofür bin ich dankbar?

- Was möchte ich auf dieser Welt hinterlassen?

- Wer oder was möchte ich gerne sein? Welche Persönlichkeitsmerkmale habe ich in meiner Wunschvorstellung?

- Was sind meine größten Momente des Glücks und des Erfolgs?

- Gibt es etwas in meinem Leben, mit dem ich aufhören könnte? Etwas, das ich beginnen könnte, um damit meine Lebensqualität zu steigern?

- Wie kann ich einen möglichst großen Nutzen für andere bringen?

Nimm dir Zeit, diese Fragen in Ruhe zu durchdenken. Was sagen die Antworten über deine momentane Situation aus? Gibt es Lücken, die es zu schließen gilt? Notiere dir konkrete Maßnahmen mit einem Textmarker und hänge sie so auf, dass du sie direkt vor Augen hast (z.B. an das Fenster vor deinem Schreibtisch).

Übung 3: Deine Abschlussfeier

Stell dir vor, du bist auf einer pompösen Feier. Alle deine Freunde und Verwandten sind anwesend und wollen mit dir auf deinen Studienabschluss anstoßen! Versetze dich in diesen Tag hinein und stell dir folgende Fragen:

Deine Abschlussfeier

- Wann und wo soll die Feier sein?

- Wer ist anwesend? (Familie, Freunde, Kollegen von Praktikumsfirmen). Wen wirst du anrufen oder wem von deinem Abschluss per Karte/E-Mail berichten (z.B. ausländische Freunde aus deinem Studium in Schweden)?

- Was hat dich in den letzten drei bis fünf Jahren weitergebracht? Wo hast du am meisten gelernt?

- Was waren die schönsten Erlebnisse? Welche Anekdoten erzählst du den Gästen? Welche Fotos zeigst Du?

- Welches waren deine größten Momente/Erfolge (privat und fachlich)?

- Wie hast du dein Ziel erreicht? Bist du stolz darauf?

- Wie schätzen dich zu diesem Zeitpunkt deine Freunde ein? Wie schätzt du deine Persönlichkeit/deinen Charakter selbst ein?

Mit dieser Übung kannst du verhindern, dass du durch dein Studium hechelst und rückblickend bereust, gewisse Dinge getan oder nicht getan zu haben. Du hältst mit dieser Übung schon im Vorfeld deine privaten Ziele, die Entwicklung deiner Persönlichkeit und den Spaß, den du in deiner Studienzeit hattest, fest.

Zudem legst du fest, welche Erfahrungen und Dinge du bis zu deinem Studienende unbedingt realisieren möchtest. Wenn du nicht alle Aspekte deiner Liste einhalten kannst, ist das auch okay. Die Vorstellung oder die ungefähre Fährte genügen schon. Achte darauf, dass du während deiner Studienzeit ausreichend Erfahrungen sammelst, um am Ende deines Studiums bestimmen zu können, in welchen Bereichen oder Branchen du weiterkommen willst.

Übung 4: Vorbilder suchen

Es ist durchaus sinnvoll, sich an anderen zu orientieren, um ein Gefühl dafür zu bekommen, was möglich ist und was auch dir gefallen könnte. Außerdem sind unsere Wünsche und Einstellungen bereits von anderen Personen beeinflusst worden. Wer sind diese Leute?

Vorbilder

- Welche Vorbilder beeindrucken dich am meisten?

- Wer hat dein Leben bisher positiv beeinflusst? Das können Eltern, Verwandte, Freunde oder bekannte Personen sein.

- Welche Eigenschaften bewunderst du an diesen Personen am meisten?

- Welche Eigenschaften dieser Personen hast du übernommen?

- Was machen deine Freunde/andere Jugendliche in deinem Alter?

- Was machen deine Stars/Sportler/Vorbilder? Wie sind sie dorthin gekommen, wo sie jetzt sind?

- Welche anderen Orientierungspunkte gibt es? Z.B. Statistiken über die durchschnittliche Studienzeit oder Notenschnitt, etc.

So gehst du mit der Übung um:

- *Anhaltspunkte:* Die Vorbilder dienen dir als Anhaltspunkt. Übertrage die Anregungen auf deine Situation und deine Vorstellungen.

- *Befragung:* Erhalte mehr Inspiration, Kraft und Wissen von deinen Vorbildern, indem du sie fragst, wie sie das, was du bewunderst, geschafft haben oder wie sie Aufgaben an deiner Stelle lösen würden. Habe keine Angst vor solchen Fragen, oft fühlen sich die Leute geschmeichelt und stehen dir gern Rede und Antwort. Ist dein Vorbild gut abgeschirmt oder bereits verstorben, Dann mach' einfach eine „imaginäre Befragung": Was hätte Bruce Lee an meiner Stelle gemacht? Hätte er aufgegeben oder gekämpft? Wie hätte der Politiker XY in meinem Konflikt reagiert? Diplomatisch schlichtend oder aggressiv?

- *Verschiedene Probleme – verschiedene Vorbilder:* Leg dich nicht auf ein Vorbild fest, sondern suche dir mehrere Personen. Je nachdem, wer welches Problem in deinen Augen am besten löst:

Welche Charaktereigenschaften bewunderst du bei dem Schauspieler XY? Wer aus deinem Semester ist immer gut vorbereitet? Welcher deiner Freunde kann besonders gut „small talken"?

- **Man kann von jedem etwas lernen:** Es spielt keine Rolle, ob du dein Vorbild leiden kannst:

Ich habe oft mit einem neidischen Auge auf einen Kommilitonen geschaut, dem alles „zu zufliegen" schien. Ich hielt hin für oberflächlich und einen „Blender." Er machte weniger, bekam dafür bessere Noten und dazu ein Stipendium, auf das ich mich ebenfalls beworben hatte. Als ich ein Referat mit ihm vorbereiten musste, konnte ich seine Erfolgsfaktoren ergründen. Er war absolut zielorientiert: Bevor er auch nur den Inhalt des Themas kannte, hatte er die Powerpoint-Präsentation schon strukturiert und konzentrierte sich dann auf die wichtigsten Dinge und ließ Details, an denen ich mich wohl aufgehängt hätte, vollkommen beiseite. Er las sich zuallererst die Zusammenfassung der einzelnen Kapitel am Ende der Bücher durch und erarbeitete sich darauf nur die Punkte, die er nicht verstanden hatte. Ich hätte versucht, jeden Satz zu verstehen!

- **Biografien lesen!** Ob es sich um historische Personen oder Menschen der Gegenwart handelt, ist vollkommen egal. Hauptsache sie faszinieren dich! Für mich war das Michelangelo:

Als ich für einen Monat einen Sprachkurs in Florenz absolvierte, las ich die Biografie Michelangelos, weil ich etwas über die Stadt und seine Künstler lernen wollte. Das Buch zog mich in seinen Bann. Ich fand es faszinierend, dass Michelangelo schon mit 24 Jahren ein eindrucksvolles Werk schuf, über das sich halb Italien den Mund zerriss. Seine Charaktereigenschaften wurden mir ein Vorbild. Seine Willenskraft half mir, in langatmigen Lernphasen nicht aufzugeben. Ich erinnerte mich, wie er monatelang Tag für Tag die Sixtinische Kapelle ausmalte und seinen körperlichen Schmerzen dabei trotzte. Bei Studienarbeiten stellte ich mir vor, ich würde meine Texte und Referate so plastisch und anschaulich „herausmeißeln", wie er das bei der Arbeit an der David-Skulptur getan hatte. Zudem beeindruckte mich seine Vielseitigkeit. Denn ich bin davon überzeugt, dass man davon profitiert, wenn man sich ganz unterschiedlichen Dingen widmet. Neue Ideen und Anregungen kommen so fast automatisch.

Das Interessante ist, *wie* deine Vorbilder ihre Erfolge realisieren, Rückschläge verarbeiten und welche Charaktereigenschaften und Entscheidungen Ihnen auf dem Weg geholfen haben. Beeindruckend ist, in welcher Art und Weise diese Menschen für ihre Ziele und Überzeugungen eingetreten sind und welchen Stellenwert ihre Persönlichkeit dabei hat.

Übung 5: Positionierung - Dein Lebenslauf

Hier überlegst du, was du deinem potentiellen Arbeitgeber als deine Leistungen anbieten möchtest. Mit welchen Argumenten du dich präsentieren wirst. Wie soll dein Lebenslauf zum Studienende aussehen?

Dein Lebenslauf

Ausbildung

- Wo willst du studiert haben? (Studienplatzwechsel? Auslandsstudium?)

- Welche Vertiefungen und Schwerpunkte hast du belegt? (Schreib zunächst alles Interessante auf. Eine gezielte Entscheidung kannst du später treffen.)

- Wann bist du fertig?

Praktische Erfahrungen/Auslandsaufenthalte

- In welchen Bereichen/Branchen willst du schon mal hineingeschnuppert haben? Sind das Praktika oder längere Anstellungsverhältnisse? Sind das kleine oder große Unternehmen?

- Wie wäre es mit einem Auslandspraktikum/-job, z.B. Animateur, Reitlehrer in Spanien ...

- Willst du nur ein Praktikum machen (z.B. für sechs Monate) oder mehrere über einen kürzeren Zeitraum? Positionierst du dich als „Spezialist" durch zwei bis drei Praktika in einem bestimmten Bereich (z.B. Personal) oder möchtest du lieber verschiedene Bereiche und Branchen erkunden („Generalist")?

Auszeichnungen/Preise/Stipendien

- Hast du bereits etwas in deinem Leben gewonnen? Preise während der Schulzeit, vordere Platzierungen in Wettkämpfen, Jugend forscht, Künstlerisches, etc.?

- Möchtest du an Studentenwettbewerben teilnehmen? Selbst wenn du nicht vorne landest, lernst du dabei unheimlich viel. Allein die Teilname bescheinigt Tatendrang!

- Ergänzend kannst du den Unterpunkt „Referenzen" aufnehmen: Suche dir jemand, der sich bereiterklärt, anderen Auskunft über dich und deine Leistungen zu geben. Dies können Arbeitgeber, Vereinspräsidenten oder ähnliches sein. Diese Option zeugt von Selbstbewusstsein und suggeriert, dass tendenziell positive Auskünfte zu erwarten sind!

Zusatzqualifikationen/Kompetenzen

- Zähle hier deine Kompetenzfelder auf: Sprachen, Lizenzen/Zertifikate, zusätzlich besuchte Seminare, Computerskills

Engagement und Hobbys

- Ehrenamtliche Tätigkeiten

- „Haupthobby": Was ist deine Leidenschaft? Was zeugt von Begeisterungsfähigkeit und von Ausdauer? Was hat deine Persönlichkeit geprägt?

- Weitere Hobbys: Schreibe möglichst konkret: „10 Jahre Klavierunterricht" statt „Musik"

So machst du die Übung richtig:

- *Sei anspruchsvoll:* Wenn du am Ende nur einen Teil deiner Möglichkeiten oder Wünsche erfüllt hast, erreichst du wahrscheinlich mehr, als sie erst gar nicht anzustreben!

- *Schau, was gefordert ist:* Stellenanzeigen liest man am besten vor dem Studium! Ist Englisch Pflicht? Dann lern es! Gute Computerkenntnisse sind gefragt? Dann arbeite so viel wie möglich mit den geforderten Programmen.

- *Suche nach Möglichkeiten „Pflicht", „Kür" und „Positionierung" zu vereinen:* Sind zwei Praktika vorgeschrieben und du wolltest schon immer mal nach Amerika? Warum absolvierst du nicht eines der Praktika dort? Die Organisation erfordert zwar Eigeninitiative, aber sie lohnt sich umso mehr! Du malst gern? Dann halte damit nicht hinter dem Berg. Das bescheinigt Kreativität und gehört deswegen in deinen Lebenslauf! Nach solchen Überlegungen kannst du versuchen, das Angenehme mit dem Nützlichen zu verbinden und brauchst dabei kein schlechtes Gewissen zu haben.

Schreibe nun deinen zukünftigen Lebenslauf und hake die Punkte ab, wenn du sie realisiert hast. Das gibt Ansporn und macht Spaß. Der Vorteil der Ausformulierung liegt darin, dass deine Ziele machbarer und wirklicher erscheinen, wenn sie einmal schwarz auf weiß in deinem angestrebten Lebenslauf stehen. Es ist zudem sehr motivierend, wenn du deine Vision Punkt für Punkt lebendig werden siehst!

Endecke die Möglichkeiten: Ideen für CV & Lifestyle

Es gibt viele Möglichkeiten, sein Studium aufzupeppen, jede Menge Spaß zu haben und nebenbei für den Lebenslauf zu punkten. Hier einige Ideen (Eine detaillierte Linkliste findest du auf meiner Homepage):

Studentenwettbewerbe: Es gibt inzwischen eine ganze Reihe von herausfordernden, kreativen und spannenden Wettbewerben, bei denen du mit deinen Kommilitonen herausfordernde Aufgaben bewältigen sollst. Du kannst dabei dein volles kreatives Potential entfalten, deine Teamfähigkeit unter Beweis stellen und dein analytisches Denkvermögen trainieren. Diese Wettbewerbe sind wie Wirtschafts- und Strategiespiele, nur viel intensiver! Um auf den Geschmack zu kommen, hier ein Erfahrungsbericht vom L´Oréal Marketing Award:

Die 1. Phase: *Jeweils drei Studenten bilden ein Team und haben die Aufgabe, eine bestimmte Marke von L´Oréal zu analysieren. Die erste Hürde: Eine sechsseitige Marktanalyse, für die wir uns binnen drei Wochen in die unbekannte Welt der Kosmetik mit ihren abertausenden Tinkturen und Cremchen hineinarbeiten müssen. Zwei Abende vor Abgabe merken wir, dass wir uns mit den bestehenden zwölf Seiten Text verrannt haben und fangen noch einmal komplett von vorn an. Die nächsten beiden Nächte verbringen wir damit, zu dritt über jedes Wort zu diskutieren und jeden Absatz genau zu analysieren. Unter dem Stichwort „Teamwork" ist das eine ganz fantastische Erfahrung. Wenn einer nicht mehr kann, übernimmt der andere die Führung. Jeder Satz wird von drei Gehirnen gleichzeitig durchdacht. Das Ergebnis kann sich sehen lassen: Wir kommen von 55 Teams in die Endrunde, in der die restlichen acht Teams eine komplette Produktserie konzipieren sollen. Bei der bildlichen Darstellung des Produktes und der Werbekampagne werden die Teams von zwei Werbeagenturen unterstützt.*

Die 2. Phase: *Nun warten zwei anspruchspruchsvolle, aber auch witzige Monate Arbeit auf uns: Wir bekommen von unserer Uni ein leerstehendes Büro gestellt. Mit 24 Jahren das erste eigene Büro – cool! Das ist nun unsere Konzernzentrale, in der wir uns täglich treffen. Immer wieder führen wir viele „Konsumenteninterviews" mit Freunden durch., Ich kritzele in den Vorlesungen irgendwelche Flakonformen und treib mich in Büchereien und Parfümerien herum, um ein Verständnis für diese Branche zu erhalten. Letztendlich verdichten wir alle Ideen zu zwei Konzepten und harren eine Nacht aus, in der wir uns entscheiden wollen. Um fünf Uhr morgens haben wir uns endlich für eine Produktlinie entschieden – Nur um zwei Tage später festzustellen, dass es etwas Ähnliches bereits gibt. Wir steuern auf das andere Konzept um. Nach dieser Achterbahnfahrt errechnen wir die Inhaltmengen der Produkte, kneten Dummys und surfen nach möglichen Werbemotiven im Internet. Schließlich basteln wir gut eine Woche an der Präsentation und machen zwölf Probeläufe: Alle Leute, die in der Uni vorbeischauen, werden kurzerhand überredet, sich unsere Präsentation anzuhören und uns Feedback zu geben. Das hilft enorm! Letztendlich machen wir den zweiten Platz im deutschen Finale. Das wir den Sieg nur knapp verpassen, stört mich letztendlich nicht mehr, denn die Lerneffekte waren gigantisch, da man wirklich alles, von der ersten Idee bis zum letzten Feinschliff, allein machen musste. Von Interviews, über Berechnungen, das Herausarbeiten der Kundenvorteile und des Roten Fadens der Präsentation bis hin zu den Abenden, die ich vorm Computer gesessen habe, um mir in einem Crash-Kurs Videoschnitt und Fotobearbeitung beizubringen, konnte ich fachlich und persönlich enorm profitieren.*

Literaturwettbewerbe: Ähnlich den Studentenwettbewerben, gibt es spezielle Ausschreibungen von Zeitschriften, die Schreibtalent fördern möchten. Also, wenn du kreativ bist oder werden willst, ran an die Stifte! Das Ergebnis ist eigentlich zweitrangig. Was zählt ist der olympische Gedanke:

Dabei sein ist alles – und: Wenn du zum ersten Mal ein eigenes kleines Essay angefertigt hast, ist es ein sehr bereicherndes Gefühl!

Konferenzen und Symposien: Es gibt Konferenzen und Symposien, die von politisch oder wirtschaftlich engagierten Studenten organisiert werden. So kannst du mit ein wenig Vorarbeit (oft musst du dich mit einem kurzen Essay bewerben) und für wenig Geld weit reisen und einige eindrucksvolle und sehr engagierte Persönlichkeiten kennen lernen. Es gibt z.B. eine Studentenkonferenz in New York und eine in der Schweiz, die komplett für die Kosten einsteht. In St.Gallen, wo ich selbst bereits zweimal Teilnehmer war, triffst du mit 200 Politkern und hochgradigen Managern für eine tiefgründige Diskussion eines bestimmten gesellschaftlichen Themas zusammen. Dazu werden 200 Studenten aus aller Welt eingeladen (die Bewerbung erfolgt auch hier über das Verfassen eines Essays zum Thema). Ebenso gibt es zwei Asienkonferenzen, die von Harvard-Studenten organisiert werden, eine in Südamerika für Studenten des Grundstudiums und das „World Business Dialoge" in Köln.

Recruiting-Events & Co: Die großen Konzerne bemühen sich zunehmend um die besten Talente. Auf deren ausgefallenen Recruiting-Veranstaltungen kannst du nicht nur Spaß haben (Klettern in Österreich, Segeltörn in Griechenland, Beach-Volleyball am Baggersee), sondern dich auch mit Gleichgesinnten und Berufsprofis austauschen. Eine Teilnahme ermöglicht dir, in den Beruf reinzuschnuppern und dein Interesse zu testen ohne gleich ein Praktikum zu machen.

Messen: Je zeitiger du die Anforderungen potentieller Arbeitgeber kennst, dir einen Überblick verschafft und Ideen entwickelt hast desto besser. Ich kann daher nur zum Besuch von Absolventen- und Kontaktmessen raten, um sich einmal näher mit der Materie auseinander zu setzen. Auf Fachmessen kann man einige Eindrücke über ein Berufsfeld bekommen. Du kannst mit den Ausstellern sprechen, Firmen kennen lernen und einen ersten Kontakt für ein Praktikum herstellen. Außerdem bekommst du ein Gefühl für den Menschenschlag, mit dem du eventuell mal zusammen-arbeiten musst.

Zusatzqualifikationen: Wenn es Seminare an deiner Uni gibt, die nichts mit deinem Studienfach zu tun haben und dich dennoch sehr interessieren, sollte es keine Hinderungsgründe geben, sie trotzdem zu besuchen! An meiner Universität gab es ein interdisziplinäres Zusatzstudium, das Studium fundamentale, bei dem ich viele Kurse im Bereich der Kunstgeschichte, Psychologie und Soziologie belegt habe. Neben der persönlichen und fachlichen Bereicherung habe ich durch diese Berührung mit anderen Fachgebieten gemerkt, dass andere Wissenschaften ähnlich gute und schlechte Seiten haben, was mir über eigene Zweifel an meiner Fächerwahl hinweghalf. Manchmal bieten auch Volkshochschulen und Handelskammern interessante Angebote an, die dein Studium gut ergänzen können. Eine befreundete Soziologin hat dort z.B. einen Grundkurs in Wirtschaft absolviert, der ihre Chancen auf dem Arbeitsmarkt steigert.

Auslandspraktika: Ob du über ein Vermittlungsbüro gehst, dich vom Schreibtisch aus durch die Personalabteilungen ausländischer Büros mailst oder dich von einer Firma mit vielen Auslandsniederlassungen ins Ausland schicken lässt (geht meist nach einem Inlandspraktikum), es gibt immer einen Weg, Arbeitserfahrungen im Ausland zu machen. Wer ein paar Abstriche bezüglich des Inhaltes machen kann, hat noch bessere Chancen. So gibt es viele Möglichkeiten im Bereich der Entwicklungshilfe, sozialer oder ökologischer Projekte (ein Freund von mir arbeitete z.B. zwei Monate auf einer Farm in Neuseeland) oder des Tourismus (wie wäre es mit Disneyland Paris?), etwas Weltluft zu schnuppern. Jobs als Reisebegleiter sind für die Herzen mit Fernweh eine günstige oder gar bezahlte Option, nette Leute kennen zu lernen und Arbeitserfahrungen zu sammeln. Wer es richtig proaktiv mag, macht es wie einer meiner Freunde und fliegt kurzer Hand nach Paris und New York, um vor Ort die Firmen abzuklappern und nach Jobs zu fragen. Das war zwar riskant und auch nicht einfach – bei beiden Aktionen hätte er fast aufgegeben. Schließlich landete er aber zweimal einen Volltreffer, da er Praktika in seiner Traumbranche, der Luftfahrtindustrie, ergatterte. Ein Vorbild für Hartnäckigkeit - Respekt!

Auslandsstudium: Auslandstudien werden in Zeiten der Globalisierung und europäischen Integration immer wichtiger. Sie verbessern die Chancen auf einen Job erheblich. Man trifft die unterschiedlichsten Leute, lernt andere Denkweisen kennen und findet viel über sich und seinen Bezug zum Heimatland heraus. Durch das Erasmus-Mobilitätsprogramm wurde in den letzten Jahren eine einfache Möglichkeit des Studienaustausches geschaffen. Du solltest dich unbedingt über die Partnerprogramme deiner Uni informieren! Sagen die Studienorte nicht zu, kann man bei Auslandsämtern anderer Unis anfragen, ob deren Kontingente schon ausgeschöpft sind.

Summersessions und Sprachkurse: Sprachkurse sind immer eine gute Gelegenheit, um die eigene Traumstadt zu bereisen. Alles ist organisiert und man hat wenig Stress, eine günstige Unterkunft zu bekommen. Daneben bieten viele Universitäten im Sommer auch „Summersessions" (Fachkursprogramme) an.

So habe ich ein auf sechs Wochen konzipiertes Semester (man hat dann eine Vorlesung zweimal in der Woche) an der University of California at Los Angeles

(UCLA) absolvieren können. Mein Sparschwein blutete bei 3.800 EUR Gebühren (Uni, Unterkunft und Verpflegung) zwar ziemlich aus, aber ich zähle diese sechs Wochen zur absolut besten Zeit meines Lebens!

„Semester at sea": Eine witzige, wenn auch kostenintensive Idee, hatte die University of Pittsburgh. Man kann dort ein Semester belegen, während man eine Weltreise macht. Für diese Aktion haben die Verantwortlichen ein komplettes Kreuzfahrtschiff zu einem mobilen Campus umfunktioniert und schippern damit um die Kontinente. Vormittags Uni, nachmittags Südsee. Auf dem Zeugnis steht indes nur trocken und anständig, dass man an der University of Pittsburgh ein Gaststudium absolviert hat.

Weltreise, Abenteuerreisen: Als Student bekommt man viele Sonderangebote und ist noch recht anspruchslos, sodass man günstig um die Welt kommt. Ich würde mir einen Job besorgen oder irgendwie anders ein paar Kröten zusammenkratzen, ins nächste Studentenreisebüro ein Ticket kaufen, Rucksack auf die Schultern schmeißen und dann einfach losziehen. Es gibt viel zu entdecken!

Selbstorganisierte Auslandsprojekte: Wenn du kein passendes Praktikum oder Auslandsstudium finden solltest, organisiere doch dein eigenes Projekt. Mein Mitbewohner hat eine Studie in Mittelamerika durchgeführt, indem er dort in zehn Ländern deutsche Auswanderer befragt hat, warum sie in dieser Region investieren und wie sie die Zukunftsaussichten ihrer neuen Heimatländer einschätzen. Bisher hatte seine Stiftung solche Projekte nicht gefördert, doch er konnte sie seinem Projekt überzeugen. Ebenso wurde er von den deutschen Außenhandelskammern unterstützt, mit denen er diese Studie abstimmte und als Gegenleistung deren Büros in Mittelamerika nutzen durfte. Neben der unbezahlbaren Lebenserfahrung wurde seine Studie in deutschlandweiten Magazinen zitiert und er bekam sogar eine Anfrage einer Firma, ob er nicht Lust hätte, noch einmal ein (diesmal ein bezahltes) Projekt in Mittelamerika durchzuführen. Ein weiteres nachahmenswertes Beispiel liefern drei Studierende jüngeren Semesters meiner Uni, die die Motivation von Leuten erforschen wollten, die ihr Leben einem wohltätigen und sozialen Zweck widmen. Sie haben dafür ein Forschungsprojekt und eine Reiseroute durchdacht, die sie acht Monate durch alle Kontinente führte und dafür hochkarätige Sponsoren aus der Wirtschaft gefunden, die das Projekt finanzieren. Einige Schulen sind an das Projekt angebunden, denen die drei via Internet berichten, was sie herausgefunden und erlebt haben. Ein wirklich geniales Projekt! Zumal die drei gleichzeitig reichlich Material für ihr Studium oder ihre Diplomarbeit gesammelt haben (www.expeditionwelt.de). Beide Projekte demonstrieren ein hohes Maß an Proaktivität (→ Tugend 2) und sind ein gutes Beispiel für die „Methode der gemeinsamen Schnittstelle" (→ S. 79).

Mentorenfirma/Werkstudent: Eine nette Idee der Wittener Uni ist es, sich eine so genannte Mentorenfirma zu suchen, bei der man in den Ferien ein Praktikum macht und danach während des Semesters noch ein Tag in der Woche arbeitet. Man wird von einem Betreuer gefördert, kann sein Studienbudget aufbessern und verantwortet meist ein kleines Projekt, das im Bezug zum Studium steht. Besser kann man kaum Theorie und Praxis verzahnen! Ebenso funktioniert eine Anstellung als Werkstudent, bei der man über einen längeren Zeitraum als Teilzeitkraft in einem Unternehmen arbeitet. Achte aber darauf, dass du in einem unterstützenden Umfeld arbeitest und Leute innerhalb der Firma hast, die dich betreuen und inspirieren. So lernst du mehr als bei einem reinen Routine-Job.

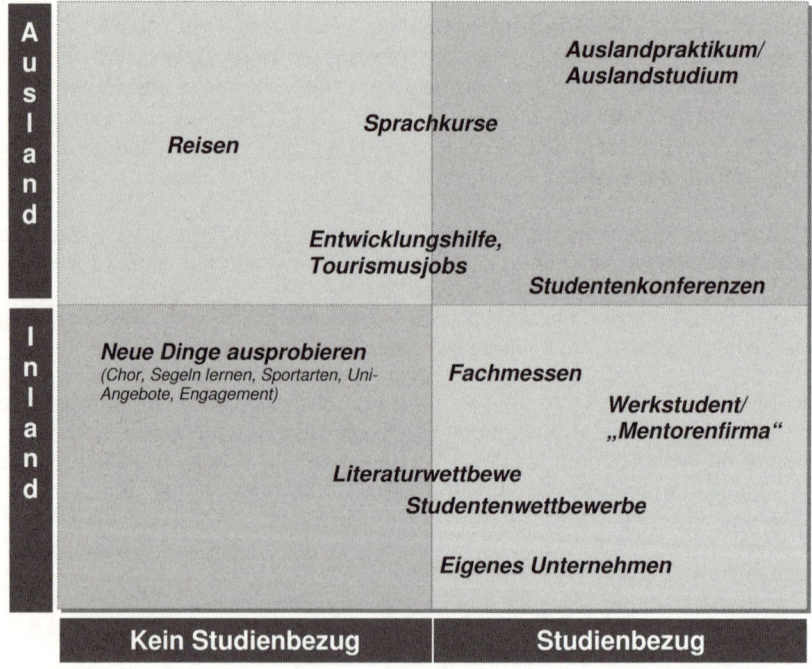

Der Radarschirm der vielfältigen Möglichkeiten deiner Studienzeit. Nutze ihn zur Generierung neuer Ideen und trage weitere Optionen ein. Es gehört zu deiner Aufgabe als Explorer (→ Tugend 3) ständig nach persönlich bereichernden und fachlich interessanten „Projekten" zu suchen!

Ich hoffe, ich konnte dir mit diesen Ideen einen Vorgeschmack auf die zahlreichen Möglichkeiten geben, die dir zur Verfügung stehen. Du wirst noch lange an diese Zeit zurückdenken und jedes Mal begeistert von ihr in Bewerbungsgesprächen berichten können!

Tatendrang: Wann hast du mal wieder die Möglichkeit, ins Ausland zu gehen, um bequem und günstig Sprachen zu lernen und kreative, neue Dinge auszuprobieren? Nutze diese Zeit: Suche dir aus diesem Ideenkasten drei bis vier Dinge heraus, die du realisieren möchtest. Nimm sie in deinen Zielkatalog mit auf und schaffe dir Freiräume für ihre Verwirklichung!

Mein Standpunkt:

Der Erfolgsautor Stephen Covey spricht von den vier „L´s", die für eine hohe Lebensqualität ausschlaggebend sind: Life, Love, Learn, Leave a legacy (Lebe, Liebe, Lerne, Hinterlasse eine Berufung). Ich sehe das ähnlich, würde aber im Bezug auf die L´s etwas abwandeln: Lebe und genieße die Studienzeit. Teste deine Grenzen! Liebe was du tust und achte darauf, faustdicke Freunde um dich zu haben, die die Studienzeit angenehm machen, und die du im Leben nicht verlieren wirst. Lerne zu lernen, lerne etwas über dein Fach, lerne aber vor allem etwas über dich: Wie du lernst, wie du deine Zeit organisierst und wer du bist. Nutze die Studienzeit um dich in unterschiedlichen Bereichen auszuprobieren - Finde so deine Berufung!

Lebe deine Studienzeit in allen Lebensbatterien aus,
liebe was du tust,
lerne zu lernen sowie selbst- und zielbestimmt zu agieren,
suche und finde deine Berufung!

Stärken und Schwächen:
Was kannst du gut?

Stärken und Schwächen resultieren aus deinem Charakter, deinen Erfahrungen und deinem Wissen. Sie sind nichts Endgültiges – Eine Bestandsaufnahme hilft dir daher, Entwicklungspotentiale zu identifizieren.

„Wozu ist es wichtig, seine Stärken zu kennen?"

Diese Frage stellte mir einmal eine Mitpraktikantin, als ich ihr riet, sich auf ihre Stärken zu besinnen, um ein neues Projekt anzugehen. Sie schaute mich verdutzt an und wollte wissen, warum es denn so wichtig sei, die eigenen Stärken und Schwächen zu kennen. Für mich war das eigentlich klar. Dennoch hatte ich Mühe, ihr eine explizite Antwort zu geben. Mich beschäftigte die Suche nach Gründen noch lange. Ich kam zu folgendem Ergebnis:

Bestimmen der optimalen Vorgehensweise und Entscheidungsklarheit: Man kann Entscheidungen leichter fällen, wenn man weiß, was einem gelingt und was nicht. Die Praktikantin hätte sich also auf ihre Stärken besinnen sollen, um das Problem anzugehen. Sie hätte z.B. ihre kommunikativen Fähigkeiten nutzen können, um das Wissen verschiedener Leute der Abteilung zu sammeln und sich dadurch ein Bild über die Aufgabe zu machen.

Glanz für die Farbpalette: Wer sich seiner Stärken bewusst ist, kann diese problemlos in ungewohnten Situationen anwenden und sich weitere Fähigkeiten aneignen. Er ist selbstbewusster und selbstsicherer, sieht bei auftretenden Problemen und Unsicherheiten nicht gleich schwarz, sondern versucht aus dem Material und den Fähigkeiten, die er hat, ein neues Stoffmuster zu stricken, statt darüber zu klagen, dass eine bestimmte Garnfarbe fehlt. Er versucht eher auf seine Stärken zurückzugreifen als resigniert aufzugeben.

Selbstbezogenheit: Zu oft schaut man zuerst auf die eigenen Schwächen und vergleicht sich mit den anderen. Das demotiviert. Deine Stärken zu kennen, gibt dir hingegen Rückhalt und Kraft, Probleme und Herausforderungen zu lösen.

Selbstpräsentation: Wer sich über seine zentralen Stärken im Klaren ist, hat viele Vorteile: Er hat mehr Selbstvertrauen, kann sich in Bewerbungsgesprächen besser präsentieren und Schwächen kompensieren, indem er geschickt von ihnen ablenkt..

Exzellenz: Wenn du dich statt der Stärken auf deine Schwächen konzentrierst, hätte das einen entscheidenden Nachteil. Du würdest deine Stärken zugunsten deiner Schwächen vernachlässigen. Wer auf möglichst allen Gebieten spitze sein möchte, wird bestenfalls durchschnittlich.

Spaß: Spitzenleistungen werden von Leuten erbracht, die Dinge aus freien Stücken und mit Spaß an der Sache machen. Was wir gut können, macht uns meistens auch Spaß.

Motivation: Es ist ein sehr motivierendes Gefühl, in bestimmten Dingen richtig gut zu sein.

Übertragung von Kompetenzen: Zudem ist es wichtig deine Stärken zu schätzen auszubauen. So kannst du deine Stärken auch in anderen Bereichen einsetzen:

Als 15-jähriger Turner hatte ich es irgendwann satt, mich bei den Wettkämpfen immer um den vorletzten Platz zu streiten. Ich wollte ganz nach auf dem Treppchen ganz nach oben und fing an, konsequent zu trainieren. Dieser Ehrgeiz übertrug sich nicht nur auf ein ambitioniertes Training, sondern auch auf andere Lebensbereiche: meine Schulnoten zogen deutlich an und meine Klavierlehrerin, die mich fast aufgegeben hatte, schöpfte neue Hoffnung.

Auch du kannst deine Stärken ausbauen damit sie dir in anderen Bereichen nützen. So ist es kein böser Zauber, wenn es Universalmenschen gibt, die malen, musizieren können, im Beruf Top-Leistungen erbringen und zudem sportlich sehr erfolgreich sind. Sie haben charakterliche Stärken ausgeprägt, die sie in verschiedenen Lebensbereichen anwenden können.

Nachfolgend findest du nützliche Übungen, die dich auf die Spur deiner Stärken und Schwächen bringen. Dieser Teil ist eine Art Selbsttest. Aber keine Angst, du brauchst nicht zwischen Antwort A, B oder C zu wählen und musst auch keine Felder frei rubbeln.

Übung 6: Dein Aktienkurs – Deine Entwicklung

Nimm ein großes Blatt Papier und ein paar Buntstifte in die Hand und zeichne die Höhen und Tiefen deines bisherigen Lebens auf. Wer hat dich auf diesem Weg begleitet, dich unterstützt, dir die Augen geöffnet? Welche Zeiten waren schwer, was brachte deinen Aktienkurs auf neue Höhen? Welche Charaktereigenschaften haben deinen Kurs gestärkt, in welchen Situationen zeigten sie sich? Wo stehst du jetzt? In welche Richtung möchtest du dich entwickeln?

Dein Aktienkurs

- Was waren die größten Erfolge? Wie hast du sie erreicht? Wer hat dich unterstützt?

- Was waren die größten Niederlagen? Wie kam es dazu? Wie kannst du sie in Zukunft verhindern?

- Wohin soll der Kurs verlaufen? Wie steil soll er ansteigen? Welche Dinge stehen auf der Aktionärs-Hauptversammlung auf der Tagesordnung?

Hinweise:

- Die Zeiteinteilung musst du nicht akribisch nehmen. Es kann durchaus sein, dass du für die letzten fünf Jahre mehr Platz brauchst, weil sie dir noch präsenter sind.

- Analysiere deinen Chart genau: Sind die Verhältnisse richtig? Wie lang sind die „guten", wie lang die „schlechten" Zeiten? Gab es positive Aspekte in den schlechten Zeiten, die dich zu einer Richtungsänderung oder neuen Erkenntnissen geführt haben?

Übung 7: Der Lebensbaum: Was kann ich? Was weiß ich?

Dein Lebens- bzw. Wissensbaum steht als Symbol für Wachstum und Kraft. Mit ihm kannst du ergründen, welches Wissen du besitzt und welche Früchte du ernten kannst. Nutze den Lebensbaum, um dir einen Überblick deiner Verwurzelung und deiner erworbenen Kompetenzen und Wissensgebiete zu erarbeiten. Finde heraus, welche Äste stark sind und welche stärker werden müssen, um dein Profil zu schärfen.

Welche Früchte soll dein Baum tragen?

Wissen und Kompetenzen: *Die Verästelungen sind einzelne Fähigkeiten und Wissensgebiete, in denen du dich auskennst.*

Fertigkeiten und Details: *Die Blätter stellen Erfahrungen, erworbene Handgriffe und Tricks dar.*

Charakter & Persönlichkeit: *Der Stamm sind deine Charaktereigenschaften und deine Art zu denken.*

Identität und Werte: *Die Wurzeln stehen für deine Identität und Herkunft. Hier findest du die Energie deiner Kindheit und Jugend, deiner Heimat und Familie sowie deiner Freunde. Insbesondere deine Werte und Rollen gehören dazu. So fest bist du im Leben verwurzelt.*

Schritt 1_ Male deinen Lebensbaum: Am geeignetsten ist ein DIN A3 Papier. Bereits nach einer Weile wirst du merken, dass es viele Dinge gibt, die deinen Stamm stärken und deine Baumkrone nicht kahl aussehen lässt. Sowohl fachliche als auch private Aspekte schmücken deinen Baum.

Schritt 2_ Analysiere den Lebensbaum: Nimm noch einmal den Stift zur Hand und hebe optisch die stärksten Zweige hervor und markiere mit einer anderen Farbe, welche Bereiche verkümmert oder stark vernachlässigt sind. Zudem hast du jetzt die Chance die Stellen zu bestimmen, an denen sich neue Äste und Zweige bilden sollen ...

Übung 8: Dein Familienwappen - Deine Prägung

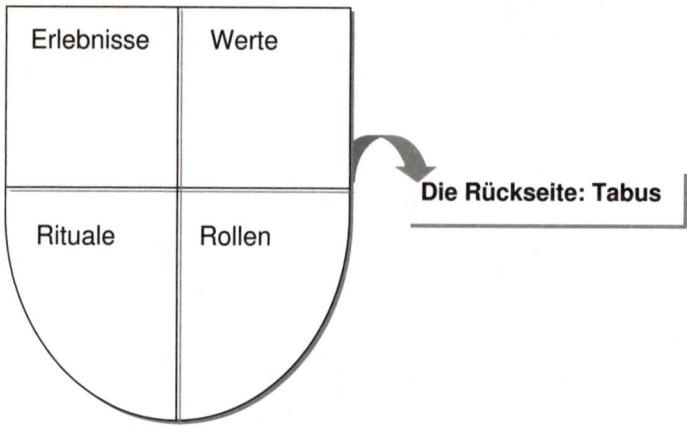

Schritt 1: Zeichne dir dein Familienwappen auf ein DIN A4 Papier und trage dort alle schönen Erinnerungen ein, die du in deiner Kindheit, Jugend und nun im jungen Erwachsenenalter mit deiner Familie erlebt hast:

- Was sind schöne **Erlebnisse**, an die du dich gern zurückerinnerst?

- Welchen **Ritualen** seid ihr am Tag, in der Woche oder zu Feiertagen nachgegangen?

- Welche **Werte** hat dir deine Familie vermittelt?

- Welche **Rolle** spielst du in deiner Familie? Welche Aufgaben hast du übernommen, welche Erwartungen werden an dich gestellt? Welche Erwartungen hast *du* an deine Familie?

Die Rückseite ist etwas heikel, denn es geht um die **Tabus:** Was sind die Schattenseiten, die du empfindest? Über welche Geschichten wird nicht mehr gesprochen, welche Dinge sind weniger gern gesehen?

Schritt 2: Nun distanziere dich von dem Wappen. Hinterfrage die vermittelten Werte und Rollenerwartungen. Gibt es Familientabus, die du ganz unbewusst übernommen hast und bei denen du das Gefühl hast, das sie dich hemmen?

Übung 9: Deine Stärken - Deine Power

Fragen
▪ Worin liegt meine größte Begabung?
▪ Was stärkt mich?
▪ Was sehen andere als meine Stärken an?
▪ Was sehe ich selbst als meine größten Kompetenzen an?

Ergründe diese Fragen genau und überlege dir in welchen Lebensbereichen und in welchen Situationen sie zum Tragen kommen.

Übung 10: Deine Schwächen - Kein Grund zum Verzweifeln!

Fragen
▪ Was macht mich wahnsinnig? Traurig? Ungeduldig?
▪ Was gelingt mir in verschiedenen Lebenssituationen nicht so gut?
▪ Was lässt mich verzweifeln? Wovor habe ich Angst?
▪ Was traue ich mir nicht so sehr zu?
▪ Was sehen andere als Schwächen? Was sehe ich davon selbst so?

Nachdem du deine Schwachpunkte identifiziert hast, versuche die Ursachen zu ergründen. Wähle die Schwächen aus, die dich am meisten stören oder die dich in deiner persönlichen oder fachlichen Entwicklung hemmen und entwickle ein kleines Aktionsprogramm, wie du diesen begegnen willst. Sie sollen zu deinen „Baustellen" werden, an denen du gezielt arbeitest.

Ein Ende dieser Übungen gibt es nicht ...

Dieser Selbsterkundungsprozess ist nie abgeschlossen. Denn Ziele, Stärken und Schwächen ändern sich mit der Zeit, mit neuen Erfahrungen und neuen Situationen.

Deine Strategie-Karte: Dein Fahrplan durch's Studium

Dein Tag hält zahlreiche verpflichtende Aufgaben für dich bereit. Sie alle verlangen deine Aufmerksamkeit, bringen dich persönlich aber nur wenig weiter. Wir brauchen also eine klare Vorstellung von dem, was wir wollen, was uns dabei hilft und was uns hindert. Eine persönliche Strategie-Karte muss her! Sie soll dir als Wegbeschreibung durchs Studium dienen. Sie ist dein Kompass, der dir das „Global Picture" aufzeigt und dir eine Antwort auf die Fragen „Wozu?", „Wohin?" und „Womit?" gibt. In dieser Strategiekarte beschreibst du:

- Was du sein möchtest und wohin du willst (Charakter & Mission)

- Was du konkret tun willst (Hauptaufgaben und Ziele)

- Welche Tugenden und Erfolgsprinzipien, du anwenden möchtest

- Welche Kompetenzen und Wissensgebiete du ausbauen willst

Die Strategiekarte hält kompakt fest, was dir am wichtigsten ist. Die Schriftlichkeit ist dabei enorm wichtig. Das Niederschreiben stärkt die Erinnerung und erhöht die Verbindlichkeit. Eine Studie der Harvard-Universität untersuchte die Einkommensentwicklung von Studienabgängern. Das Ergebnis war aufschlussreich: Berufstätige mit konkreten Zielen verdienen dreimal so viel wie andere. Menschen, die ihre Ziele schriftlich festhalten, verdienen sogar das Zehnfache! (zitiert nach Tracy 2000)

Im Gegensatz zu einem einfachen Ziel verdeutlicht dir die Strategie-Karte das große Ganze und ist langfristig gedacht. Man kann leichter über kleine Misserfolge hinwegsehen, wenn man den übergeordneten Blick für das große Ziel nicht verliert.

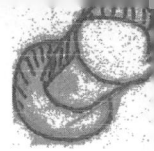

Meine Mission/Mein Motto

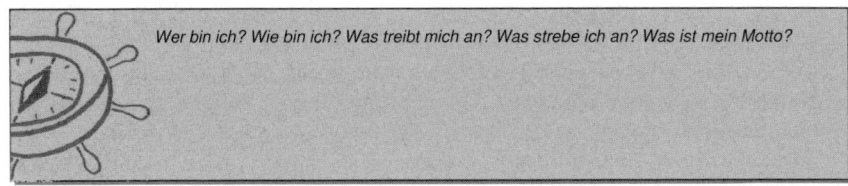

Wer bin ich? Wie bin ich? Was treibt mich an? Was strebe ich an? Was ist mein Motto?

Meine Ziele

Studium	Körper	Kontakt	Ausgleich	Support

Meine Tugenden

Welche der Tugenden sind mir besonders wichtig?

Zeitm./Orga.-Prinzipien

Welche Zeitm.-/ Orgaprinz. wende ich ab sofort an?

Fachkompetenzen   Qualitäten   Entwicklungsfelder

Kernkompetenzen

Stärken

Baustellen

Zentrale Wissensgebiete

Schwächen

Kompensationsstrategien

Baustein 1: Deine Mission/Dein Motto

Mithilfe deines Studienmottos solltest du Antworten auf die Fragen: „Wer bin ich?", „Wie bin ich?", „Was treibt mich an?" und das „Wozu?" liefern können. Deine Mission hat eine starke Motivationskraft. Sie stützt dich und stabilisiert die Richtung deines Handelns. Es gibt keine festen Regeln, was du dir als persönliches Leitbild in deine Gehirnwindungen eingravierst. Die Ausdrucksform wählst du selbst. So habe ich, inspiriert von englischsprachiger Management-Literatur, viele englische Wörter in meiner Mission verankert:

Ich bin flexibel, open-minded und optimistisch. Ich tue das, was mir gefällt. ICH setze die Segel. Mal geht es straight nach Kurs, mal lasse ich mich treiben. Ich nutze das Carpe diem mit Blick auf die Zukunft. Mal zählt der Wille, mal die Emotion. Sicher gehe ich auch mal Irrwege, aber ich bleibe in Bewegung! I am in search of excellence!!!

Mein Motto:
„Wer aufhört besser zu werden, hört auf gut zu sein!" und: „Life – the chance is yours!"

- Schreibe einen Erstentwurf und schaue, ob er dir gefällt. Wenn nicht, schreibe ihn um, bis du dich wohl damit fühlst.

- Sei nicht zu perfektionistisch. Du musst immer wieder an deiner Mission feilen. Zudem entwickelt sie sich im Laufe des Lebens weiter. Habe daher keine Angst, etwas Wichtiges zu vergessen.

Hast du einen guten Entwurf gefunden, behandele ihn wie eine Verfassung: Jede Änderung die du vornimmst, muss wohlüberlegt sein!

Baustein 2: Ziele

Dieser Baustein ist ein weiterer übergeordneter Wegweiser, der deine Ziele festhält. Was ist dir wichtig? Was möchtest du auf keinen Fall vernachlässigen? Vergiss' nicht, deine Ziele möglichst konkret nach der SMART-Formel (Spezifisch, Messbar, Anspruchsvoll, Realistisch, Terminierbar) zu gestalten. Erarbeite konkrete Kriterien für die Realisierung (auf einem Zettel oder in deinem Logbuch). Je klarer du die Umrisse deiner Ziele erkennst desto besser können sie ihre Sog- und Motivationskraft entwickeln. Sie entfalten eine Anziehungskraft, die der Gravitationskraft entgegen wirkt.

- Bestimme zunächst auf einer Liste (ein DIN A4 Blatt, das du in fünf Bereiche einteilst) die konkreten Ziele deiner Lebensbatterien.

- Halte dann die Stichworte für deine konkreten Ziele fest, z.B.:

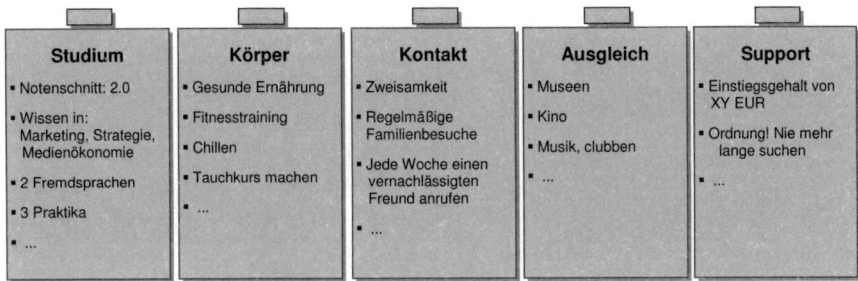

Studium	Körper	Kontakt	Ausgleich	Support
• Notenschnitt: 2.0	• Gesunde Ernährung	• Zweisamkeit	• Museen	• Einstiegsgehalt von XY EUR
• Wissen in: Marketing, Strategie, Medienökonomie	• Fitnesstraining	• Regelmäßige Familienbesuche	• Kino	• Ordnung! Nie mehr lange suchen
	• Chillen	• Jede Woche einen vernachlässigten Freund anrufen	• Musik, clubben	
• 2 Fremdsprachen	• Tauchkurs machen		• ...	• ...
• 3 Praktika	• ...	• ...		
• ...				

Baustein 3: Tugenden und weitere Prinzipien

Kommen wir zur Umsetzung:

- Trage nun die Tugenden (→ Kapitel 2) und deren Teilaspekte ein, die besonders wichtig für dich sind.

- Nutze das Kästchen auf der rechten Seite für die wichtigsten Zeitmanagement- und Organisationsprinzipien, die du ab sofort umsetzen willst. (Dieses Kästchen kannst du erst zum Ende des Buches vollständig ausfüllen).

Welche der Tugenden sind mir besonders wichtig?	*Welche Zeitm.-/ Orgaprinz. wende ich ab sofort an?*
• Annahmen hinterfragen → Ich urteile oft vorschnell	• First things First!
	• Der Frosch lebt nicht mehr lange!
• Strategisches Denken – In die Zukunft schauen! → Ich hänge Vergangenem stark nach (Beziehungen, Absagen von Bewerbungen) statt proaktiv in die Zukunft zu schauen!	• Wochenplanung
	• Magnetwand kaufen!
	• Das Pareto-Prinzip üben
	• Drei zentrale Ordnungsprinzipien anwenden
	• Mein Ablagesystem etikettieren

- Suche nach weiteren Prinzipien und Erfolgsmustern, die dein Handeln leiten oder bestimmt haben. In welcher Weise sind sie wichtig für dich/ dein Studium/ deine Arbeit? Nutze die Tugend des Explorers, um unermüdlich nach den Mechaniken und Hebeln zu suchen, die dich voran bringen!

Baustein 4: Landkarte deiner Kompetenzen

Die „Landkarte deiner Kompetenzen" besteht aus drei Bereichen: Deinen „fachlichen Kompetenzen", „Qualitäten" (Eigenschaften) und deinen „Entwicklungsfeldern" mit je zwei Unterkategorien:

Kernkompetenzen
• Technisches Wissen und Verständnis
• Gute gestalterische Fähigkeiten
• Schnelles Einarbeiten in neue Aufgaben

• *Kernkompetenzen* sind sehr ausgeprägte Stärken, die besonderen Fähigkeiten sowie deiner Persönlichkeit entspringen und sich in vielen Situationen anwenden lassen.

Zentrale Wissensgebiete
• Kulturtheorie
• Kommunikationsmodelle
• Gehirn; Informationswahrnehmung/ -verarbeitung
• Kunstgeschichte (Hobby)
• Ernährungslehre (Interesse)

• *Wissensgebiete* sind Themenfelder, die du als Vertiefungsrichtung gewählt hast oder wählen willst, bzw. in denen du dich relativ gut auskennst. Du kannst ebenso „private" Wissengebiete hinzunehmen, wenn du sie mit deinem Studium verbinden möchtest.

Hinweis: Zur Bestimmung deiner Kernkompetenzen und Wissensgebiete hilft dir die Übung 7 „Lebensbaum."

Stärken
• Fähigkeit mich in andere hineinversetzen zu können
• Kreativität
• Ehrgeiz

• *Stärken: Was empfindest du/ Was sehen andere als Stärke in dir?*

Schwächen
• Ungeduld
• Leichte Stressanfälligkeit
• Rechtschreibung/ Grammatik
• Mathe ist nichts für mich ...

• *Schwächen: Was empfindest du/ Was sehen andere als Schwäche in dir? (Beachte „Das Polaritätenpendel" auf der nächsten Seite.)*

Baustellen und Kompensationsstrategien: Es gibt Eigenschaften, die im Hinblick auf ein bestimmtes Problem oder eine Aufgabe tatsächlich eine Schwäche darstellen. Wir müssen in diesen Situationen geschickt sein, und eine zweigleisige Strategie wählen: Zum einen muss zunächst versucht werden, diese Schwäche durch eine Stärke zu kompensieren, zum anderen ergibt sich aus dieser Schwäche eine „Baustelle", an der es zu arbeiten gilt. Vielleicht wird man nicht zum Experten auf dem Gebiet seiner Schwäche, aber man kann sich ein Grundverständnis aneignen bzw. an dieser Stelle an seinem Charakter arbeiten, bis man die Sache verbessern und das „schwächste Glied der Kette" stärken kann!

Das Polaritätenpendel: Situativ kann eine Stärke auch zu einer Schwäche werden und umgekehrt. Manchmal artet „Zielstrebigkeit" in nervende Ungeduld aus oder der Mensch, der sich gern mal verquatscht, entfaltet in einer Krisensituation plötzlich die Stärke des Einfühlungsvermögens oder ist generell ein guter Zuhörer. Wir sprechen daher zunächst besser von „Qualitäten". Du musst also ein Gefühl dafür entwickeln, welche Eigenschaften du in welchen Situationen einsetzt. Gleichzeitig sollten alle, die glauben nur Schwächen zu besitzen, nicht den Kopf in den Sand stecken sondern ergründen, welche positiven Eigenschaften in diesen vermeintlichen Schwächen zu entdecken sind. Ich bin mir sicher, es sind einige!

Stärken und Schwächen unterliegen äußeren Einflussfaktoren. Diese situativen Faktoren fungieren als eine Art Pendel, das deine Eigenschaften mal zu einer Stärke, mal zu einer Schwäche werden lässt. Wie ist dein Umfeld aufgebaut? Fordert es eher deine Stärken oder stellt es deine Schwächen in den Vordergrund? Du kannst nun beides versuchen: Entweder du baust deine Schwächen je nach Aufgabenumfeld ab (→ „Baustelle") oder du suchst dir langfristig ein Umfeld, in dem deine Eigenschaften eine Stärke darstellen. Wenn du kreativ und temperamentvoll bist, wird ein konservatives Unternehmen nicht das richtige Umfeld für dich sein. Versuche es dann eher in der Medien- oder Werbebranche. Bist du eher introvertiert und sehr gewissenhaft, solltest du Ausschau nach einem bodenständigeren Unternehmen halten.

Verwende dieses Analyseschema, um deine Stärken und Baustellen zu identifizieren und um festzustellen, welche Kompensationsstrategien Erfolg haben könnten:

Stärke:	Schwäche:
Einfühlungsvermögen	Ungeduld
Kreativität	Leichte Stressanfälligkeit
Ehrgeiz	Rechtschreibung/Grammatik
Vielseitigkeit	Schusseligkeit beim Rechnen
Ziele: ...	...

Notenschnitt: 2.0 **Wissen in:** **Marketing/** **Strategie** **2 Fremdsprachen** **3 Praktika** ...	*Was kannst du steigern und zu einer „Kernkompetenz" ausbauen? Eine Kernkompetenz ist eine Stärke, die in vielen Situationen einsetzbar ist.*	*An welchen Schwächen musst du arbeiten? Nutze sie als Baustellen. Achtung: Eröffne nicht zu viele "Baustellen" gleichzeitig. Das überfordert, weil du nur noch rote Ampeln und Umleitungen siehst. Also: Zwei bis drei kritische Schwächen identifizieren und konsequent an ihnen arbeiten.* *Welche Kompensationsstrategien kannst du nutzen? (Zusätzliche Hilfe in Anspruch nehmen, Nachlesen und Nachfragen, Versuchs- und Irrtumsprozesse, etc.)*

So arbeitest du mit der Strategie-Karte

Die Strategie-Karte kannst du mit einem **Vertrag** vergleichen**, den du mit dir selbst schließt.** Du legst dich schriftlich fest, konsequent an deinen Zielen zu arbeiten und deine Persönlichkeit durch die Anwendung und Verinnerlichung von wichtigen Erfolgsprinzipien und Tugenden weiterzuentwickeln. Halte dich an diesen Vertrag! Am besten versiehst du ihn mit einem Start- und einem Enddatum.

Mache **regelmäßige Kontrollen**, indem du wichtige bereits erreichte Meilensteine und Ziele festhältst. Nimm dir die Strategiekarte immer wieder vor und lies sie durch. Positioniere sie so (z.B. in deinem Kalender), dass du immer wieder an deine Ziele erinnert wirst. Der Drang, sie zu erfüllen, wird so stärker. Je öfter du dich mit dieser Karte beschäftigst desto konkreter und greifbarer werden deine Ziele. Ergänze und ändere sie ruhig, wenn du neue, wichtige Informationen über das Gelände bekommen hast. Denke daran: Eine Strategie passt sich neuen Situation/Umständen an.

Wenn du intensiv mit der Strategie-Karte arbeitest, wird der Platz zum Schreiben bald verbraucht sein. Kopiere sie daher auf ein DIN-A-4-Blatt oder lade dir unter www.studienstrategie.de eine Powerpoint Vorlage herunter, in der du deine Strategie ausführlich festhalten und leicht anpassen kannst.

Dein Logbuch: Flexible Navigation durch Höhen und Tiefen

Plane dir strategische (Verschnaufs-)Pausen ein, in denen du deinen bisherigen Weg überprüfst und schaust, ob du noch immer der angestrebten Richtung folgst. Von Zeit zu Zeit Abstand von den Dingen zu nehmen, macht wirklich Sinn. Ansonsten beißt du dich an bestimmten Aufgaben einfach zu fest und verlierst den Blick für das Wesentliche.

Nimm dir deshalb alle zwei Wochen ein bis zwei Stunden für dein Tagebuch Zeit und arbeite dabei folgende fünf Themenfelder ab:

1. *Meilensteine und Engpässe:* Was sind die derzeit wichtigsten Arbeitsfelder, die dich voran bringen? Welche Aufgaben möchtest du als Nächstes erledigen?

2. *Arbeitsfortschritt:* Was läuft bei deinen derzeitigen Tätigkeiten gut? Was schlecht? Wie könntest du besser, schneller oder ergebnisorientierter arbeiten? Welche Kompetenzen musst du dir dafür aneignen? Was kannst du sonst noch tun, um die Qualität deiner Arbeit zu steigern? Lege konkrete Maßnahmen fest, die du innerhalb der nächsten drei Tage beginnst!

3. *Strategiekarten-Passung:* Stehen diese Aufgaben im Einklang mit deiner Strategie? Handelst du gemäß deiner Ziele? Baust du deine Stärken tatsächlich aus? Welchen Fortschritt gibt es bei den Baustellen?

4. *Weiterentwicklung der Strategie:* Musst du deine Strategie mittlerweile ergänzen? Nimm neue Punkte in dein Arbeitsblatt auf, streiche gegebenenfalls erfüllte Aufgaben oder bereits Erledigtes. Deine Strategiekarte ist ein aktives Werkzeug. Je schneller sich neue Aufgaben anbahnen, weil die alten erfüllt wurden, desto besser!

5. *Inspiration:* Was fehlt dir in deinem Leben? Wie kannst du neue Inspiration schöpfen?

Die Gravitationskraft, die dich in strikte Denk- und Handlungsmuster zurückziehen will, ist mächtig. Mit der schriftlichen Reflexion und intensiven Auseinandersetzung kannst du ihr entgegenwirken.

Zusammenfassung: Strategie-Workshop

Mit dem Strategie-Workshop haben wir **an die 7 Tugenden angeknüpft**: Wir sind explorativ (→ Tugend 3) vorgegangen und haben uns mit deinen Annahmen (→ Tugend 1) beschäftigt. Mit der Strategiekarte haben wir die Basis für die Umsetzung des strategischen Denkens geschaffen. Es liegt nun an dir, diese Wünsche, Ziele und Träume proaktiv und hartnäckig (→ Tugend 2 & 5) anzugehen, dabei aus deinen Fehlern zu lernen (→ Tugend 6) und diese Lerneffekte für deine persönlichen Produktivitätssteigerungen zu nutzen (→ Tugend 7). Du siehst, wie die einzelnen Tugenden ineinander übergehen, sich ergänzen und letztlich ein Zusammenspiel ergeben.

Mit den **Balanceprinzipien** habe ich versucht, dir ein Global Picture über die Verteilung deines Zeitbudgets aufzuzeigen und dir eine Richtschnur für die tägliche Planung gelegt. Wenn du diese Balance-Grundsätze beachtest, lenkst du dein Handeln in ausgewogenere Bahnen und beugst Frust, Erschöpfung und Überarbeitung vor. Du lernst konkret, Zeit für dich, deinen Körper und deine Freunde zu nehmen.

Deine **Mission und Ziele** leiten dein Handeln. Sie geben dir eine intrinsische Motivation, die die Dauer, Richtung und Intensität deiner Handlungen bestimmen. Sie bilden eine neue Anziehungskraft, die sich der Gravitationskraft widersetzt.

Wir haben ebenfalls gesehen, dass **Stärken und Schwächen** keine absoluten Fixpunkte sind. Es gilt vielmehr, sowohl die Stärken weiterzuentwickeln als auch an den Schwächen zu arbeiten. Suche dir ein geeignetes Umfeld, in dem du deine Stärken voll ausspielen kannst und deine Schwächen nicht weiter auffallen.

Deine **Strategiekarte** ist dein „Masterplan" für die Reise durch dein Studium. Pflege und respektiere sie, sie sollte den Stellenwert einer kleinen „persönlichen Verfassung" bekommen.

Mit diesem Teil haben wir die **Grundlage für das nächste Kapitel** geschaffen. Denn deine Position und Richtung ist nun bestimmt. Du hast damit einen Kompass, der dein Handeln leitet. Nun schreiten wir voran und gehen an die Umsetzung deiner Ziele. Dafür brauchst du ein gutes Zeitmanagement und eine clevere Planung, um die Übersicht nicht zu verlieren. Bist du bereit für die tägliche Arbeit an deinen Zielen? Dann mal los ...

Teil C:

LOS GEHT´S: GRUNDKURS ZEITMANAGEMENT

Was haben Frösche mit Effektivität, Zeitfresser mit Effizienz und griechische Götter mit Planung zu tun? Dieser Teil gibt die Antworten: Wir werden dem Zeitchaos Einhalt gebieten und unseren Umgang mit der Zeit systematisch gestalten. Wir schauen uns an, wie du deine großen Ziele mit den vielen kleinen Aufgaben vereinen kannst und mit welchen Tricks du mehr aus deinem Tag herausholst. Die richtige Planung verschafft dir schließlich sowohl Orientierung und Struktur als auch genügend Freiräume.

5. Kapitel: Grundlagen – Unterscheiden lernen

Was ist Zeitmanagement?

Bei dem Versuch unterschiedliche Zeitmanagementtechniken auszuprobieren, stieß ich an einige Grenzen: Man soll sein Leben einem Terminkalender unterordnen, wie eine Maschine funktionieren und immer alles richtig machen. Das Problem bei vielen Autoren ist, dass sie sehr geradlinige, rationale Menschen sind, die keine Probleme haben, sich zu disziplinieren. Es mag Zeitmanagement-Rambos geben, die immer pünktlich, hoch motiviert und energiegeladen sind, aber im Normalfall kann das nicht lange funktionieren: Ein gutes Zeitmanagement muss es erlauben, menschlichen Bedürfnissen entgegenzukommen, sein Leben zu genießen und Zeit für Spontanes und die Pflege guter Beziehungen zu haben!

Dass ich nicht allein mit meiner Kritik bin, beweist ein Artikel von einem empirischen Managementforscher, den ich bei meinen Recherchen fand: Er wies einige Inkonsistenzen und Realitätsferne der Konzepte selbst in Bezug auf die Zielgruppe der Manager auf (Walgenbach 1995). Des Weiteren traf ich mich mit einem eloquenten Philosophie-Professor, von dem ich mir ein paar Tipps für das Buch erhoffte. Er schockte mich, indem er mich mit den Worten begrüßte, dass er vom „Zeitmanagement" überhaupt nichts halte, weil es „großer Unsinn" sei. Herrje, ich sah mein Projekt sich schon in Luft auflösen. Doch es stellte sich heraus, dass wir ein ähnliches Verständnis von Zeitmanagement hatten: „Zeit" im engen Sinne kann man nicht managen. Zeitmanagement ist in erster Linie Selbstmanagement und das wiederum ist umfassender und schwieriger angelegt, als es manche Autoren eingestehen wollen. Es setzt die tiefgründige Auseinandersetzung mit seiner Persönlichkeit und seinen eingeschliffenen Denk- und Handlungsmustern voraus. Routinen müssen hinterfragt und die Gravitationskraft überwunden werden.

Wenn man Zeit nicht managen kann, was machen wir dann? Die Fährte führt über den Begriff der „Zeitsouveränität." Ich finde, er trifft das Problem sehr viel besser, weil „Souveränität" immer etwas ist, das man selbst haben bzw. erst einmal erlangen muss. Doch, wie macht man sich Zeitsouveränität zu Nutze? Während einige Autoren durch ein paar „Tools" und allgemein gehaltene Tipps kaschierende Pflaster auf die Symptome kleben, denke ich, dass unsere Zeitsorgen an anderer Stelle ihre Ursache haben: In unserer Wahrnehmung und Wertschätzung der Zeit. Meist hat man ein eher einseitiges Verständnis von Zeit. Doch sie kann durchaus verschiedene Formen annehmen. Zur Erlangung von Zeitsouveränität muss man zuerst ein Gefühl für die unterschiedlichen Ausprägungen der Zeit, ein **„Zeitbewusstsein"**, bekommen. Das Zeitbewusstsein setzt sich, meiner Meinung nach, aus der „linearen Zeit", den Zeitfenstern und dem Rhythmus der Zeit zusammen:

Zeitbewusstsein

	Lineare Zeit „Chronos"	Zeitfenster „Kairos"	Rhythmus der Zeit
Charakter	Läuft kontinuierlich, Messbarkeit	Momente	Wiederkehrende Zyklen: Tag, Woche, Jahreszeiten
	„Objektivität"	Nicht offensichtlich	
		Subjektiv	Routinen & Rituale
Erfolgs-faktoren	Selbstmanagement (Disziplin und Konsequenz)	Übung & Erfahrung, Gegen die Vernunft entscheiden	Sich der Zeitstruktur bewusst werden
		Sich treiben lassen	Routinen und Rituale schaffen und pflegen

Lineare Zeit („Chronos-Zeit"): Du wolltest sicherlich schon einmal die Zeit anhalten und hast dabei deine Uhr angeflucht und dir sehnlichst gewünscht, dass sie stehen bleiben soll. Sofern die Batterien intakt waren, hat sie sich kaum eines müden Lächelns erwehrt. Die Zeit lässt sich von Wünschen und Flüchen nicht beeinflussen. Sie verläuft linear. Verantwortlich dafür ist nach Auffassung der Griechen der Gott „Chronos", der über den linearen Verlauf der Zeit wacht. Durch diesen kontinuierlichen Verlauf ist die Zeit gut messbar – Es gibt wohl kaum jemanden ohne Uhr. Dies führt zu einer gewissen Objektivität der Zeit: Man kann sich z.B. zu einem Zeitpunkt verabreden oder bestimmen, wie viel Zeit man für eine Tätigkeit einplant.

Um die lineare Zeit hinreichend auszunutzen, müssen wir über ein gewisses Maß an Selbstdisziplin verfügen. Nur wenn wir lernen, uns täglich neu zu motivieren und kontinuierlich an unseren Zielen zu arbeiten, werden wir sie erreichen. Kann ich meine Aufgaben heute nicht beenden, muss ich das Pensum an den nächsten beiden Tagen kompensieren. Schon ab zwei vertrödelten Tagen ist die verlorene Zeit kaum mehr aufzuholen, denn andere Aufgaben wollen zusätzlich erledigt werden. Charaktere, die die lineare Zeit gut ausnutzen, sind selbstbestimmt und gewissenhaft. Einige

Manager sind typische Beispiele hierfür: Sie schaffen es, eine Vielfalt von Aufgaben derart zu koordinieren und effizient abzuarbeiten, dass sie mit dem kontinuierlichen Lauf der Zeit mitsegeln, statt von ihm mitgerissen zu werden. Wer allerdings von dieser Zeitkomponente dominiert wird, gleicht dem typischen Streber oder Workaholic, der tagein-/tagaus nur ackert und wahrscheinlich nie aus dieser Kontinuität ausbrechen kann.

Ein ungleiches Geschwisterpaar: Chronos und Kairos (der sich mit seinem langen Zopf in einem Zeitfenster zeigt) beeinflussen unser Leben

Zeitfenster („Kairos-Zeit"): Chronos hat einen unsichtbaren Bruder, „Kairos", der sich nur Leuten zeigt, die wissen, dass es ihn gibt. Mit ihm teilt sich Chronos das Reich der Zeit. Chronos bewacht die lineare, objektiv messbare Komponente der Zeit, während sich Kairos immer bei günstigen Gelegenheiten zeigt und signalisiert, dass gerade „die Zeit gekommen ist", eine bestimmte Chance zu nutzen. Man sagte, dass Kairos einen langen Zopf trug - daher der Ausdruck: „Die Gelegenheit am Schopfe packen."

Manchmal gibt es günstige Gelegenheiten, z.B. treffen wir einen Menschen, den wir interessant finden. Wenn wir in diesem Moment Kairos am Schopfe packen und diesen Menschen ansprechen, kann das vielleicht der Beginn einer lebenslangen Freundschaft, einer wunderbaren Beziehung oder eines spannenden Jobs sein!

Kairos bringt Auflockerung und Zufallsereignisse und damit eine individuell Komponente der Zeit. Er ist für die Subjektivität der Zeit verantwortlich: So kann ein und derselbe Zeitverlauf von zwei Menschen völlig anders erlebt werden. Der eine langweilt sich bei einem Vortrag und zählt die endlosen Sekunden, der andere ist gefesselt und wundert sich nach 90 Minuten, wie schnell die Zeit vergangenen ist.

Wir können die Kairos-Zeit dann nutzen, wenn wir eine gewisse Sensibilität und den Mut dafür entwickeln, Zeitfenster zu erkennen und zuzugreifen. Natürlich sind Irrtümer nicht vermeidbar, doch durch Wiederholungs- und Lerneffekte können wir die Fähigkeit trainieren, Kairos zu erwischen. Lebenskünstler schaffen es manchmal mit der halben Anstrengung doppelt soweit zu kommen, wie manch ein „Gewissenhafter". Sie haben gelernt, ihre Energie punktuell einzusetzen und Zeitfenster zu sehen. Ebenso sind Unternehmensgründer und Strategen darauf angewiesen, Marktchancen zu erkennen. Wer allerdings nur auf Chancen und Schlupflöcher spekuliert, läuft Gefahr, zu einem Blender zu werden, der versucht, sich durchs Leben zu schleichen und irgendwann aufliegt, wenn er sich keinen belastbaren fachlichen Hintergrund aufgebaut hat.

Den Rhythmus fühlen: Die dritte Komponente der Zeit hat keine Personalisierung in der griechischen Mythologie erfahren. (Z.T. wird sie Kairos zugeschrieben). Beim Rhythmus der Zeit handelt es sich um wiederkehrende Phänomene der Zeit, die gewisse sich wiederholende Zyklen und Phänomene beschreiben. So beginnt jeder Tag mit dem Aufstehen (naja, nicht bei allen Studis ... ☺), beinhaltet drei Mahlzeiten und endet mit dem Schlafengehen. Jede Woche wiederholen sich gewisse Termine in unserem Leben: Die Vorlesung am Montagmorgen, das Training am Dienstagabend, das Tanzen am Wochenende. Außerdem durchläuft das Jahr den Zyklus von Frühling, Sommer, Herbst und Winter und beherbergt verschiedene markante Ereignisse wie Weihnachten, Silvester, Ostern und deinen Geburtstag. In einem gewissen Sinn passen wir uns alle bereits diesem Rhythmus an, denn keiner würde im Winter mit kurzen Hosen und T-Shirt spazieren gehen. Ein zu starrer Zeitrhythmus kann einengen, wenn man meint, unbedingt jeden Tag um Punkt zehn Uhr schlafen gehen zu müssen. Man beraubt sich dabei an Spontaneität.

Handlungsstrategien

Derart für Zeitbewusstsein sensibilisiert, können wir nun dazu übergehen, die Potentiale der drei Zeitarten besser für uns zu nutzen:

	Lineare Zeit „Chronos"	Zeitfenster „Kairos"	Rhythmus der Zeit
Handlungs strategien	• Fokussierung & Prioritäten → „Auf den Kompass schauen" (Effektivität) • Mehr schaffen (Effizienz)	• Die Gelegenheit am Schopfe packen • Sich treiben lassen, Explorer sein, den Radarschirm aufgespannt lassen • Entscheidungsmut	• Schnelle Übergänge schaffen • „Leben in verschiedenen Geschwindigkeiten"

Zeitsouveränität

Lineare Zeit: Versuche nicht alle Aufgaben in der dir bereitstehenden Zeit zu bewältigen, besinne dich auf deine Strategie-Karte und die wirklich wichtigen Dinge. Das sind deine Prioritäten, auf die du dich fokussieren und dafür andere Dinge weglassen musst. Diese im Zeitmanagement so wichtige Fokussierung ist eine Ausprägung der Effektivität. Zudem können wir durch die Wahl der richtigen Tätigkeiten und dem kontinuierlichen Ausweiten unserer Produktivität mehr in derselben Zeit schaffen. Dies ist eine Komponente der Effizienz.

Zeitfenster: Wie können wir sensibler gegenüber sich bietenden Chancen werden und Gelegenheiten besser nutzen? Ganz einfach: Indem wir Kairos nicht den Zopf abschneiden und alles zu zieldeterminiert planen. Lasse dich immer mal wieder auf den Strömungen des Lebens treiben, versteife dich nicht auf deine Ziele. Zudem nützt es, seine Eigenschaft als Explorer bewusst zu kultivieren: Sammle in einem E-Mail-Ordner oder einem Ablagefach interessante Links und Stellenangebote, die du momentan nicht akut verfolgst, aber spannend findest. Oder setze dich einfach mal in eine Vorlesung, dessen Titel oder Dozent dich interessiert, ohne dabei die genauen Inhalte zu kennen.

Rhythmus: Du taktest dich besser ein, wenn du Routinen etablierst. Eigen entwickelte Routinen und Rituale, die auf deine Vorlieben abgestimmt sind, geben dir Halt und Systematik im Leben. Dein Körper und Geist stellt sich auf diese Pausen und Routinen ein und das „Runter kommen" von einer belastenden Aufgabe fällt dir leichter, weil du die Entspannungs- und Ausgleichsrituale bereits habitualisiert hast. Zu den Ritualen zähle ich Dinge, die man zu Hause machen kann (täglich: Kaffeegenuss am Morgen, Jogurtpause am späten Abend, wöchentlich: Entspannungsbad, Schmidt-Show gucken). Routinen sehe ich z.B. in den größeren Entspannungspausen und in dem wöchentlichen Telefonat mit den Eltern.

Lebe dein Leben in verschiedenen Geschwindigkeiten: Damit meine ich den Rhythmus zwischen Spannung und Entspannung, zwischen „sich voll in eine Sache hineinknien" als auch „alle fünf gerade sein lassen." Es ist vollkommen okay, wenn du doch mal eine Nacht durchpowerst, weil du gerade so gut im Arbeiten bist und Lust darauf hast, aber auf Zeiten der Anspannung müssen ruhigere Phasen mit Erholungswert folgen, sonst nähren wir mit unseren Zivilisationskrankheiten die Bäuche unserer Ärzte – und bescheren unserem Gesundheitsminister ein paar stressgeplagte Augenringe mehr.

Die drei Dimensionen von Aufgaben

Viele denken, dringliche Aufgaben seien auch die Wichtigen. Dies ist nur selten der Fall. Die Zeitmanagementliteratur unterscheidet deswegen zwischen Dringlichkeit und Wichtigkeit. Ich sehe bei Studenten sogar noch eine dritte Stufe, das „Vakuum."

	„Vakuum"	**Dringlichkeit**	**Wichtigkeit**
Fokus	Kein Fokus, man lässt alles auf sich zukommen	Fremdgesetzte oder nicht hinterfragte Aufgaben, spontane Prioritäten	Persönliche Ziele, die „Hauptsachen"
Orientierung	Wenig, ein paar Infos von Freunden	Tagesgeschehen, Terminkalender, Störungen	Mission, Lebensbatterien
Verhalten	Ungesteuert, „Aufschieberitis"	Fremdgesteuert, „Hetz-Krankheit"	Selbstgesteuert, Proaktivität
Gefühle/ Ergebnis	In-den-Tag-hineinleben → Gleichgültigkeit	Stress, Frust, Aktionismus → Hetz-Gefühl	Freude, Spaß, Zielerreichung → Sinn-Gefühl

„Vakuum": In der Reinform ist dieser Zustand der Planlosigkeit eher selten. Natürlich gibt es Studis, die in den Tag hineinleben, keine Pro-Aktivität zeigen und sich keine Ziele gesetzt haben. Sie haben daher auch wenig Biss, wichtige Informationen bekommen sie nur zufällig, sie suchen nicht danach. So schlängeln sie sich von einem Semester ins Nächste, ohne etwas bewusst entdecken zu wollen oder wenigstens an ihrer Produktivität zu arbeiten. Sie schweben völlig losgelöst von Raum und Zeit durch das Semester, ohne sich ernsthafte Gedanken über das Wie und Warum zu machen.

Öfter kommt das Vakuum in Mischform mit der nächsten Stufe, der Dringlichkeit vor: Weil zum Studienanfang der Überblick fehlt und man zu Semesteranfängen noch im Rhythmus der Ferien ist, schwebt man in diesen Zeiten im Vakuum. Zum Semesterstart herrschen paradiesische Bedingungen, man hat viel Freizeit, braucht sich scheinbar nur um wenige Dinge kümmern. Doch plötzlich kommt das böse Erwachen vor den nahenden Prüfungen, die Panik, das schlechte Gewissen, die Lern-Hölle! Nun wird man vom Dringlichkeitsstrudel erfasst und rennt von A nach B, büffelt bis spät in die Nacht und hat kaum mehr eine ruhige Minute.

Dringlichkeit: Im Alltag meinen wir, viele dringende und vermeintlich nicht verschiebbare Dinge erledigen zu müssen, sodass wir unsere langfristig wichtigeren und übergeordneten Ziele leicht aus den Augen verlieren: Da gibt es noch dies und das zu tun, der oder die läuft uns über den Weg. Diese

Dinge, die uns so die Wege kreuzen und die uns zu einem sofortigem „Ja"-sagen oder „tun" verleiten, nenne ich **„spontane Prioritäten"**. Spontane Prioritäten sind aber keine echten Prioritäten, die eigentlich erledigt werden müssten! Um die wichtigen Dinge, die Hausarbeit, das Lernen oder die Organisation des Auslandsstudiums kümmern wir uns, „sobald wir mal wieder Zeit haben" – oder soviel Druck aufkommt, dass es fast zu spät ist! Wir verschwenden jede Menge Zeit und Energie, weil unter diesen ungeplanten oder unhinterfragten Aktivitäten immer viel dabei ist, dass uns im Hinblick auf unsere Ziele kein Stück weiterbringt – Wir arbeiten nicht effektiv. Stattdessen hast du oft das Gefühl, den ganzen Tag gearbeitet, aber nichts erreicht zu haben.

Man meint oft zuerst „dringende" Aufgaben abarbeiten oder gewisse Gelegenheiten unbedingt ausnutzen zu müssen, ungeachtet seiner Strategie. Man arbeitet sich an Nebensächlichkeiten und spontanen Prioritäten ab und schiebt die wichtigen oder schönen Dinge immer weiter nach hinten. Schnell wird der Termin mit dem Freund abgesagt, auf's wöchentliche Training verzichtet oder das Hobby hinten angestellt. Es gibt ja scheinbar immer noch die Möglichkeit später mit einem Freund etwas trinken zu gehen, Sport zu treiben oder ins Ausland zu gehen. Doch irgendwann kennt einen der Freund nicht mehr und die selbstbestimmte Zeit ist vorbei. Dann ist es doch zu spät geworden!

Wichtigkeit: Wichtige Aufgaben schreien entgegen den Dringlichen nicht ständig: „Hallo, ich bin hier, erledige mich!" Sie fallen schwer, weil sie neu oder komplex sind. Man braucht mehr Energie und Selbstdisziplin. Wenn du wichtige Dinge tust, dann rücken deine persönlichen Ziele in deinen Fokus. Du orientierst dich an deiner Mission und damit an deinen Zielen, sowie an deinen Lebensbatterien. Dein Verhalten ist selbstgesteuert, sodass du ein Sinngefühl, Freude und Spaß empfindest. Das beflügelt dich und gibt dir noch mehr Elan. Du erreichst so deine Ziele.

„Nur noch eine Stunde": Wer alles auf einmal tun will, verzettelt sich und hat die Aufgaben nicht mehr im Blick. Sortiere deswegen deine Aufgaben nach Wichtigkeit: Schreibe zunächst alle Dinge auf, die du erledigen möchtest und schätze, wie lange du dazu brauchst. Lege dann eine Rangordnung fest, indem du dir folgende Frage stellst: **„Welches Problem oder welche Aufgabe würde ich auf jeden Fall schaffen wollen, wenn ich heute nur eine Stunde Zeit hätte?"** Welches wäre das Zweitwichtigste, das du in einer weiteren Stunde abhandeln könntest? Du zwingst dich mit dieser Übung dazu, dir Gedanken über das Wichtigste und den effizientesten Arbeitsprozess zu machen.

Die Zeitmanagement-Matrix

Prioritätsdimensionen

Mit der Zeitmanagement-Matrix differenzieren wir die beiden Hauptklassifikationen „Wichtigkeit" und „Dringlichkeit" nochmals in „wichtig/ nicht wichtig" und „dringend/ nicht dringend." Grafisch gegenübergestellt ergeben sich daraus vier Dimensionen, in die man unsere Tätigkeiten gedanklich einordnen kann:

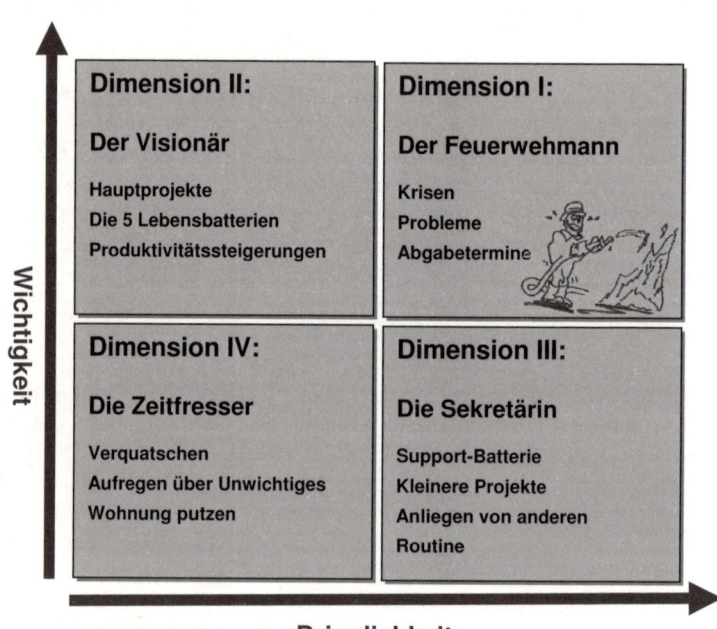

Dimension I „Wichtig und dringend": Viele Kommilitonen bewegen sich oft in der Dimension I, in der es ständig brennt: Da ist die Abgabefrist für das eine Fach, die Vorbereitung für das Seminar, die Organisation der Ferienreise steht auch schon lange aus und, und, und. Man fühlt sich ständig gehetzt und überfordert wie der junge Feuerwehrmann bei seinem ersten großen Einsatz. Überall lodern die Flammen, er rennt ohne zu Überlegen auf den ersten Spot zu, löscht ihn, dreht sich, um den nächsten zu bekämpfen, während der erste schon wieder auflodert ...

Dimension II „Wichtig und nicht dringend": Zu dieser Dimension gehören die wirklich wichtigen Aufgaben. Dinge, die dich deinen langfristigen Zielen näher bringen: Große Projekte, die Hauptaktivitäten der einzelnen

Lebensbereiche und langfristiges Investment in deine Fähigkeiten und Kompetenzen („Produktiviätssteigerungen"). Hier „wohnt" der Visionär, der aus seinen Träumen Realitäten macht.

Dimension III „Nicht wichtig aber dringend": In diesem Bereich befinden sich viele Aufgaben deiner Supportbatterie, routinemäßige Aufgaben, Dinge, die du für andere erledigen sollst oder kleinere B-Projekte. Oft bricht dabei das Chaos und Panik aus. Unübersichtlichkeit herrscht vor, weil auch ständig neue Aufgaben hereinflattern. Diese Dimension kann man am ehesten mit einem Laufburschen oder einer Sekretärin assoziieren.

Dimension IV „Nicht wichtig und nicht dringend": Wenn man es sich einmal genau überlegt, sind viele Aufgaben weder dringend noch wichtig. Diese fallen in die Dimension der „Zeitfresser."

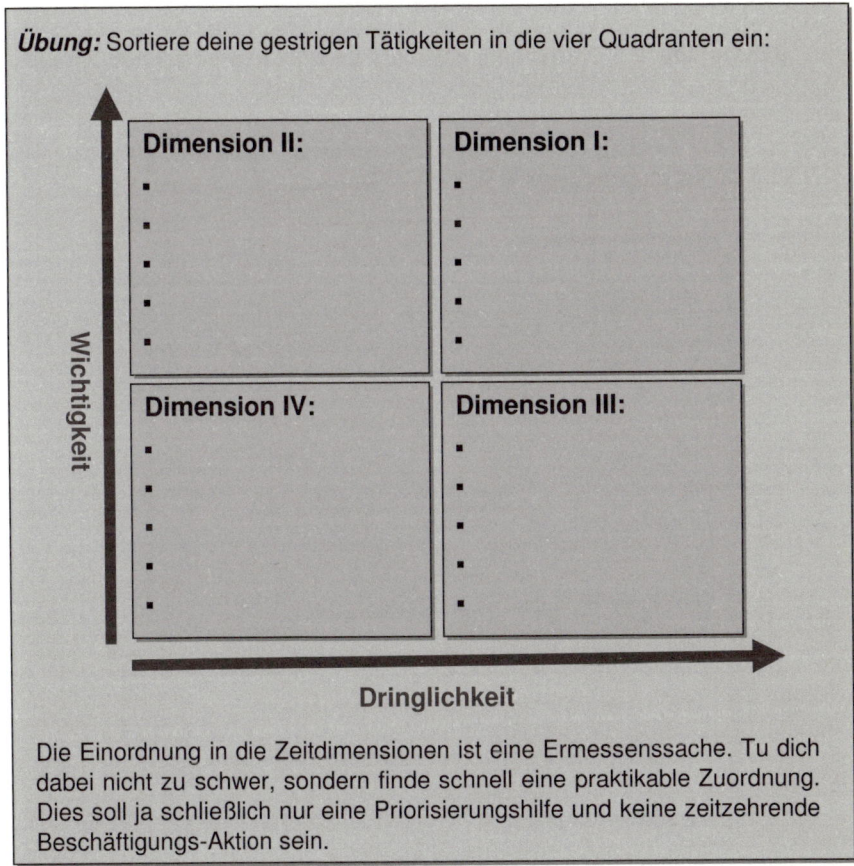

Übung: Sortiere deine gestrigen Tätigkeiten in die vier Quadranten ein:

Dimension II:

Dimension I:

Dimension IV:

Dimension III:

Wichtigkeit

Dringlichkeit

Die Einordnung in die Zeitdimensionen ist eine Ermessenssache. Tu dich dabei nicht zu schwer, sondern finde schnell eine praktikable Zuordnung. Dies soll ja schließlich nur eine Priorisierungshilfe und keine zeitzehrende Beschäftigungs-Aktion sein.

Die optimale Verteilung der vier Dimensionen

Wie gehen wir idealerweise mit der Zeitmanagement-Matrix um?

✓ *Dimension I:* Sofort angehen, aber langfristig reduzieren und vorbeugen.

✓ *Dimension II:* So weit wie möglich ausdehnen.

✓ *Dimension III:* Schnell und effizient abarbeiten, kein Perfektionismus!

✓ *Dimension IV:* Genau schauen, welche Zeitfresser zur Kategorie der Zeit- und Energiediebe gehören. Diese eindämmen und kurz halten. Allerdings machen einige dieser Dinge auch großen Spaß, es ist vollkommen okay mal solch einem Laster zu frönen, sofern es nicht ausufert.

✓ *„Dimension V":* Diese Dimension ist behelfsmäßig eingeführt: Es sind die Dinge, die du in Zukunft nicht mehr tun solltest.

Die folgende Grafik symbolisiert in etwa die Gewichtung/Zeitverteilung, die für jede Dimension anzustreben ist:

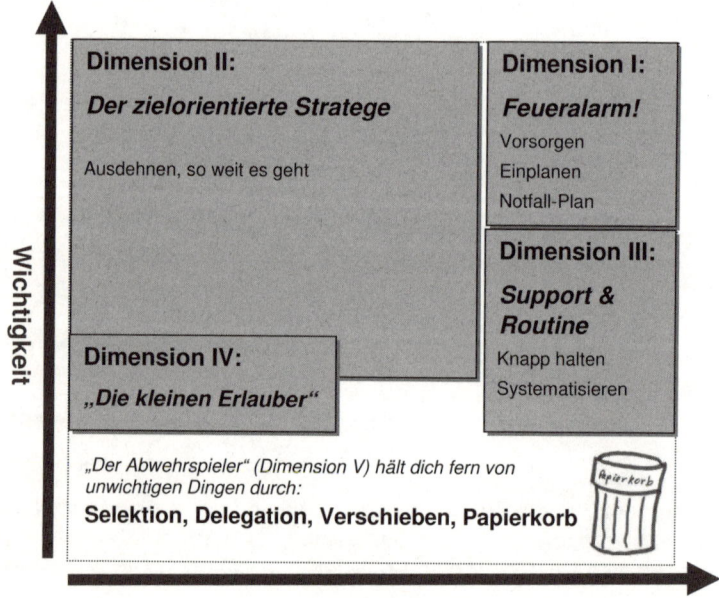

Dimension I_Der Feueralarm: Was tun, wenn es brennt?

Wenn es brennt, müssen wir das Feuer sofort löschen, sonst entsteht ein größerer Schaden. In diesen Bereichen bricht der Feueralarm oft aus:

- **Termine & Deadlines:** Brandgefahr besteht durch Verzettelung mit anderen Aufgaben, zu spät gesehene/vergessene Termine oder sich plötzlich bietende Chancen. Dazu gehören Abgabetermine und Bewerbungsfristen - Hast du z.B. eine Bewerbungsfrist verpasst, ist die Toleranzgrenze für das spätere Einreichen am nächsten Tag noch relativ hoch, aber mit jeder Stunde fällt es den Verantwortlichen schwerer ein Auge zu zudrücken.

- **Familie & Freunde:** Familienmitglieder, Freunde oder Partner benötigen unerwartet deine Hilfe. Diese solltest du ihnen in diesem Augenblick auch zugestehen, denn du würdest dir dasselbe von diesen Menschen wünschen.

- **Konflikte & Krisen:** Konflikte und Krisen erfordern deine volle Aufmerksamkeit. Denn je länger du eine missliche Lage ignorierst, desto mehr negative Energie staut sich an: Die enttäuschte Freundin hat mehr Zeit Rachefeldzüge zu schmieden, der Kollege, der sich vor dem Kopf gestoßen fühlt, trägt Gerüchte in die Welt ...

Es ist ganz natürlich, dass Unerfahrene anfangs immer wieder in die Brandzone hineinrutschen. Lösche das Feuer kurzfristig durch:

Kurzfristige Löschstrategien

Effizienz (20:80 Prinzip)	Versuche immer die Tätigkeiten mit dem höchsten Nutzengrad zuerst zu tun! Suche nach Dingen, die dich schneller voranbringen als andere! (→ Kapitel 6)
Arbeitsleistung erhöhen (120%)	Durch kurzfristiges Zurückstellen anderer Dinge und Fokussierung auf deine Kernaufgaben kannst du quantitativ mehr schaffen. Ein letzter Notgriff ist weniger Schlaf.
Externe Ressourcen anzapfen	Z.B. beim Abschlussarbeitsstress: Lass deine Mutter auf Fehler, deine alte Lerngruppe auf Inhalt Korrektur lesen. Frag bei großen Projekten Freunde um Unterstützung. Aber nicht zu oft, das stresst!

Eigenen Anspruch senken	Wenn es hart auf hart kommt, musst du deine Ziele hinterfragen: Ob es wirklich eine 1.0 sein muss, ob wirklich 9 Seminare dieses Semester sinnvoll oder 3 ehrenamtliche Projekte nebenher nicht doch zu viel sind: Manchmal ist man zu ehrgeizig und belastet sich dadurch nur.
Deadlines verschieben	Nur wenige Abgabe- und Bewerbungstermine sind absolute Ausschlussfristen. Ein bis zwei Tage Verzögerung werden oft toleriert (vorher telefonisch abklären!), aber dass darf kein Vorwand sein, Deadlines nicht einzuhalten.

Man kann diese Löschstrategien nach dem Grad des Brandes gewichten: Effizienz und Arbeitsleistung zu erhöhen, ist für kurzfristige Spitzen gut. Den eigenen Anspruch senken, würde ich nur bei unwichtigeren Dingen oder wenn du zu Perfektionismus neigst. Verschiebe Deadlines nur in Ausnahmesituationen, sonst kommst du mit anderen Aufgaben in Verzug, was deine anderen Lebensbatterien und damit deine Lebensqualität beeinträchtigt. Beuge besser vor durch:

Langfristige Präventionsstrategien

Organisation & Planung, Druck aufbauen	Durch zeitiges Beginnen von Aufgaben, Erinnerungen von Fristen (Kalender, Outlook) baust du dir Arbeitsdruck auf.
Einplanen	Unvorhergesehenes kann und muss als Pufferzeit eingeplant werden (→ Kapitel 7).
Zeitig anfangen & Zwischenschritte bewältigen	Wenn du dir selbst Termine und Meilensteine setzt, dann hast du Pufferzeiten bis zum eigentlichen Abgabetermin. Aber Vorsicht: Das Referat nicht schon vier Wochen vorher komplett fertig haben, dann vergisst du zu viele Details oder identifizierst dich nicht mehr mit deiner Arbeit
Den Wind aus den Segeln nehmen	Durch proaktives, vorausschauendes Handeln kannst du einem sich abzeichnenden Problem oder einer eng werdenden Aufgabe vorbeugen, indem du zeitig Unstimmigkeiten ansprichst, bevor das Fass überläuft.
Produktivitäts-steigerungen (Tugend 7)	Durch Feedbacks, Lernschleifen und die permanente Suche nach Verbesserungsmöglichkeiten erhöhst du deine Produktivität, wirst dadurch ebenso schneller und beugst somit auch Verzögerungen deiner Aufgaben vor.

Dimension II_Eat the Frog first: Erledige die wichtigste Aufgabe zuerst

In Dimension II gehören die Aktivitäten, die uns näher zu unseren Zielen, handfesten Ergebnissen, Erfolg sowie dem Lebensglück bringen. Oftmals mangelt es nicht am guten Vorsatz: Du willst z.B. gleich morgen nach Praktikumsmöglichkeiten schauen oder nach Themen für die Bachelorarbeit recherchieren, doch dann ...

... überhörst du deinen Wecker, erwachst eine Stunde später als geplant und willst nur kurz eine E-Mail verschicken. Dein Posteingang ist proppevoll - also gut, schnell mal durchsehen ... Eine Stunde später knurrt dein Magen, du machst dir etwas zu essen. Dabei kommt deine Mitbewohnerin ganz aufgelöst ins Zimmer und spricht sich erst einmal aus. Mist, es ist gleich 12 Uhr und du musst in die Uni, zur Lerngruppe! Allerdings bist du mit 15 Minuten Verspätung die erste, die kommt. Nach zähen 4 Stunden entschließt du dich, dich schnell noch zurückzumelden, musst aber 20 Minuten warten. Deswegen verpasst du den Bus. Endlich zu Hause angekommen, willst du nur ein wenig Ordnung machen, da ruft dein Freund an ... Inzwischen ist es halb sieben Uhr, dein Magen knurrt und du musst gleich zum Tanzkurs - schon wieder absagen ist unhöflich. Abends kommst du erschöpft nach Hause, musst nun aber noch die Pflichtlektüre für eine Vorlesung vorbereiten. Du brauchst aber lange, weil du inzwischen ziemlich unkonzentriert bist. Letztendlich ist es 1 Uhr – an zeitiges Aufstehen morgen ist nicht mehr zu denken ...

Die folgende linke Grafik verdeutlicht, wie auf diese Weise unser Zeitbudget nach und nach mit kleinen unwichtigen Dingen gefüllt wird bis das Glas voll ist, sodass du keine Chance mehr hast, die großen wichtigen Teile hineinzubekommen.

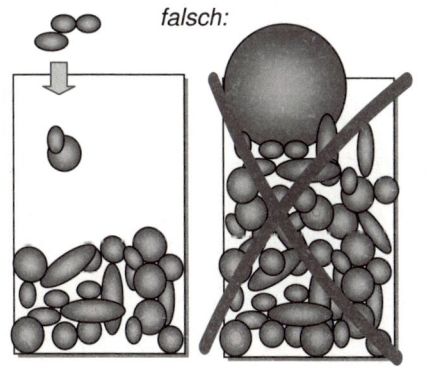

falsch:

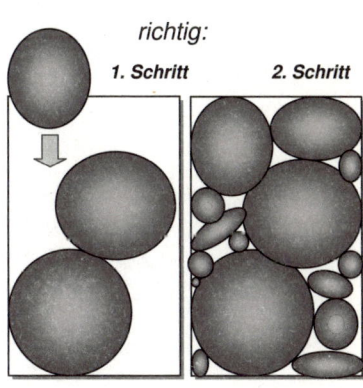

richtig:

1. Schritt   **2. Schritt**

Die rechte Seite der Grafik zeigt indes den richtigen Weg: Erst legst du die großen Teile in das Glas, die kleinen Dinge lassen sich wunderbar um diese großen Aufgaben herum arrangieren. Dieses Prinzip ist einfach. Mehr noch, es ist die wichtigste Regel: Wenn du mich auf der Straße treffen und bitten würdest dir nur eine einzige Zeitmanagementregel zu erklären, dann wäre das diese: „First Things First!". Der Amerikaner Albert Gray suchte lange Zeit nach dem einen gemeinsamen Nenner, den alle erfolgreichen Leute haben. Es war weder die harte Arbeit noch ein gutes Netzwerk oder viel Glück, auch wenn diese Faktoren ohne Zweifel wichtig sind. Es war genau diese eine Handlungsweise: Die wichtigsten Dinge zuerst zu tun.

Peter Drucker, einer der bekanntesten Managementtheoretiker, bezeichnete das First Things First Prinzip einmal als „Eat the Frog first". Warum er sich dabei auf einen Frosch bezog, kann ich leider nicht sagen, aber mir fallen dazu passende Assoziationen ein: So ein Frosch ist glitschig, also nicht richtig zu fassen. Er quakt laut und zieht dadurch viel Aufmerksamkeit auf sich. Und wenn man versucht in anzupacken, dann hüpft er weg. Eine Teilnehmerin meines Seminars berichtete einmal spannungsvoll von ihren Versuchen, dieses Prinzip anzuwenden:

"... dann hatte ich mich mal dazu durchgerungen und wollte auf den Frosch treten. Ich hatte den Fuß schon über ihm, da klingelte das Telefon ...."

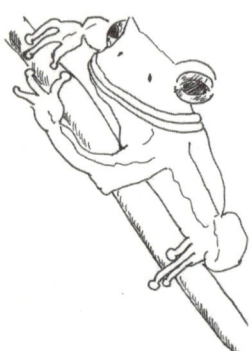

Die Metapher des Frosches lässt sich nach meiner Erfahrung sehr gut anwenden, auch wenn meine Freunde Bedenken hatten, dass ich Ärger mit dem Tierschutz bekomme (dabei bin ich doch Mitglied beim WWF). Ein Bekannter hatte Mitleid mit dem Frosch, sodass er sich nun vorstellt, die wichtigste Aufgabe wäre eine eklige Schnake, die er nach dem Aufstehen erst einmal zerquetscht. Ob nun ein quakender Frosch oder die Schnake deine wichtigste Aufgabe repräsentiert – erledige sie!

Denkpause: Welche Denkweise könntest du dir verinnerlichen, die einen gewaltigen Einfluss auf dein Privatleben hätte? Welche Sache könntest du regelmäßig tun, damit es in deinem Studium besser voran geht? Die Arbeit an diesen langfristig wichtigen Veränderungen deiner Denk- und Arbeitsweise ist ebenso eine nicht zu vernachlässigende Aufgabe der Dimension II.

Mit dem Ausweiten der Dimension II können wir den Ausweg aus dem Vakuum und der Dringlichkeitsfalle schaffen. So geht´s:

Wege, die wichtigste Aufgabe wirklich zuerst zu tun	
Strategiekarte	Lies und überarbeite des Öfteren dein Strategieblatt. Hänge es an einem markanten Ort auf. So hältst du deine Ziele präsent.
Prioritäten setzen	Bestimme eindeutige Prioritäten, die tägliche Entscheidungen, was zu tun und was zu lassen ist, erleichtern.
Kontrolle	Prüfe abends in deiner „persönlichen Tagesschau" (→ Kapitel 7) oder bei der Zeiteffizienzanalyse (→ Kapitel 6), wie lange du an deinen wichtigen Dingen gearbeitet hast.
Der Start-Block am Morgen	Lege deine wichtigste Aufgabe am Abend auf den Schreibtisch und beginne am nächsten Morgen damit, an ihr zu arbeiten. Egal was kommt, setze dich als erstes an den Schreibtisch und fange an, diese Aufgabe zu lösen.
Dringlichkeit erzeugen	Setze dir Termine, wann du welche Aufgaben aus dieser Dimension erledigt haben möchtest. Belohne dich bei Erfolg!

Gut. Wir haben nun einige Unterscheidungen, Strategien und Übungen kennen gelernt, um uns den wichtigen Dingen zu nähern. Eigentlich müsste jetzt in deinem Kopf immer die Leuchtreklame mit der Aufschrift „First Things First!" aufleuchten und dein Puls im Takt dieser Worte „First – Things – First" zwicken. Dennoch gibt es drei Ausnahmen von dieser Grundregel:

- *Feueralarm:* Diese Ausnahme kennst du bereits. Wenn es brennt, ran an's Feuer!

- *Wichtige Termine:* Die zweite Ausnahme sind Konkurrenzen innerhalb der Dimension II. Feststehende Termine (Vorlesungen) oder Verabredungen (Geburtstag eines guten Freundes), die ebenso den Status „wichtig" tragen. Gruppiere deine Aufgaben um diese Termine herum und wäge in besonders knappen Zeiten sorgfältig die Kosten-Nutzenaspekte der beiden Alternativen ab.

- *Biorhythmus:* Passe deine Aufgaben den Zeiten an, an denen du am konzentriertesten arbeiten kannst. Unterbrich z.B. am Mittag die wichtigste Aufgabe, wenn deine Konzentration im Keller ist und erledige eher Support-Aufgaben.

Man kann nicht immer die wichtigste Aufgabe zuerst erledigen, aber allein das Nachdenken darüber, was diese wichtigste Aufgabe ist, hilft enorm!

Dimension III_Der Manager:
Effizienzgetrieben

Zeitmanagement-Ratgeber empfehlen, diesen Bereich zu delegieren. Diese Vorgehensweise funktioniert aus zwei Gründen nicht: Zum einen haben wir als Studenten weniger Delegationsmöglichkeiten als ein Manager. Zum anderen kann man viele Dinge nicht delegieren, wenn man Lebens-/ nicht reines Büromanagement betrachtet. Wir müssen selbst zum Friseur gehen, Lebensmittel einkaufen und den Fehler in der Telefonrechnung suchen. Diese Aufgaben müssen erledigt werden, auch wenn sie weniger wichtig sind. Sie sind mit dafür verantwortlich, dass man nicht alles schafft, was man sich vornimmt, weil man diese Aufgaben gern nicht mitrechnet. Deswegen habe ich ihnen eine eigene Lebensbatterie gewidmet. Wie gehen wir mit dieser Dimension um? Diese Aufgaben sind weniger wichtig, wir müssen also gar nicht den vollen Einsatz bringen: Was zählt ist, dass diese Aufgaben erledigt sind. Die Qualität der Erledigung spielt nur eine untergeordnete Rolle. Was zählt ist Effizienz: Je schneller und unkomplizierter du diese Dinge anpackst desto besser. Dies beugt ebenfalls dem Feuerausbruch in Dimension I vor, denn auch diese weniger wichtigen Dinge können irgendwann wichtig werden – z.B. wenn du vergisst, einzukaufen oder du Fristen übersehen hast (Rückmeldungen, TÜV). Gestalte diese Dinge effizient, indem du:

- *Mut zur Lücke beweist:* Z.B. ist es deinem Zimmer egal, ob du es ein oder zwei Stunden putzt – sauber ist es meist schon nach 20 Minuten.

- *Transaktions- und Rüstkosten senkst:* Laufe nicht wegen einer Sache in die Stadt, gehe nicht wegen einer E-Mail ins Internet. Bündele immer gleichartige Aufgaben, um sie in einem Durchlauf abzuarbeiten.

- *Entscheidungen schnell fällst:* In diesen Bereichen kommt es auf praktikable, nicht optimale Lösungen an.

Beim Weiterlesen wirst du mehrere Techniken erfahren, wie du einige Dinge effizienter gestalten kannst. Die Möglichkeiten dafür sind unendlich - Suche daher immer wieder nach Wegen, wiederkehrende und gleichartige Aufgaben zu vereinfachen, zu routinieren oder zu beschleunigen.

> Welche Tricks und Handgriffe kennst du um schnell und effizient gewisse Dinge zu erledigen? Teile die Ideen mit anderen Studenten in meinem Web-Forum unter: www.studienstrategie.de.

Dimension IV_Die kleinen Erlauber:
Mentale Puffer

Auch in diesem Bereich bin ich nicht mit der Normstrategie des klassischen Zeitmanagements einverstanden, denn sie verlangt die Eliminierung dieser Dimension. Sicher können viele unwichtige und nicht dringende Dinge verbannt werden – doch diese Empfehlung ist zu sehr auf den Büroalltag zugeschnitten. Du würdest einiges an Spaß und Abwechslung verlieren, denn diese Dimension hat für mich eine mentale und psychische „Pufferfunktion". Kleine Freuden, wie die spontane Eispause im Café, der kurze Smalltalk, das in Gedanken versinken oder Strichmännchen-Malen in der Vorlesung federn einiges an Stress und Anspannung ab und machen das Leben ein wenig abwechslungsreicher. Wir sind schließlich keine Maschinen, die immer voll einsatzfähig funktionieren!

Gönne dir ab und an, „unvernünftige" Dinge zu tun – das ist Teil deines Lebensstils. Suche dir diese Dinge aber gut aus und lasse sie nicht ausufern. Sind es kleinere Dinge und Ablenkungen, versuche nach 5-10 Minuten wieder in deine Aufgaben zurückzukommen.

Ich nenne diese Dinge „die kleinen Erlauber". Eigentlich gibt es Wichtigeres zu tun, aber es ist auch mal in Ordnung abzuschweifen oder spontan zu sein. Hab nicht gleich ein schlechtes Gewissen, wenn du mal vom Plan abweichst - Das gehört einfach zum Leben dazu! Klar darfst du beim Recherchieren mal kurz auf die Kickerseite ausweichen oder eine ICQ-Message beantworten. Auch rechne ich kleine Ablenkungen und Tätigkeiten, z.B. aufräumen und das Sortieren der Computerdateien in diesen Bereich – Diese Dinge sind momentan nicht notwendig, aber sie regen dich durch die gut strukturierte „handwerkliche" Tätigkeit motorisch an und geben deinem Gehirn ein paar Minuten Auszeit. Dies hilft auch die richtigen Gedanken zu finden, da unser grauer Rechner im Unterbewusstsein weiterarbeitet.

Paracelsus hat einmal gesagt: „Es gibt keine Gifte und kein Heilmittel, sondern nur Substanzen." Entscheidend sei die Dosierung. Mal etwas Sinnloses zu tun, ist notwendig für die Regeneration und fördert die Kreativität. Außerdem zeigt sich Kairos nicht nur bei großen Chancen, sondern auch bei persönlichen Glücksmomenten – Nutze und genieße sie!

Gib aber Acht, dass du deinem Inneren Schweinehund nicht zu viel Leine lässt – nicht dass *er* dich schon wieder Gassi führt?!

Dimension V_Der Abwehrspieler: Die Matrix schlank halten!

Effektive Leute halten sich von den unteren Bereichen der Zeitmanagement-Matrix fern. Denn: Dringend oder nicht, diese Dinge sind einfach nicht wichtig! Wenn du *„ja"* zu den wichtigen Dingen sagst, muss man lernen, *„nein"* zu verlockenden Alternativen zu sagen. Als gedankliche Hilfe habe ich eine neue „Dimension V" hinzugefügt, in die alle Dinge kommen, die uns vom Arbeiten und Entspannen abhalten. Hier steht der „Abwehrspieler", der diese Störenfriede ausselektiert, verschiebt, delegiert oder ganz vernichtet:

Was tun mit unwichtigen Dingen?	
Selektieren *(Unwichtig im Vergleich)*	Manche Dinge erscheinen wichtig oder sind ein „Nice to have." Setze diese ins Verhältnis zu übergeordneten Prioritäten. Die „Mach-ich-nicht-Grenze" ist immer relativ und muss nach deinem Ermessen immer wieder neu bestimmt werden!
Delegieren *(Für mich unwichtig)*	Als Praktikanten sind wir die letzten Würmchen, die alle Arbeit auf den Tisch geknallt bekommen; als Studenten haben wir keine Mitarbeiter. Dennoch gibt es für Studis zumindest ein paar Delegationsmöglichkeiten: Um deine Wäsche, Verkehrsdelikte oder Behördengänge können sich in der Prüfungszeit vielleicht deine Eltern kümmern. Auch für's Kochen, Einkaufen, Pakete in Empfang nehmen könnt ihr euch als WG gegenseitig unterstützen. Abwechselnd kann jemand aus der Lerngruppe einen Text besonders intensiv vorbereiten ...
Verschieben *(Jetzt nicht wichtig)*	Etwas zu verschieben ist im Prinzip auch eine Delegation - an einen späteren Erledigungszeitpunkt. Was momentan zweitrangig ist, legst du in die Wiedervorlage und entscheidest dann, ob es sich (noch) lohnt, die Sache anzugehen.
Papierkorb *(Überhaupt nicht wichtig)*	Auf Dinge, auf die du verzichten kannst, freut sich dein hungriger Papierkorb, auch „Ablage P" genannt – übrigens das bedeutendste Ablagefach deiner Organisation! Immer dann, wenn du dich überladen fühlst, denke daran: Der Papierkorb ist dein bester Freund. Er nimmt sich vertrauensvoll aller Dinge an, die dich vom effektiven Arbeiten abhalten.

Hat das, was ich jetzt tue, in einem Jahr noch Relevanz? Werde ich mich dann überhaupt noch daran erinnern? Wende diese Frage immer wieder bei verschiedenen Tätigkeiten an, dann bekommst du ein Gespür für die nachhaltigen und wichtigen Dinge, von denen du profitierst.

Übung „Optimalzeitverteilung": Nutze diese Matrix, um deine Aufgaben für Morgen einzutragen:

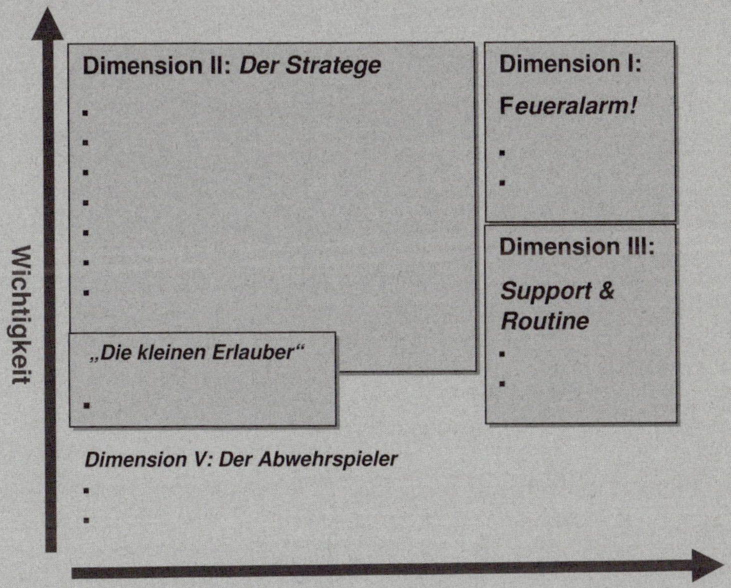

Dimension II: *Der Stratege*

-
-
-
-
-
-
-

Dimension I:

F*eueralarm!*

-
-

Dimension III:

Support & Routine

-
-

„Die kleinen Erlauber"

-

Wichtigkeit

Dimension V: Der Abwehrspieler

-
-

- ***Dimension I:*** Welche Dinge „glühen" schon?
- ***Dimension II:*** Welche Dinge sind dir momentan sehr wichtig? Zerlege sie in kleine, zu bewältigende Schritte. So sind sie leicht beherrschbar.
- ***Dimension III:*** Welche Dinge musst du nebenbei noch erledigen?
- ***Dimension IV:*** Welche „Nonsens-Tätigkeit" macht dir großen Spaß?
- ***Dimension V:*** Welche Sachen selektierst/ verschiebst/ delegierst du? Wovon trennst du dich?

Denke immer daran: Die **Vorfahrtsregel** *„Wichtigkeit VOR Dringlichkeit" bewirkt, dass du kontinuierlich an deinen Zielen arbeitest; Ablenkungen prallen an dir ab.*

6. Kapitel: Effizienz - Mehr rausholen

Kleiner Einsatz - große Wirkung: Das Pareto-Prinzip

Wir haben unsere Marschrichtung im Strategie-Workshop bestimmt und diese Tätigkeiten in der Zeitmanagement-Matrix verortet. Unsere Mission und Ziele derart im Blick, ausgerüstet mit den richtigen Tugenden, sind wir auf dem besten Weg die richtigen Dinge zu tun. Wir arbeiten effektiv. Die notwendige Bedingung für persönlichen Erfolg ist damit erfüllt. Doch wie sieht es mit der hinreichenden Bedingung aus, dass wir die Dinge auch schnell und richtig erledigen können? Diese Aufgabe ist ein Fall für die Effizienz, mit der wir uns bemühen, tendenziell immer mehr in immer weniger Zeit zu schaffen (→ Tugend 7).

Der Schlüssel zur Effizienz liegt in der Hebelwirkung. Klar, bei der Effizienz geht es ja auch darum, mit geringem Mitteleinsatz viel zu bewegen. Erinnere dich an deine Kindheit, in der du auf einer Wippe, durch die Gewichtsverlagerung nach hinten, deinen großen Bruder in die Luft befördert hast. Das ist der „Hebeleffekt": Eine Frage des richtigen Ansatzpunktes und eines guten Verhältnis von Aufwand und Ertrag. Aus einem kleinen Krafteinsatz erzielst du eine große Wirkung!

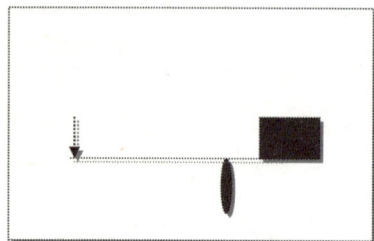 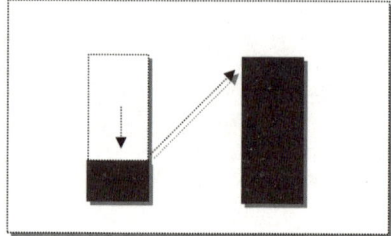

Kleiner Krafteinsatz, große Wirkung: Der Hebel-Effekt und das Pareto-Prinzip

Dieses Bild der Hebeleffekte verdeutlicht nichts anderes als eines der zentralsten Managementprinzipien: Das Pareto-Prinzip. Vilfredo Pareto war ein italienischer Volkswirtschaftler im letzten Jahrhundert. Er fand heraus, dass 80 Prozent des Vermögens Italiens in 20 Prozent der Bevölkerungshaushalte verteilt war. Von dieser Verteilung abgeleitet hat er eine Faustformel aufgestellt, die sich in verschiedenen Situationen als Richtgröße anwenden lässt. In diesem Fall sagt das Pareto-Prinzip, dass man mit 20 Prozent von dem, was man tut, 80 Prozent der Ergebnisse erzielt. Auf der anderen Seite heißt es aber auch, dass die meisten Dinge, die wir tun, Zeitverschwendung sind, weil sie keinen entscheidenden Beitrag zum angestrebten Ergebnis liefern.

Mach dir klar, welche Tätigkeiten zu den 20 Prozent gehören, die dich näher an deine Ziele bringen. Welche Dinge kannst du getrost vernachlässigen? So kannst du dir ein Stoffgebiet durch wenige Schlüsseltexte erschließen, kurze und bündige E-Mails schreiben, dich beim Zeitungslesen auf die Hauptaussagen konzentrieren und mit einigen schnellen Handgriffen die Wohnung sauber halten.

Übung: Die Tätigkeiten mit dem höchsten Wirkungsgrad/ Erfolgsfaktoren bestimmen. Wir kennen diese Übung bereits aus dem vorherigen Kapitel, als es darum ging, zu bestimmen, welche Dinge zuerst getan werden müssen. Nun können wir für jedes Projekt diejenigen Tätigkeiten identifizieren, die einen größeren Erfolg als andere bringen. Zum Beispiel bringt es beim Lernen für eine mündliche Prüfung mehr, den Stoff mit einem Kollegen zu diskutieren, als jedes Detail auswendig zu lernen. Frage dich also immer: Welches ist die Tätigkeit mit dem höchsten Wirkungsgrad? Welcher Meilenstein muss als nächstes erreicht werden?

Es geht nicht darum, jeden Schritt akribisch in Prozente umzurechen, aber es ist wichtig, sich dieses Prinzip immer vor Augen zu halten. Stecke nicht mehr so viel unnütze Zeit in die sorgfältige Erledigung von Nebensächlichkeiten. Damit sparst du jede Menge Mühe und Kraft und hast diese Energie für Dinge, die dir wirklich wichtig sind oder die du schon immer mal erledigen wolltest.

Analysiere deine Arbeit ständig und konzentriere dich auf die wichtigste Aufgabe – Jene, die den wertvollsten Beitrag leistet.

Zeit- und Energiediebe fangen

Gegen Taschendiebe würden wir Anzeige erstatten, oder? Was ist aber mit den Leuten und Tätigkeiten, die uns unsere Zeit und Energie klauen?!! Leute, die sich selbst darstellen, Wartezeiten, blöde Aufgaben, unsinnige Gespräche. Solche Zeit- und Energiefresser nagen ständig an unserer Effizienz und halten uns von den entscheidenden 20 Prozent fern. Mach dir eine Hitliste mit den Dingen, bei denen du viel Zeit verlierst. Meine TOP 10 sieht so aus:

Hitliste meiner Zeit- und Energiediebe

1 *Gravitationskraft:* Besonders morgens beim Aufstehen oder nach Pausen wirkt sie bei mir besonders stark. Das Anfangen verzögert sich immens.

2 *Aufschieberitis:* Autsch! Auch mein Innerer Schweinehund beißt oft zu!

3 *Unrealistische Planung:* Ich will zu viel auf einmal tun und verzettele mich dann oder drehe mich im Kreis.

4 *Perfektionismus:* Ich will immer alles (zu) genau machen und wissen.

5 *Entscheidungen treffen:* Schuhe kaufen, Video auswählen? - Selbst kleinere Entscheidungen sind ein Horror!

6 *Inkonsequenz:* Ich kann oft nicht „Nein" sagen, wenn mich jemand um etwas bittet oder es ein spannendes Projekt gibt.

7 *Ablenkungen:* Durch E-Mails, Anrufe, Mitbewohner, Bekannte in der Bib.

8 *Wartezeiten:* Ich hasse sie: Warten auf die Straßenbahn, den Beginn einer Veranstaltung, beim Arzt, an der Supermarktkasse ...

9 *Nachdenken:* Zu viel nachdenken und grübeln, statt Zettel und Stift zu nehmen und das Problem strukturiert anzugehen.

10 *Unsicherheit:* In schlechten Referaten sich nicht trauen zu flüchten, Unbehagen, jemand anderen um einen Gefallen zu bitten.

Seitdem ich meine Zeitdiebe identifiziert habe, konnte ich die verlorene Zeit um schätzungsweise 50-60% reduzieren. Vor allem wurde mir klar: Der größte Zeitdieb ist man oft selbst. Das unterstreicht, dass Zeitdiebe individuell verschieden sind. Deswegen habe ich ergänzend weitere Hitlisten von Seminarteilnehmern und Freunden zusammengetragen, um weiteren Zeitdieben auf die Spur zu kommen:

Ein Wirtschaftswissenschaftler: Ablenkung durch E-Mails/Post/Internet, ungeplante Telefonate, ins Nichts laufende Gespräche in der Uni, langweilige Seminare, lange Fahrtwege, Müdigkeit, putzen, Haushaltsorganisation, einkaufen, eine Zigarette rauchen ("Bei zehn Zigaretten täglich verliert man eine Stunde."), telefonieren, WG-Weltverbesserungsdiskussionen.

Eine Pflegewissenschaftlerin: ISH, Versumpfung in Cafeteria, Herausschreiben von Dingen aus Lehrbüchern, zu langes Nachdenken über seine Ideen & Träume (statt sie umzusetzen), beim WG-Essen in der Küche hängen bleiben.

Eine Medizinerin: PC-Probleme, zu lange Klamotten kaufen, es allen recht machen wollen, alles auf sich beziehen und dann lange darüber grübeln, wahllos die Lehrbücher durchblättern, ohne wirklich zu lesen/lernen.

Eine Naturwissenschaftlerin: Internet-Abdriftung, Fernsehen, Mitbewohner-Betreuung, "Krämern" (in alten Büchern/DVD stöbern ohne etwas Konkretes damit zu tun), Überbrücken von Zeit ("Nur noch 20 Minuten bis zur Tagesschau, dann kann ich gleich in der Küche bleiben.")

Eine Diplomantin: Selbstablenkung und fehlende Fokussierung (Tee machen, Schildkröte streicheln), Dimension IV, aufräumen, Dateien ordnen, Hintergrundbilder etc. zuerst bei Hausarbeiten auswählen.

Ein Promovent: sich über sein schlechtes Gewissen ärgern, weil man wieder nichts geschafft hat (Vorsicht: Teufelskreis!), Aufschieberitis/Überwindungszeit bevor man Dinge anfängt, lange Wege haben, ungesunde Ernährung, zu lange schlafen, schlecht schlafen, zu viel nachdenken ("Übergedanken"), Entscheidungsfindung, Streit im Freundeskreis, quatschen, langsames Lesen.

Zu den Zeit- und Energiedieben gehören auch viele Tätigkeiten, die du schon lange unhinterfragt tust: z.B. wichtige Absprachen per E-Mail zu tätigen. Das kostet viel Zeit und ist nicht effizient, da man nicht so gut auf den anderen eingehen kann. Hinterfrage daher immer wieder, ob der derzeitige Weg der Schnellste ist. Identifiziere auch deine eigenen, tief vergrabenen Antreiber, sie entpuppen sich oft auch als Zeit- und Energiediebe: z.B. der Antreiber „Ich muss perfekt sein" oder Reaktionen aus der Umwelt zu fürchten und dadurch die Aufschieberitis begünstigen. (→ Kapitel 9)

 Schreibe dir ein kurzes Aktionsprogramm, wie du drei der nervigsten Zeitdiebe sofort eindämmen willst. Arbeite konsequent an deren Umsetzung und werte deinen Erfolg in der nächsten Woche aus!

Pareto mit Nachdruck: Das Prinzip der erzwungenen Effizienz

Die Arbeit dehnt sich soweit aus, dass sie die für sie vorgesehene Zeit ausfüllt. Wenn du für zwei Aufgaben den ganzen Tag zur Verfügung hast, wird sich die Arbeit immer mehr ausdehnen und schließlich brauchst du tatsächlich den ganzen Tag für etwas, was du in zwei Stunden hättest erledigen können. Dies nennt man das *„Parkinsonsche Gesetz“*, das besagt, dass sich die Dauer der Aufgabe immer so lange hinzieht, wie Zeit dafür vorgesehen ist: Ein Beispiel ist die Rentnerin, die ihrem Enkel einen Geburtstagsgruß schicken will und dafür einen halben Tag braucht. Zunächst geht sie extra in einen Buchladen, um eine Glückwunschkarte auszuwählen, überlegt sich zuhause lange nette Formulierungen und macht sich abermals auf, um im Postamt eine Sondermarke zu kaufen. Dieselbe Aufgabe wäre für einen viel beschäftigten Manager auch in drei Minuten zu erledigen gewesen.

Glücklicherweise gilt das Gegenteil des von Cyril N. Parkinson formulierten Lehrsatzes genauso: Die Arbeit zieht sich so zusammen, dass sie in die für sie verfügbare Zeit passt. Vielleicht hast du das schon einmal erlebt, als du enge Fristen hattest und Dinge schneller erledigen musstest, als du es normalerweise für möglich gehalten hättest. Unsere wahre Kapazität lernen wir nur kennen und können wir nur steigern, wenn wir an unsere Grenzen gehen. Dies gilt auch für das Erledigen von Aufgaben: Je mehr du innerhalb einer bestimmten Zeit erledigen musst, desto stärker wirst du gezwungen sein, Prioritäten zu setzen. Trichter dir folgenden Satz ein, wenn du wieder unter Stress oder kurz vor der Prüfungspanik stehst:

Die Zeit reicht nie aus, um alles zu tun,
aber sie reicht immer für das Wichtigste!

Je mehr du zu tun hast, desto mehr bist du gezwungen, mit größerer Effizienz zu arbeiten bzw. das Wichtigste auszuwählen. Wenn du unter Druck stehst, etwas in einer bestimmten Zeit zu erledigen, bist du gezwungen, viel effizienter und energiegeladener an die Sache heranzugehen, als wenn du viel Zeit hättest. Das erklärt, warum viele erst in der „letzten Minute“ aktiv werden: Jetzt scheint die Zeit überfällig, in Aktion zu treten, aber es ist noch nicht zu spät. In der Regel schafft man das Ziel, die Klausur einigermaßen zu bestehen oder ein halbwegs vernünftiges Referat zu halten. Warum? Weil man sich zwangsläufig auf die Dinge konzentrieren muss, die einen am weitesten voran bringen, und weil man den Druck hat, konsequent an der Aufgabe zu bleiben.

Hinweise und Motivationstricks zur Umsetzung:

Druck aufbauen: Könnten wir uns dazu durchringen, Dinge konsequent effizient abzuarbeiten, würden wir eine ganze Menge mehr schaffen. Bau dir also selbst den nötigen Arbeitsdruck auf, indem du dir Fristen setzt. Plane eine Belohnung für das erfolgreiche Erledigen einer Aufgabe ein.

Ein Anfang und ein Ende finden: Gewöhne dir an, bei Aufgaben gleich ab der ersten Minute voll durchzustarten und stehe erst vom Schreibtisch auf, wenn du einen gewissen Zwischenschritt abgeschlossen hast. Mache es dir zur Gewohnheit, Dinge immer bis zu einem gewissen Ende zu bringen. Mach also erst Pause, wenn du das Kapitel durch oder alle E-Mails beantwortet hast. Du zwingst dich zu Konzentration und dazu, die Dinge schneller abzuhandeln. Es nervt, dasselbe Fass zweimal öffnen zu müssen.

Öfters in den Urlaub fahren: Geht es dir auch so, dass du einen Tag bevor du in den Urlaub fährst eine unglaubliche Energie und unglaublichen Tatendrang entwickelst, weil du gewisse Dinge noch zu Ende bringen musst? Wenn ja, dann fahre doch ab und an gedanklich weg, und behandle den Tag so, als sei es dein letzter Arbeitstag.

Unangenehme Konsequenzen vorstellen: Oft überwindet man den ISH erst, wenn man die negativen Konsequenzen bei Nichterledigung einer Aufgabe fürchtet. Setze deine Fantasie ein, um dir die langfristigen Konsequenzen bewusst zu machen. Übertreibe ruhig ein wenig, wie ein wissenschaftlicher Mitarbeiter (Psychologe!) aus einem Seminar mal meinte: „Stell dich dir mit 28 vor, wenn du ohne Abschluss deinen Lebensabend mit deiner Aldi-Tüte auf der Parkbank verbringst ...“

Angenehme Konsequenzen vorstellen: Das Ganze funktioniert auch andersherum, indem du dir die positiven Ergebnisse deines Handelns vor Augen führst. Stell dir beispielsweise deine Wohnung in der Innenstadt Granadas vor und wie angenehm es ist, abends auf einem spanischen Platz mit Kumpels eine Sangria zu trinken ... (*seufz). – Das bringt vielleicht ein wenig Bewegung in deine Auslandsorganisation.

Übung_ „Erfolgserlebnis“: Erinnere dich einmal an eine Situation, in der du besonders effizient gearbeitet hast, weil du nur noch wenig Zeit hattest und letzten Endes doch noch ein akzeptables Ergebnis abgeliefert hast. Was war das? Woran lag es, dass du es geschafft hast? Schreibe dies in dein Coachingbuch, auch wenn es ein Ereignis war, das lange zurückliegt. Versuche diese Erfahrung für zukünftige Projekte zu nutzen.

Prinzipien der Effizienz

Setze diese Tricks ein, um Dinge schneller, besser oder leichter zu machen:

Arbeit, die sich von selbst erledigt: Viele Sachen könnt ihr „im Vorbeigehen" erledigen. Auf dem Rückweg von der Uni einkaufen, ein paar Handgriffe in der Küche tätigen, wenn du auf deinen Wasserkocher wartest oder den Papiermüll auf dem Weg zur Straßenbahn mitnehmen.

„Drei-Minuten-Regel": Es gibt viele Dinge, die sich nicht so recht zu Blöcken bündeln lassen und deren Planung kaum lohnt, weil sie eh nicht länger als drei bis fünf Minuten dauern würden. Erledige solche Sachen sofort, denn bereits in dem Moment, in dem du daran denkst bist du schon abgelenkt. Wenn dich jemand stört und eine kurze Frage hat oder Hilfe braucht, dann handle dieses „Problem" kurz und schnell ab. Ein Verschieben würde dich später nochmals stören, was du durch die Soforterledigung verhinderst.

Digitalisierung: Scanne wichtige Dokumente (Zeugnisse, Passbilder, etc.). Das spart viel Suchzeit und erhöht deine Mobilität.

Wartezeiten überbrücken: Nutze jede freie Minute! Sei es, dass du noch schnell deine Unterlagen der letzten Vorlesung auf Lücken überfliegst, deine Zettelwirtschaft ordnest oder ein paar Zeilen liest. Das Warten (Arzt/Amt/Verkehr/Uni) ergibt oft mehrere Stunden pro Woche. Ich habe einen „Zu-Lesen-Stapel" mit Zeitungen, Prospekten und Sprachzeitschriften von dem ich immer ein bis zwei Sachen dabei habe, um sie in solchen Situationen abzuarbeiten.

„Was hinten runterfällt ...": Erinnere dich an die „Nur noch eine Stunde" - Übung: Du hast auf deiner To-do-Liste z.B. zehn Aufgaben für den Tag nach ihrer Wichtigkeit geordnet notiert und sie nacheinander abgearbeitet. Bist du am Ende des Tages mit den Aufgaben noch nicht durchgekommen, dann gib dir noch genau eine Stunde, um die offenen „To-do's" zu erledigen. Alles, was in dieser Stunde nicht geschafft wird, kommt vom Tisch: Entweder in den Papierkorb, auf den „Effizienz-Stapel" oder in die „Träume-Kiste.".. (→ Teil E)

Konzentration auf die derzeitige Aufgabe: Das größte Leistungspotential wird dann ausgeschöpft, wenn du immer die Arbeit mit dem höchsten Nutzengrad vollführst. Frage dich, wie du deine Zeit hier und jetzt am besten nutzen kannst. Was ist die Sache, die dich am weitesten voran bringt? Alle anderen Tätigkeiten sind in diesem Moment relative Zeitverschwendung. Konzentriere dich voll und ganz auf diese derzeitige Hauptaufgabe!

Transaktionskosten senken

Alles, was wir tun erzeugt neben der eigentlichen Tätigkeit so genannte „Transaktionskosten". Mehraufwand in Form von Energie, Zeit oder Geld. Transaktionskosten sind ein Begriff aus den Wirtschaftswissenschaften, den ich hier leicht verändert auf das Zeitmanagement beziehe und in verschiedene Unterkategorien einteile:

Such- und Informationskosten: Du bist an einem Wochenende in Hamburg und möchtest ins Kino gehen. Die Zeit ein Kino und die nötigen Programminformation zu finden, sind deine Such- und Informationskosten. Sie müssen in einem angemessenen Verhältnis zum Nutzen stehen. Es macht keinen Sinn, drei Stunden nach einem Kino zu suchen. Es sei denn, du möchtest auf diese Weise die Stadt kennen lernen.

Instandhaltungskosten: Instandhaltungskosten sind die langfristigen Auswirkungen einer Entscheidung/Transaktion (im Volksmund: Der „Rattenschwanz"). Wenn du dich jetzt beispielsweise für einen billigen Tintenstrahldrucker entscheidest, der viel Tinte verbraucht, musst du dann immer wieder (*Nerv!) die Patronen auffüllen. Kaufst du dir dagegen einen Laserdrucker, hast du mitunter erst einmal ein Jahr Ruhe vor dem lästigen Nachfüllen. Kalkuliere daher immer die langfristigen Konsequenzen oder eine eingegangene Verpflichtung in deine Entscheidung mit ein.

Wegekosten: Ein Ökonom prägte einmal den Begriff „Schuhleder-Kosten" und meinte damit metaphorisch den Grad der Abnutzung der Schuhsohle, beim Zurücklegen langer Wegstrecken. Tatsächlich sind Wegekosten einer der größten Zeitfresser. Oft gehen täglich ein bis zwei Stunden dabei drauf, irgendwo hin zu kommen. Eine Möglichkeit der Optimierung siehst du in der Grafik: Links sind zwei separate Wege dargestellt, die du zu erledigen hast: Du möchtest am Morgen von zu Hause (A) zur Bibliothek (B) und am Abend zum Training (C). Angenommen du brauchst für jede Teilstrecke 30 Minuten, so sind das in Summe zwei Stunden Wegkosten, die du für die zwei Aktionen brauchst.

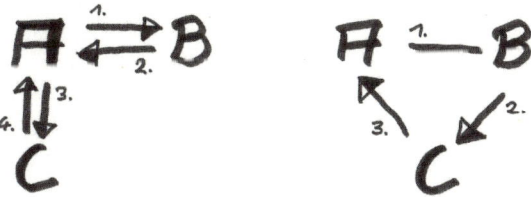

Geschickter wäre es indes, wenn du nach der Bibliothek direkt zum Training fährst. Du sparst eine Teilstrecke und damit eine halbe Stunde (zusätzlich zu der Zeit, die du zu Hause vertrödeln würdest). Manchmal ist das etwas unbequemer, wenn du deine Trainingssachen mitschleppen musst oder nicht zwischendurch zu Hause essen kannst. Wäge aber ab, was dir mehr Wert ist: Viel zu schaffen oder Ineffizienzen.

Rüstkosten: Als „Rüstkosten" definiere ich die Zeit, die du zur Vorbereitung einer Tätigkeit brauchst. Willst du z.B. eine E-Mail schreiben, sind deine Rüstkosten das Anschalten des Computers, die Einwahl ins Netz und der Log-In-Prozess. Das kann schon mal fünf Minuten dauern, nur um die eine E-Mail zu schreiben (plus die Zeit des „Abrüstens"). Bündle deswegen Tätigkeiten, die dieselben Vorbereitungsprozesse haben. Ebenso gibt es „mentale Rüstkosten." Das ist die Zeit, um dich auf einen bestimmten Prozess einzustellen: Es braucht z.B. eine Weile, bis du die Konzentration gefunden hast, dich in einen Text einzulesen oder in ein Thema einzuarbeiten. Rüstkosten sind ein wesentlicher Grund für die Blockplanung (→ S.156).

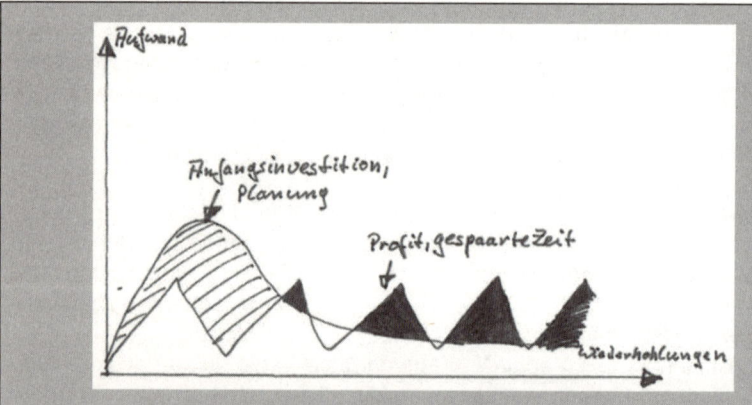

Effizienz heißt nicht immer, die Sachen so schnell wie möglich zu machen. Man muss zwischen kurz- und langfristiger Zeitersparnis abwägen: Oft braucht man zum Anfang länger, um eine Sache gründlich zu durchdenken oder sie so zu arrangieren, dass sie langfristig weniger Arbeit macht.

Zeiteffizienzanalyse

Dieses Tool kannst du nun als abschließende Übung verwenden und immer dann einsetzen, wenn du mal wieder das Gefühl hast, zu nichts gekommen zu sein. Notiere dir dann genau, was du wann und wie lange gemacht hast. Versuche, diese Tätigkeiten zu optimieren oder zu streichen. Beachte dabei vor allem die Hinweise des nächsten Kapitels zur Tagesplanung.

Zeit	Tätigkeit & Dauer	Optimierung
8 Uhr		
9 Uhr		
10 Uhr		
11 Uhr		
12 Uhr		
13 Uhr		
14 Uhr		
15 Uhr		
16 Uhr		
17 Uhr		
18 Uhr		
19 Uhr		
20 Uhr		
21 Uhr		
22 Uhr		
23 Uhr		

7. Kapitel: Durchblick - Schritt für Schritt planen

"Free time is made, not found"
Henry Mintzberg, kanadischer Managementforscher

Durch das bewusste Einplanen all deiner Lebensbatterien kannst du den Zeitdieben und der Dringlichkeitsfalle entfliehen und Termine für dich selbst bestimmen. Das macht dich ausgeglichener und zwingt zur effizienten Arbeitsweise sowie zur Suche nach Produktivitätssteigerungen.

Grundlagen und Vorgehensweise beim Planen

Zunächst setzen wir nochmals an den Überlegungen zur Zeitsouveränität an, denn auch die Planung muss den drei Zeitqualitäten gerecht werden:

	Lineare Zeit „Chronos"	Zeitfenster „Kairos"	Rhythmus der Zeit
Planung	Vorhersehen und Durchdenken des Zeitbudgets	Einplanen von Freiräumen und Zufällen	Takten der Zeit und Visualisierung der Zeitstruktur

Planung hilft uns bei der **Ausnutzung der linearen Zeit:** Durchdenken wir kommende Aufgaben können wir gleichartige Tätigkeiten bündeln, Prozessschritte bestimmen und Prioritäten setzen. Man bereitet sich mental auf die Aufgaben vor, geht Dinge strukturierter an und reduziert Unsicherheit. Schneide Kairos aber nicht seinen schönen Zopf ab, indem du jede Minute verplanst. Die Planung muss Flexibilität erlauben und darf kein zu enges Korsett anlegen, indem du dich nicht bewegen kannst. Sie muss **Spontaneität zulassen**, indem du bewusst Freiräume einkalkulierst. Letztendlich kannst du durch diverse Übersichten deine **Zeitstruktur** visualisieren und deine Pläne auf ein Blatt Papier projizieren. Diese Struktur kann in Ruhe durchdacht und verändert werden. Der Rhythmus wird sichtbar und einem unkontrollierten Ineinandergreifen von Freizeit und Arbeitszeit wird vorgebeugt. Das fördert ein gewissensbissfreies Genießen der Pausen.

Die Planungsstufen

Die einzelnen Schritte der Planung habe ich als Pyramide dargestellt, die zunächst „Strategie", „Taktik" und die Umsetzung („Tun") unterscheidet. Diese Ebenen sind in der Strategielehre weit verbreitet und dem Militärischen entlehnt: Die Strategie steht dort für den großen Schlachtplan, der sich an den Ressourcen und Zielen des Feldherrn orientiert. Die Taktik ist das Manöver, bei dem die Strategie an Gelände und Gegner angepasst wird. Die Umsetzung entspricht der einzelnen Schlacht; hier wird Zug um Zug, Gegner für Gegner der Sieg errungen. Nicht jeder wird seine Zeitplanung mit einem Feldzug vergleichen wollen, aber auch im Alltäglichen werden die Siege über die Zeitdiebe & Co. Schritt für Schritt und Minute für Minute erkämpft.

Kommen wir zu den einzelnen Stufen in der Mitte der Pyramide: Über allem steht wie ein Heiligenschein deine Mission und deine konkreten Ziele. Es folgen zwei taktische Schritte, die langfristige Szenarienplanung und die Jahres-/Semesterplanung, bei denen du deine Ziele herunter brichst und sie Verwirklichungszeiträumen zuordnest. An der Umsetzung gearbeitet wird aber innerhalb einer gut überschaubaren Zeitperiode, der Woche bzw. dem Tag. Hier liegt es in deiner Verantwortung, durch tägliche Konsequenz, Selbstdisziplin und Effizienz deine Träume wahr zu machen. Dies ist die eine Richtung der Planung. Man nennt sie auch „Top down", weil du „oben" bei deinen Zielen anfängst und dich nach unten zur Tagesebene durcharbeitest. Bei der Erledigung deiner Aufgaben und durch Zufälle entdeckst du neue Möglichkeiten und bekommst Informationen, die dein Zielsystem verändern können. Diese speist du in dein Planungssystem ein, und verankerst die neue Tätigkeit evtl. in deinem Wochen- oder Semesterplan. Wenn du Tag um Tag und Woche für Woche, deine übergeordneten Ziele im Auge behältst, steigst du („Bottom up") in deiner Pyramide wieder aufwärts und verwirklichst deine Mission. Die Planung ist also vielseitig, dynamisch und interaktiv.

Schritt 1_Langfristige Szenarienplanung

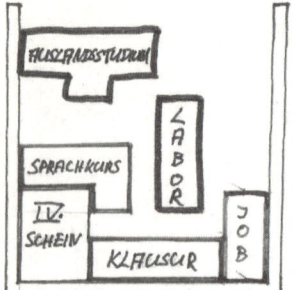

Du hast dir erträumt, was du alles im Studium erreichen willst und hast diese Träume in konkrete Ziele umgewandelt. Nun musst du schauen, wann du sie am besten verwirklichst. Wie in einem Tetris-Spiel musst du dabei entscheiden, welche Aktion sich an welcher Stelle des Studiums besonders gut einpasst. Nur, dass du hier nicht nur die Bausteine drehst und schiebst, sondern auch auf den Rahmen einwirken kannst.

Mach dir eine Übersicht über den Standardverlauf des Studiums. Das ist ein erster Rahmen, den du nun mit deinen Zielen abgleichen kannst. Inwieweit lassen sich deine Ziele innerhalb dieses Rahmens verwirklichen? Musst du ihn gegebenenfalls anpassen - also dehnen, Teile vertauschen oder komprimieren? Du könntest beispielsweise ein Urlaubs- oder Praxissemester einlegen oder in zwei Semestern besonders eifrig sein, um im Dritten mehr Luft zu haben. Eine Alternative ist es, frühe Prüfungstermine in einem Semester wahrzunehmen und das Nächste später zu beginnen, um ein Auslandspraktikum dazwischen zu schieben.

Kläre mit dem Prüfungsamt oder einzelnen Profs ab, welche Freiheiten du im Studium besitzt: Wie viele Scheine aus dem Ausland kannst du dir anrechnen lassen? Vielleicht ermöglicht dir ein Dozent, eine Hausarbeit über ein Thema zu schreiben, das dich brennend interessiert, aber nicht angeboten wird? Es gibt oft mehr Möglichkeiten als man denkt, sein Studium individueller zu gestalten!

> *Navigation im Studium:* Verschaffe dir einen Überblick. Lies die Prüfungsordnung komplett durch und schreibe alle Anforderungen (Prüfungsfächer, vorzulegende Scheine, Fremdsprachen, Praktika) heraus. Rede mit Kommilitonen höherer Semester. Was empfehlen sie? Welche Fehler haben sie in der Vergangenheit gemacht haben.

Szenario-Analyse

Auslandsaufenthalte, Praktika etc. benötigen eine gewisse Vorlaufzeit. Bei dieser langfristigen Perspektive geht es daher, um das „Wann": Wann ist der beste Zeitpunkt mit der Planung anzufangen? Wann ist der beste Zeitpunkt, das Ziel zu verwirklichen? Genau kann man das über den Zeitraum der

Studienzeit meist nicht sagen. Nützlich ist es, verschiedene Möglichkeiten der Realisation in Form von Szenarien zu durchdenken, um:

- **Mögliche Entwicklungen miteinzubeziehen:** Damit identifizierst du u.a. noch fehlende Informationen.

- **Flexibel zu bleiben:** Die Zukunft ist immer zu einem gewissen Grad ungewiss. Durch das Denken in Optionen bleibst du flexibel - wenn A nicht klappt ziehst du „Plan B" aus der Tasche statt wieder bei Null zu beginnen.

Das Schema für eine Szenario-Analyse:

Schritt 1 - Möglichkeiten eintragen: Wann bietet sich welche Aktion an?

Zeitraum	Szenario 1: „Schnellstudium"	Szenario 2: „Auslandsattacke"	Szenario 3: „Arbeitserfahrung"
1. Semester			
2. Semester			
3. Semester			
4. Semester			
5. Semester			
6. Semester			
Zwischenjahr (Möglichkeiten)			
Masterstudium			

Ein mögliches Analyseschema für einen Bachelor-/Masterstudiengang

Schritt 2 - Bewertung: Welche Vor- und Nachteile gibt es? Welche Vorarbeiten sind notwendig?

Zeitraum	Szenario 1: „Schnellstudium"	Szenario 2: „Auslandsattacke"	Szenario 3: „Arbeitserfahrung"
Vorteile:			
Nachteile:			
Notwendige Meilensteine:			

Schritt 2_Die Jahres- und Semesterplanung

Auf der Ebene der Jahres- bzw. Semesterplanung puzzeln wir die Teile näher zusammen: Das „Wie" rückt in den Vordergrund, denn du musst Zeit, Energie und die richtige Strategie für die einzelnen Meilensteine bereitstellen. Ob du nun gleich für ein ganzes Jahr oder nur für das Semester planst, liegt ganz in deinem Ermessen.

Du kannst deine Jahresplanung mit einem gewöhnlichen Terminkalender oder mit einer Übersicht, wie du sie auf der folgenden Seite siehst, machen (Download unter: www.studienstrategie.de). Einen elektronischen Kalender kann ich nur bedingt empfehlen, denn das gedankliche Hin- und Herschieben von Optionen und Terminen geht auf Papier erfahrungsgemäß besser als auf dem Bildschirm.

Road Tripin´ mit dem Semesterplan (s. folgende Seite)

- Der Semesterplan ist in drei Blöcke (Leistung/Freizeit/Support) eingeteilt, in die du deine Lebensbatterien/„Projekte" einsortierst. Diese werden durch das Feld „Teilprozesse" detailliert. Z.B. ist der Erwerb eines Scheins ein Teilprozess des Bereichs „Studium."

- Markiere alle Semester-, Ferien- und Prüfungstermine sowie bereits eingegangene Verpflichtungen und geplante Events (Blockveranstaltungen, Besuch bei Eltern, Open-Air-Festival, Urlaub).

- Nun haben wir die Projekte, Teilprozesse und Termine festgehalten. Das ist deine Semester-Zeitstruktur. Nun am besten ausdrucken. Auf dem Papier kannst du vermerken, welche einzelnen Prozessschritte und Meilensteine in den jeweiligen Aufgabengebieten als nächstes zu erreichen sind.

- Du musst nicht das ganze Semester detailliert projizieren. Überlege lieber zu Beginn jeden Monats, welches derzeit die sinnvollsten Aufgaben sind. Du setzt damit das Konzept der „rollenden Planung", wie es im Management praktiziert wird, um: Du rollst auf dem Zeit-Highway Monat für Monat vorwärts und entscheidest an jedem Planungszeitpunkt und jeder Kreuzung neu, wohin du steuerst.

Teil C: Zeitmanagement

Projekt	Teilprozesse	November	Dezember	Januar	Februar	März	April
Studium: Pflicht	Einführung in die BWL		Referat				
	Einführung in die VWL		Referat				
	Rechnungswesen			Abgabe Praxisprojekt			
	Mathe	Klausur 1	Klausur 2	Klausur 3			
	Statistik				Prüfung		
	Sprachkurs				Test		
Studium: "Kür"	Praktikum	Stellensuche	Bewerbungen		xxx xxx xxx xxx xxx xxx xxx xxx		
	Computer-Kurs belegen		xxx xxx				
"Körper"	Fitness						
	Gesundheit	Zum Rückentraining anmelden	Skiferien				
	Turnen		Wettkampf				
"Kontakt"	Familie		Weihnachten				
	Claudia						
	Freunde	xxx			Thomas besuchen		
Hobbys, Kultur, Zukunft	Märkische Turnerjugend				Beginn Organisation Ferienlager		
Support-Prozesse	Finanzen	Konto Eröffnen					
	Studiumsangelegenheiten	Computer Account eröffnen					
	Wohn., Haushalt u. Orga	Bett kaufen					
	Bewerbung/ Stipendien	Auslandsstudium-Infos					

Seite 1

Mit einer solchen Semesterübersicht kannst du links deine Lebensbatterien und deren wichtigste Teilprozesse benennen und im rechten Teil die derzeit wichtigsten Meilensteine eintragen sowie feststehende Termine vermerken. Du visualisierst damit deine Aufgaben in einem zeitlichen Rahmen. Sind die Meilensteine grob abgearbeitet, aktualisierst du den Plan einfach am Rechner.

Die Benjamin-Franklin-Methode

Benjamin Franklin, einer der Gründerväter der USA, wandte eine sehr gute Methode an, um seine Baustellen und persönlichen Schwachstellen anzugehen. Er kannte wohl die Macht der Gravitationskraft und versuchte sich ihr zu widersetzen, indem er sich alle vier Wochen eine neue Sache vornahm und versuchte, sich voll und ganz auf diese zu konzentrieren. So konnte er all seine Energie auf diese eine Schwachstelle lenken und nahm sich dann erst die Nächste vor. Vielleicht kennst du das Gefühl, wenn du alles auf einmal ändern willst und nichts erreichst, außer dich selbst zu frustrieren. Mit ein wenig Geduld und Aufmerksamkeit steuerst du diesen Prozess wie Franklin bewusster und hast zum Jahresende einige Baustellen beseitigen können.

Ich wende eine ähnliche Methode an: Zu Silvester mache ich immer einen persönlichen Jahresrückblick. Nach Auswertung des Letzten kommt die Vorausschau aufs nächste Jahr. Ich frage mich u.a. welche Dinge mich vom Arbeiten abhalten oder welche Sachen mich an mir selbst am meisten stören. Dann verdichte ich das auf einen gemeinsamen Nenner: Z.B. war ich in meinem 2. Studienjahr zu fixiert, gewisse Dinge unbedingt erreichen zu wollen und gab mir das Jahresmotto „Let it flow." Damit wollte ich erreichen, dass ich nicht mehr mit dem Kopf durch die Wand renne, sondern sensibler auf neue Möglichkeiten reagiere. In diesem Jahr lautet mein Jahresmotto „First things first", weil ich die bedeutenden Dinge nicht energisch genug nach vorn getrieben hatte. Das Ergebnis überraschte mich sehr: Inzwischen werde ich richtig ungeduldig und grummelig, wenn ich mich nicht am Tagesanfang an meine Hauptaufgaben setze oder mich Kleinigkeiten davon abhalten. Meine Selbstdisziplin ist enorm gestiegen. Das hat u.a. den Effekt, dass ich es endlich angepackt habe, dieses Buch, das schon seit zwei Jahren geplant war, fokussiert anzugehen.

In einem Jahr zum Survival-Diplom

Möchtest du das Benjamin-Franklin-Prinzip einmal testen, weißt aber vor Schreck gar nicht, was deine dringendsten Baustellen/To-do's sind? Dann empfehle ich dir, die zwölf Kapitel dieses Buches zu nehmen und je eines pro Monat schwerpunktmäßig zu bearbeiten und zu verinnerlichen. Halte deine Erfahrungen und deine Ergebnisse in deinem Tagebuch fest. Als Orientierungshilfe habe ich dir Leitfragen in Form eines zwölfmonatigen Moduls zum „Survival Diplom" zusammengestellt. (Verleihen musst du es dir allerdings selbst ☺.) Durch die fokussierte Aufmerksamkeit auf ein Kapitel pro Monat wirst du es wesentlich leichter haben, die Konzepte tatsächlich zu verinnerlichen.

Schritt 3_Wöchentliche Planung

Oft entsteht Unzufriedenheit durch zu hohe Erwartungen an den Tag. Man glaubt mehr Dinge unterbringen zu können, als realistisch möglich ist. Diese Fixierung auf den Tag ist suboptimal, denn es ist die Woche, die unsere Zeitstruktur am intensivsten prägt. Innerhalb einer Woche wiederholen sich Vorlesungen sowie gewisse Termine und Freiräume. Deine Tage können hingegen sehr verschieden sein: z.B. wenn du an zwei Tagen Vorlesungen, am dritten Tag frei hast und am Vierten jobben gehst, ist es klar, dass du dich schlecht auf einen Tag eintakten kannst. Deswegen rate ich, einen wöchentlichen „Stundenplan" anzufertigen, der deine Zeitstruktur visualisiert. Die **Wochenübersicht** enthält alle wiederkehrenden Termine und selbst gesetzte feste Lernzeiten. Zum Beispielsplan der nächsten Seite:

✓ *In dunkelrot sind die Seminare verzeichnet, in denen du geprüft wirst.*

✓ *In blau stehen die Vorlesungen aus dem „Studium generale."*

✓ *Andere feststehende Termine sind drei „Trainingsblöcke", alternativ könnten das geblockte Freiräume für Lerngruppen oder Zeit mit Freunden bzw. dem Partner sein.*

✓ *Die grünen Lernblöcke sind „Termine mit sich selbst." Sie sind so gelegt, dass der Schwerpunkt des Lernens zum Wochenanfang und morgens liegt. Das nimmt Druck von den Abenden und dem Wochenende, wenn der Großteil des Lernpensums zum Ende des Tages bzw. der Woche schon geschafft ist.*

Die einzelnen Felder werden mit den Aufgaben der linken Spalte gefüllt, in der deine Wochenziele verzeichnet sind. Für die anderen Aufgaben des linken Blockes und für nicht eingeplante Dinge, stehen die freien gelben Bereiche der Woche zur freien Verfügung. Die türkis-blauen Felder sind tendenziell Freizeit, hier als regelmäßige Pausen für die Mahlzeiten, zum Clubben am Samstag und zum Ausschlafen/Relaxen am Sonntag gedacht. In die **Tagesprioritätenfelder** kannst du ein bis zwei Tagesziele oder „Frosch-Aufgaben" eintragen.

Mach dir nicht die Mühe, den Plan wöchentlich neu am Computer zu erstellen. Eine einmalige Aufstellung genügt, um die wiederkommenden Termine und Freiräume übersichtlich darzustellen. Lieber mehrfach ausdrucken und die wöchentlichen Aufgaben per Hand eintragen, als ewig an den Formatierungen herumzudoktern.

Teil C: Zeitmanagement

Diese Woche:

Studium	
Aufgaben & Ziele dieser Woche	
Support B-Projekte	
Freunde/ Partnerschaft	
Freizeit/ Entspannung	
Weiteres	

Tagesprioritäten/ „Frosch"

Wochenübersicht/ Termine

Hauptaufgabe/ Tagesziel	Montag	Dienstag	Mittwoch	Donnerstag	Freitag	Samstag	Sonntag
8:00							
9:00	Wirtschafts-politik	Support-Prozesse/ Organisation					
10:00		Medien-ökonomik	Lernen	Philosophie	Konzeption von interkulturellen Trainings	Lernen	WG-Frühstück
11:00	Lernen						
12:00			Lernen	Lernen		Lernen	Lernen
13:00					Support-Prozesse/ Organisation		
14:00		Lernen					
15:00	Lernen						
16:00		strateg. Marketing	Training	Französisch	Training		
17:00	Lernen	Support-Prozesse/ Organisation					
18:00							
19:00	Training						
20:00							
21:00							Strategie/ Wochenplanung
22:00							

Übersicht über abzulegende Prüfungen:

Wi-politik	2	Institutionenökonomie	2
interk. Trainings	2	Theoriegeschichte	2
strat. Marketing	4	Stufu - Michelangelo	3
Medienökonomie	4	Stufu - Jürg Wenner/Blanc	3

Die Wochenübersicht visualisiert durch die feststehenden Termine deine Zeitstruktur, um die du die wichtigsten Aufgaben, die in die linken Felder kommen, gruppieren kannst. Zum jeweiligen Tagesbeginn benennst du das Tagesziel oder die „Frosch-Aufgabe."

Schritt 4_Den Tag einteilen

Die unterste Ebene, der Tag, ist gleichzeitig die Wichtigste. Denn hier werden unsere Ziele peu á peu umgesetzt und die Schlacht gegen Zeitdiebe und Inkonsequenzen ausgetragen. Hier können und müssen wir unsere Fähigkeit zur Selbstmotivation unter Beweis stellen.

Schon Dale Carnegie drückte es passend aus: „Man bereitet sich am besten auf die Zukunft vor, wenn man sich mit seiner ganzen Intelligenz und Begeisterung darauf konzentriert, das was man heute tut, so gut wie möglich zu tun."

Wir verbringen zu lang damit, uns über das Gestern aufzuregen oder über das Morgen zu sorgen! Widme deine tägliche Energie lieber den Dingen, die dich aus den Fehlern des Gestern lernen lassen und strebe die Ziele der Zukunft an. Und vergiss nicht das zu tun, was dir *heute* Freude bringt!

Annahmen hinterfragen

Mit der Planung des Tages vermeidet man Eile und Unentschlossenheit. Dennoch ist ein Plan kein Gesetz – er ersetzt lediglich „Zufall" durch „Irrtum." Er gibt keine Sicherheit darüber, dass die geplanten Dinge tatsächlich die Sinnvollsten sind. Hinterfrage daher auch deine eigen gesetzten Pläne, wenn es nötig ist.

Bleib realistisch

Du solltest dir zu Beginn nicht mehr als drei bis vier Hauptaufgaben am Tag vornehmen, denn oft braucht man für die Aufgaben länger als geplant. Lass dich nicht von anderen verrückt machen, wenn sie erzählen, was sie hier und da tun - Finde deinen eigenen Arbeitsrhythmus!

Lernphasen und Pausen

Pausen – unerlässlich für Konzentration und Regeneration der Kräfte – haben eine weitere bedeutsame Funktion: Sie fördern die Verarbeitung der neuen Informationen. Das Wissen und die gemachten Erfahrungen werden in der Pause weiterverarbeitet und du erreichst im neuen Arbeitsblock eine höhere Qualität durch die frische Herangehensweise. Lernphasen und Pausen solltest du deswegen im Wechsel planen. Die Länge entscheidest du. Manche Autoren empfehlen 40-50 Minuten lernen, in Kombination mit fünf bis zehn Minuten Pause, ich kenne aber viele Leute, die eher 1,5-2 Stunden am Stück arbeiten und dann 30-45 Minuten Pause machen.

Mache aber wirklich eine Pause: Steh auf und trenne diese paar Minuten, die geistig wie körperlich zur Erholung dienen sollen, deutlich von den Lernphasen ab. Mitteldinge wie halb Arbeit/halb Entspannung sind entmutigend. Es kommt dann zum typischen „**Übersprungverhalten**" eines Studis: Zum Lernen fehlt die Kraft, aber um sich wirklich zu entspannen ist das schlechte Gewissen zu stark. Als Resultat bist du zwischen diesen beiden Kräften hin und her gerissen, sodass du „zwischen den Stühlen" hängen bleibst und den halben Tag damit verbringst, deine Wohnung zu putzen ...

Aus dem Druckgefühl, lernen zu müssen und dem versagten Wunsch, etwas Schönes zu tun, entsteht eine unwichtige Ersatzhandlung, die keinem der beiden Ziele dient. Besser: Erst die Pflicht, dann die Belohnung!

Plane Puffer & Unvorhergesehenes ein!

Beim Planen sind wir gern überoptimistisch. Selten denken wir über mögliche Störungen und Pausen nach oder schätzen die Länge einer Aufgabe im Voraus richtig ein. Die Planzeit entspricht daher meist der Wunschzeit, nicht der Realität. Wenn wir uns zuviel vornehmen und jede Minute verplanen, ist der Crash vorprogrammiert. Du rast in vollem Tempo und riskierst eine Überhitzung des Getriebes, wenn du keinen Boxenstopp einlegst.

Deswegen solltest du auf die geplante Zeit ca. das Doppelte an Zeit hinzurechnen, erst dann wirst du ungefähr im realistischen Rahmen liegen. Eine Faustregel ist daher: **Nur 60% der Zeit verplanen.** Schlage 20% für Unerwartetes drauf (Tätigkeiten, die länger brauchen als du dachtest, Störungen durch Anrufe, tropfende Wasserhähne) und 20% für spontane und soziale Aktivitäten (Gespräche, Pausen, kreative Auszeiten).

Hinweis: Für sehr Ehrgeizige ist diese Regel nur schwer umzusetzen, weil sie zu gern mehr schaffen würden. Also gut. Von mir aus verplane deinen ganzen Tag – aber dann wenigstens unter Einbezug aller Lebensbatterien! Das ist das wichtigste Rezept gegen Unausgeglichenheit und Unzufriedenheit. Die zweite Bedingung: Sei nicht missmutig, wenn es dann doch Verzögerungen und Unerwartetes gibt, sodass du am Ende des Tages nur 60 - 70% geschafft hast. Du musst in diesem Fall deinen inneren Zensor von (100% = gut) auf (60% = gut) heruntersetzen, um nicht jeden Abend mit dem Gefühl ins Bett zu gehen, wieder nicht alles erreicht zu haben. Diese Herangehensweise hat einen Vorteil: Du stehst immer vor der Herausforderung, dein Tagespensum tatsächlich einzuhalten. Sie ist somit eine Ausprägung des Prinzips der erzwungenen Effizienz.

Abschirmen für den Startblock

Deine produktivsten Stunden sollten dir gehören! Schirme dich daher vor Unterbrechungen ab: Kläre deine Arbeitszeiten mit deinen Eltern und Mitbewohnern ab, schalte das Telefon aus und widerstehe der Versuchung ins Internet zu gehen und E-Mails zu checken!

Lege am Vorabend die wichtigste Aufgabe des nächsten Tages auf deinen Schreibtisch, so hast du sie morgens als „**Startblock**" vor dir liegen. Von diesem sprintest du los, denn diese Zeit ist allein für dein Studium reserviert. Erst dann kommen die anderen ins Spiel. In der Mittagspause kannst du

dein Telefon wieder anschalten, E-Mails abrufen oder mit den Mitbewohnern plauschen. Wenn du es dir zum Ritual machst, deinen Tag auf diese Weise immer erst „offiziell zu beginnen", wenn du bereits drei bis vier Stunden an deiner wichtigsten Aufgabe gearbeitet hast, wirst du bald um einiges besser vorankommen!

Persönliche Tagesschau

Das Ende eines Tages ist der richtige Zeitpunkt, um deine „persönliche Tagesschau" abzuhalten: Frage dich was du heute gelernt hast, ob dich der Tag deinen Zielen näher gebracht hat und was du morgen anders machen willst. Hättest du auf bestimmte Tätigkeiten verzichten können? Wie hättest du produktiver sein können? Welche Möglichkeiten gab es, den Tag mehr zu genießen? Hast du dich für Erfolge ausreichend belohnt?

Notiere dir entweder in deinem Kalender oder im Tagebuch, was gut und was schlecht gelaufen ist oder mach eine kleine gedankliche Rückblende vor dem Einschlafen. Ziel muss es sein, sichtbare Ergebnisse Tag um Tag zu produzieren und gewisse Meilensteine zu erreichen.

Plane mit der persönlichen Tagesschau deinen nächsten Tag. Damit vermeidest du Unentschlossenheit am nächsten Morgen. Man sagt, zehn Minuten Planung spart ungefähr eine Stunde. Ich habe die Erfahrung gemacht, dass man die Produktivität eines Tages sogar verdoppeln kann, wenn man sich am Vorabend auf die wichtigste Aufgabe festlegt!

Einen vorlesungsfreien Tag planen

Unsere täglichen Termine bilden die Zeitstruktur, um die wir unseren Tag normalerweise organisieren. An freien Tagen hingegen, an denen wir zu Haus bleiben, fehlt jegliche Struktur. Solche Tage zu planen und erfolgreich zu nutzen, ist die „hohe Schule des Zeitmanagements", denn es verlangt die höchste Selbstdisziplin.

Eben, weil uns eine Struktur des Tages fehlt, an der wir uns orientieren können, müssen wir eine schaffen. Dies ist besonders wichtig für Examens- und Dissertationsschreiber, die sich täglich neu motivieren und strukturieren müssen. Als Hilfe möchte ich dir die Blockplanung anbieten, in der du deinen Tag in Arbeits- und Freizeitblöcke von ungefähr 1½ bis 2 Stunden einteilst:

- Welche Aufgaben lassen sich sinnvollerweise zusammenfassen oder müssen am Stück abgearbeitet werden? Dies spart Rüstkosten und du kannst dich besser in eine Aufgabe vertiefen.

- Fasse die „To do's" nun in Blöcke zusammen, sodass du auf vier bis fünf Blöcke (á 1,5 Stunden) am Tag kommst. Handelt es sich um eine andauernde Aufgabe (z.B. Bachelorarbeit), dann stellt ein Block eine zusammengefasste Arbeitseinheit dar, in der du dich von nichts ablenken lässt.

- In Stresszeiten sind sicher auch fünf bis sechs Blöcke am Tag möglich. Achte aber darauf, dass du zweimal in der Woche eine wirkliche Auszeit am Nachmittag oder Abend hast. Zum einen erhält das die Motivation. Zum anderen hilft das, ein wenig Abstand zu gewinnen und immer wieder neu zu taxieren, was vom Lernstoff wirklich wichtig ist.

- Strukturiere deinen Arbeitstag durch gewisse Rituale: Mittagessen mit Freunden, Kaffee am Nachmittag, regelmäßiger Sport.

Den Biorhythmus beachten

Unsere Leistungsfähigkeit ist täglichen Schwankungen ausgesetzt. Grund für dieses tägliche Auf und Ab unserer Produktivität ist unser Biorhythmus und das Sonnenlicht, das ganz bestimmte Hormone freisetzt, die wiederum unseren Energiehaushalt beeinflussen. Die meisten Menschen haben einen Leistungshöhepunkt am Vormittag und am Nachmittag. Diese Schwankungen müssen wir uns zu Nutze machen. Auf der folgenden Seite findest du einen beispielhaften Tagesplan, der die Überlegungen aus der Blockplanung und dem Biorhythmus zusammenführt:

- Alle wichtigen und konzentrationsaufwendigen Aufgaben sollten am Vormittag möglichst erledigt – auf jeden Fall aber begonnen - werden. Fange gleich morgens an, deinen Frosch zu erwürgen. Dann verstummt das Gequake am Mittag und du darfst dir eine verdiente Pause gönnen!

- Nach der Nahrungsaufnahme, wenn dein Prozessor etwas langsamer läuft, ist es Zeit für Organisatorisches, Routineaufgaben, Termine, Anrufe oder E-Mails.

- Am späteren Nachmittag und Abend, wenn wir Ruhe vom Tagesgeschehen gefunden haben, nutzen wir das zweite Tageshoch Konzepte zu entwickeln oder bereits durchdachte Dinge umzusetzen.

- Die Abende stehen zu deiner Verfügung: Entscheide, ob du den Schwung des Tages noch ein wenig nutzen willst oder Feierabend machst, um deine Freunde zu sehen oder ein wenig zu relaxen.

Die Blöcke dienen nur der Orientierung. Vertausche sie, wenn notwendig. Es handelt sich wiederum um ein kleines Tetris-Spiel – nun auf Tagesebene.

Was soll ich tun, wenn ich zur Spezies der Morgenmuffel gehöre?
Zwei Alternativen: Entweder du zwingst dich, morgens eher in Tritt zu kommen, weil für dich die Vorteile (Freizeit am Abend, höherer Entspannungsfaktor) überwiegen, oder du beobachtest deine persönliche Leistungsfähigkeit im Tagesverlauf und zeichnest deine eigene Leistungskurve auf. Dann optimierst du deinen Tag so, dass du zu deinen Hochzeiten tatsächlich an den wichtigen Dingen arbeiten kannst. Ich würde jedoch beide Varianten ausprobieren. Das Gefühl, dass man in der Mittagspause schon ein Drittel oder die Hälfte seines Pensums geschafft hat, ist etwas sehr Zufriedenstellendes!

Ein Beispiel-Tagesplan

Zeit	Tätigkeiten
	Wachwerden & Morgenprogramm
9.00 - 11.00	**Der Frosch / Startblock**
	Kurzpause
11.20 - 12.50	**Der Frosch II / Starblock II**
	Mittagspause
14.00 - 15.30	**Supportblock & Kommunikation**
	Kaffeepause, Telefonat privat, etc.
16.00 - 17.30	**Block III**
	Kurzpause
17.45 - 19.15	**Block IV**
19.30 - 21.30	**Variabel** (Essen, Freizeit, Sport, Treffen, Block V)
22.00 - 23.30	**Variabel II** „Runterkommen" oder Block VI (leichte Texte, Wdh., lernen)
	Tagesplanung/"persönliche Tagesschau"

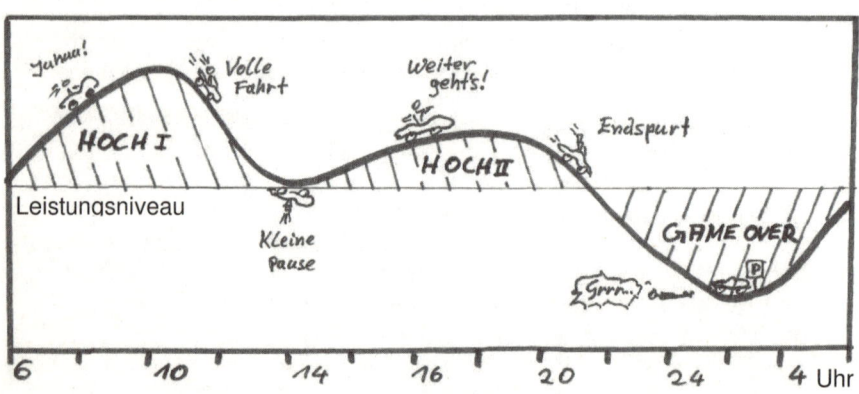

158

Pausen als Kraftquelle

In das Auf und Ab der Leistungskurve fügen sich die Pausen ein. Unterscheide zwischen Unterbrechungen (eine Minute, um ein Getränk zu holen), Minipausen (fünf Minuten, um im Liegen nachzudenken), Kurzpausen (20 Minuten) und Erholungspausen (ein bis zwei Stunden), um den Energiefluss und die Konzentration aufrecht zu erhalten. Ich habe eine Sammlung erstellt, wie sich Studenten aus meinem Umfeld regenerieren:

17 Wege für neue Energie	
Entspannen	Einfach nur chillen, schlafen, nichts tun; Entspannungs-CD einlegen
Bewegen	Joggen, Rad fahren, Lockerungsgymnastik; aber auch: aufräumen, sortieren von Papierkram, Wohnung putzen, etc.
Anregen	Etwas Motivierendes lesen; Lieblingsmusik richtig aufdrehen & abrocken
Energie zuführen	Meine Medizinstudis raten: Frische Kräuter, gute Salate mit frischem Dressing, Ginger, Indische Gewürztees, Schokolade (gibt langfristige Kohlenhydrate), Kaffee und Schwarztee in Maßen.
Erfrischen	Zwischen den Arbeitsblöcken zu duschen, erfrischt und belebt!
Trinken	Kühlwasser für Kopf und Blutdruck: Der Körper braucht mind. 2 Liter täglich.
Abwechslung	Den Arbeitsplatz wechseln (z.B. in die Bibliothek fahren)
Abschalten	Eine Studentin: „Wenn ich unmotiviert bin, sehe ich 15 Minuten fern. Gerade die Talkshows um die Mittagszeit sind so bescheuert, dass ich schnell wieder lerne"
Der Mini-Schlaf	Mein Favorit in der Mittagspause: für 12-20 Min. ein Nickerchen machen. Gerade zu den absoluten Tiefpunkten zu empfehlen: Ob zu Hause oder in der Bibliothek: Handyalarm auf 20 Min. stellen und beruhigt wegdösen.
Kommunikation	Freunde, Eltern, Partner anrufen, E-Mails schreiben, SMS tippen
Kurzplanung	Motivierend: Was hast du bereits geschafft? Wie geht es weiter?
Belohnung	Gut unterwegs? Gönn dir einen kleinen Erlauber, z.B. ein kleines Eis
Arbeitshaltung	Auf bequeme Sitzhaltung achten. Nicht verkrampfen, ab und an hinlegen, um zu lesen oder etwas zu durchdenken. Aufstehen, um Sachen zu sortieren.
Aktives Runterkommen	Autogenes Training, progressive Muskelentspannung, Tai Chi, kurze Lockerungs- und Fitnessübungen, Massagen, knutschen
Kreativität	Eine Glückwunschkarte basteln, Zimmer dekorieren, Bilder sortieren.
Sauerstoff	Lüften, Spaziergang, Yoga, bewusstes Atmen, Balkon-Pause
Rituale	Kultiviere Pausenrituale, die die Lernzeit angenehm machen (warmes Bad am Abend, selbst gemahlenen Kaffee kochen). Das Gehirn stellt sich auf diese Regelmäßigkeit ein und das Abschalten gelingt leichter.

Flexibel und kreativ planen

Die Magnetwand-Methode: Zeit „verhandeln"

Ich selbst hatte so einige Ausreißer mit meiner Selbstdisziplin. Oft setzte ich mir Tagesziele und Prioritäten und hielt sie dann nicht ein. Ich rutschte dabei immer in die Dimensionen III + IV ab und füllte auf diese Weise mein Zeitglas mit lauter kleinen Steinchen bis ich keine Zeit oder Kraft mehr hatte, die großen Teile zu bewegen.

Dann kam mir eine ziemlich wirksame Idee, diese spontanen Prioritäten einzudämmen: Ich schrieb auf die linke Seite meiner beschreibbaren Magnetwand meine Wochenziele. In der Mitte zog ich einen dicken Strich. Auf die rechte Seite kamen die Dinge, die mir nach und nach spontan einfielen. Aber der dicke Strich signalisierte wie ein Türsteher: Die linke Seite ist exklusiv und wird bevorzugt behandelt. Wenn eine Aufgabe der rechten Seite dort einziehen wollte, musste es einen sehr triftigen Grund dafür geben. Die Verhandlungen waren hart, sodass nur wenige neue Ideen die Einzugsgenehmigung für die linke Seite erhielten. Nun fand ich es ein nettes Spiel, die erledigten Aufgaben sofort wegwischen zu können. Es war eine kleine sportliche Betätigung, mit einer sofortigen Belohnung.

Die Kombination aus Belohnung, Visualisierung (deine Aufgaben sind ständig sichtbar) und kreativem Arbeiten wirkte Wunder! (Fehlt dir die Magnetwand, dann nimm behelfsmäßig ein DIN-A-4-Papier.)

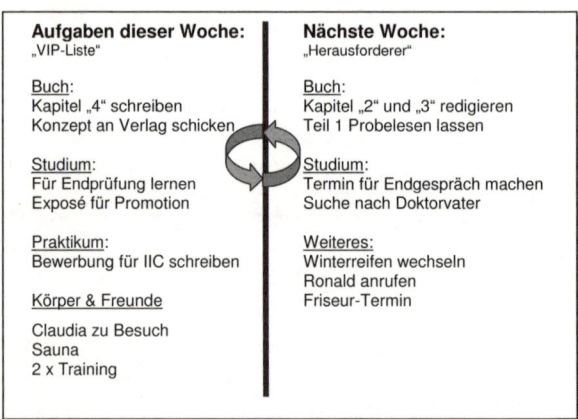

Aufgaben dieser Woche:	Nächste Woche:
„VIP-Liste"	„Herausforderer"
Buch:	Buch:
Kapitel „4" schreiben	Kapitel „2" und „3" redigieren
Konzept an Verlag schicken	Teil 1 Probelesen lassen
Studium:	Studium:
Für Endprüfung lernen	Termin für Endgespräch machen
Exposé für Promotion	Suche nach Doktorvater
Praktikum:	Weiteres:
Bewerbung für IIC schreiben	Winterreifen wechseln
	Ronald anrufen
Körper & Freunde	Friseur-Termin
Claudia zu Besuch	
Sauna	
2 x Training	

Die Magnetwand – Dein Verhandlungstisch: Links kommen alle für diese Woche geplanten Aufgaben, rechts die „Herausforderer". Erledigte Aufgaben verschwinden.

Neuer Pep für deine To-do-Liste

Die To-do-Liste hat eine wichtige Funktion in deinem Zeitmanagement. Sie hält alle wichtigen Aufgaben übersichtlich fest. Die Gleichberechtigungsdebatte hat auch das Zeitmanagement erreicht: Sieh Freizeit-Aktivitäten als gleichrangige „Aufgaben" an, sonst schiebst du deine Pflichten immer wieder vor und kannst nicht wirklich abschalten! Außerdem bist du so gezwungen, deine Tätigkeiten genau zu selektieren und Prioritäten zu setzen. Du planst realistischer.

Die Aufgabenliste solltest du immer bei dir tragen, um neue Ideen sofort aufschreiben zu können – Das hält den Kopf für die wichtigen Gedanken frei.

Die Alpenmethode: Dieses nette Planungstool will ich dir nicht vorenthalten:

A ufgaben auflisten: Alle Dinge, die du bearbeiten musst
L änge schätzen: Wie viel Zeit verlangt die Aufgabenbearbeitung?
P uffer und Pausen einplanen
E ntscheiden über Prioritäten
N achkontrolle: Unsere bereits bekannte „rollende Planung"

Prioritäten mit Farben und Formen clustern

Egal ob Magnetwand, Zettel, Kalender oder To-do-Liste. Klassifiziere deine Aufgaben optisch, um die Art der Aufgaben und ihre verborgenen Tücken zu visualisieren. Verwende dafür Formen und Farben:

Dicke rote Kreise warnen bei zeitintensiven Projekten davor, dass es wahrscheinlich länger als erwartet dauert und unterstreichen die Wichtigkeit.

Ausrufezeichen!! heben Fristen und Termine hervor.

Wellenlinien 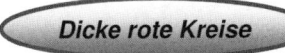 deuten auf lange An- und Abreisewege hin, die für Aufgabenbearbeitungen nicht zu nutzen sind (außer evtl. lesen oder ein Hörbuch zu hören).

Einrahmungen heben Dinge hervor, die du gern vor dir herschiebst.

Finde weitere Kategorien, die deinen Erfordernissen entsprechen. Mach es aber nicht zu bunt. Zwei bis drei Farben und drei bis vier Symbole sind ausreichend, um den Überblick zu bewahren.

Statt Oberbegriffe aufzulisten, notiere dir die Aufgabe

Man kommt schneller in den Arbeitsfluss, indem man in seiner To-do-Liste nicht abstrakte Oberbegriffe notiert, sondern die konkrete Aufgabe benennt:

Statt: „Hausarbeit anfangen" schreibst du deine Mission mit ganz einfachen Worten: „Ich schreibe über das neue Hartz IV Gesetz. Ich möchte herausfinden, ob es Nachteile für gesellschaftliche Randgruppen bringt oder ob die Vorteile langfristig überwiegen."

Statt: „Prüfungsanmeldung" schreibst du die ersten Zeilen der E-Mail: „Lieber Herr Professor Wagner, nach einem sehr spannenden Seminar möchte ich nun die Gelegenheit nutzen, es durch eine Prüfung bei Ihnen abzurunden ..."

Statt: „Kartenvorbestellung" → *Anrufen: 089/333222, Zwei Karten, Sa, 3.6./ 20 Uhr*

Statt: „Einkaufen" → *Supermarkt: Brot, Gemüse, Saft, Butter*

Auf diese Weise muss nicht alles zweimal durchdacht werden. Du bist sofort startklar.

Flexibilität: Du kennst nun verschiedene Planungswerkzeuge: Nimm je nach Bedürfnis ein anderes Werkzeug, um deine Aufgaben und Meilensteine in geeigneter Form zu visualisieren und zu planen.

Zeitmanagement-Tool	Besonders geeignet für ...
Studienplanung, Szenarien	Beginn des Studiums, Planung über lange Zeiträume (Unsicherheit)
Semester/Jahresplan	Wenn du viele Projekte hast
Wochenplan	Ausgewogenheit, Erfassung des „Global Pictures"
To-do-Liste und Magnetwand	Am flexibelsten, als Ergänzung oder für Leute mit Übersicht über ihre Zeitstruktur
Blockplanung, Tagesrhythmus	Freie Tage, Lernzeit

Zusammenfassung: Zeitmanagement und Planung

Zeitmanagement ist eine **Daueraufgabe**, die ständiger Verbesserung bedurft und Zeit braucht, sich im kurz- und langfristigen Denken niederzuschlagen.

Zeitmanagement ist in erster Linie **Prioritäten- und Selbstmanagement**, gepaart mit dem Blick für das Große und Ganze und die Differenzierungsfähigkeit von Wichtigem und Unwichtigem.

Zeitmanagement besteht aus **Effektivität und Effizienz**: Achte immer darauf, die richtigen Dinge zu tun und Kurs zu halten. Stimmt die Richtung, dann konzentriere dich darauf, die Dinge effizient, d.h. mit geringem Aufwand und größter Wirkung umzusetzen.

Entwickle ein **Zeitbewusstsein** für die verschiedenen Geschwindigkeiten der Zeit. Arbeite kontinuierlich an deinen Zielen und takte dich in einen Rhythmus von **Spannung und Entspannung** ein. Behalte aber die Fähigkeit, die sich spontan bietenden Chancen zu sehen und zu ergreifen.

Optimiere deine Aufgaben mit Hilfe der Zeitmanagementmatrix. **5 Regeln** helfen dir dabei:

1. **First things First:** Deine wichtigen Aufgaben haben immer Vorfahrt!

2. Es gibt drei wichtige Ausnahmen von der Regel 1:
   a. Dimension I: Der **Feueralarm** bricht aus
   b. Dimension II: Andere **Termine** sind ebenfalls langfristig wichtig
   c. Takte deinen Tagesablauf nach deinem **Biorhythmus** und mach genügend Pausen. Es ist inneffizient, 100% im ermüdeten Zustand leisten zu wollen

3. Dimension III: Handele diese nach dem **Pareto-Prinzip** in biorhythmisch schwachen Zeiten ab.

4. **Zügele** die Dimension IV, habe aber kein schlechtes Gewissen, wenn du ab und an deinen kleinen Sünden frönst.

5. Sei hart, wenn es darum geht unwichtige Sachen zu **selektieren**, zu delegieren, zu verschieben oder wegzuwerfen.

Gestalte deinen Tag und deine Aufgaben effizienter, indem du dich dem **Pareto-Prinzip**, dem **Prinzip der erzwungenen Effizienz** und den weiteren Effizienzprinzipien bedienst. Fange Zeit- und Energiediebe und senke Transaktions- und Rüstkosten.

Teil D:

UNTERWEGS: ZU SCHNELL ODER ZU LANGSAM?

In diesem Kapitel gebe ich Survival-Tipps für verschiedene Zeiterkrankungen, die einen immer wieder im Dschungel der Alma Mater befallen: Das ist die Aufschieberitis, die meist mit Symptomen des Drücketismus auftritt (→ 9. Kapitel); der Hetzbefall mit Anzeichen von Stressaria (→ 10. Kapitel) sowie tagelang andauernden Entscheidungslosigkeit (→ 11. Kapitel). Ich gehe damit sehr typische Alltags- und Umsetzungsprobleme von jungen Zeitmanagern an, die ich oft beobachtet habe: Ob zu lazy, zu gestresst oder unentschlossen, hier findest du die passenden Tricks.

8. Kapitel: Aufschieberitis und ISH: Wie komme ich schnell ins Arbeiten?

Methode I_„Aussitzen" – Sich ans Lernen gewöhnen

Kaum sitzt man am Schreibtisch, findet man eine Ablenkung. Insbesondere der Semesteranfang macht es einem schwer sich auf die wichtigen Studieninhalte zu konzentrieren. Geist und Körper sind noch auf den Ferienrhythmus eingestellt. Hier warst du viel unterwegs und hast nur kleinere und wohldefinierte Aufgaben erledigt. Und nun steht dieses Mammut von Prüfungsvorbereitung vor dir! Die Umstellung ist hart und funktioniert leider nicht wie ein Lichtschalter, den du von „Freizeit" auf „Lernzeit" umschalten kannst. Doch einmal überwunden, gewinnt man an neuem Elan und benötigt nur noch einen kleinen Energieaufwand, um sich zu motivieren. Denken wir uns einmal zwei Zustände „lazy" und „ambitioniert":

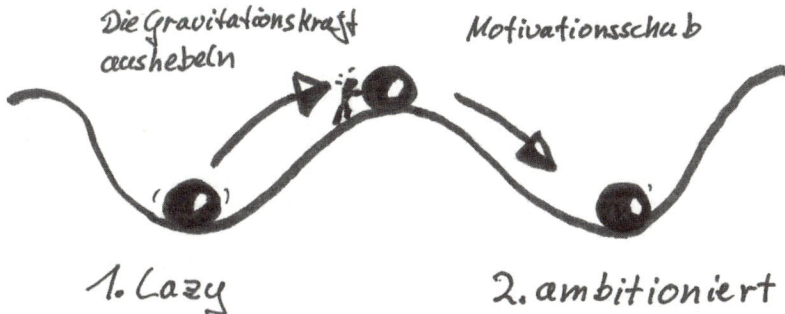

Zu Beginn eines Semesters oder eines Tages sind wir auf Ruhe („lazy") eingestellt. Du willst dich (die Kugel) nun in Richtung „ambitioniert" bewegen, aber die Gravitationskraft zieht dich immer wieder in die erste Kuhle zurück. Deswegen brauchst du eine gute Portion Selbstüberwindung, um über den angedeuteten Berg zu kommen. Einmal geschafft, erhält die Kugel einen tüchtigen (Motivations-)schub, bis sie ihr neues Gleichgewicht findet. Nun fällt das Ausharren am Schreibtisch leichter und die Konzentration kommt zurück.

Gewöhne nach diesem Prinzip deinen Körper ans diszipliniertes Arbeiten, indem du in kleinen Dosen beginnst. So geht's: Setz dich an den

Schreibtisch und fang mit einer Aufgabe an, egal wie produktiv du zunächst bist. Der wichtigste Teil dieser Übung ist das Ausharren über eine gewisse Zeit. Besser du sitzt erstmal eine Stunde unproduktiv am Schreibtisch als gar nicht! Nun zwingst du dich jedes Mal ein wenig mehr, länger sitzen zu bleiben. Dein Körper wird sich daran gewöhnen und neues Sitzfleisch entwickeln. Bei dieser Methode darfst du ruhig mit kleinen, motivierenden Aufgaben beginnen, sodass du mit Freude allmählich auf die wichtigeren Lerninseln zusteuerst. Es dauert erfahrungsgemäß nicht länger als drei Tage, bis du wieder halbwegs arbeitsfähig bist. Ein bewährtes Aktionsprogramm:

Uhrzeit	Tag 1	Tag 2	Tag 3
Vormittag	1 Block	1 Block	2 Blöcke
Nachmittag	1 Block	2 Blöcke	2 Blöcke
Spätnachmittag	- frei -	- frei -	1 Block
Abends ab 22	Evtl. 1 Stunde Wdh./lernen	Evtl. 1 Stunde Wdh./lernen	Evtl. 1 Stunde Wdh./lernen
Gesamt-arbeitszeit	3-4 Stunden	5-6 Stunden	7-8 Stunden

1. Tag: Setze dich für zwei Stunden an den Schreibtisch und beschäftige dich mit den Unterlagen. Auch wenn du anfangs nicht das Gefühl hast, produktiv zu sein, bleib am Schreibtisch und lies oder lerne! Gut. Die erste Etappe ist ausgehalten. Am Nachmittag wiederholst du das Spiel und platzierst dich wieder für zwei Stunden am Schreibtisch. Dann hast du es für heute geschafft.

2. Tag: Nun erhöhst du dein Soll auf 3 Blöcke á 2 Stunden.

3. Tag: Nun solltest du das Pensum wählen, dass du als hundertprozentige Lernzeit definieren möchtest.

Trick 17: Die wichtigsten fünf Minuten des Tages

Noch einfacher zu bewerkstelligen, ist der folgende Tipp: Setze dich morgens mit einem überschaubaren Ziel kurz an den Schreibtisch. Arbeite nur fünf Minuten an deiner wichtigsten Aufgabe. Dieser Trick wirkt Wunder, denn für fünf Minuten hat man eigentlich immer Zeit. Was dabei passiert, ist faszinierend:

- In den fünf Minuten definierst du, was deine Hauptaufgabe ist oder schreibst fünf Lösungsmöglichkeiten für ein kniffliges Problem auf oder überlegst dir eine mögliche Grobgliederung deiner Hausarbeit. Nach diesen fünf Minuten hast du verblüffenderweise oft mehr erreicht, als an manchen Tagen, an denen du es bis zum Abend nicht einmal bis zu diesen wichtigen Schritten geschafft hast.

- Meist wirst du aber länger sitzen bleiben. In einer gewissen Art verzettelst du dich - nur diesmal zu deinen Gunsten: Denn nun bleibst du bei deiner Hauptaufgabe hängen - nicht beim Aufräumen oder im Internet. Und das ist doch äußerst positiv! Diese „Verlängerung" ist als kleine List durchaus beabsichtigt, wenn du deinen ISH zunächst nur für fünf Minuten Arbeit überredest. ☺

- Solltest du tatsächlich nach genau fünf Minuten aufhören - dein Gehirn wird das nicht tun: Es arbeitet im Unterbewusstsein weiter an der Aufgabe und wird im Laufe des Tages weitere Informationen sammeln. Nun bleibst du bei einer Zeitungsmeldung hängen, die sich auf dein Thema bezieht, horchst bei einem Radio-Bericht auf oder fragst einen Freund beiläufig, wie er ein ähnliches Projekt damals in Angriff genommen hat.

Der wichtigste Effekt dieser „Fünf-Minuten-Methode" ist, dass du dem hinterlistigen Frosch das Schlupfloch verbaust, durch das er normalerweise flieht. Selbst wenn du früh eine Vorlesung oder einen Termin hast: Fünf Minuten sind immer vorhanden! Der Management-Berater Al Secunda meint sogar, dass dich selbst 15 Sekunden intensiver Beschäftigung bei deinem Ziel weiterbringen. Durch diese 15 Sekunden sensibilisiert, fällt man andere Entscheidungen: Man achtet genauer auf seine Ausgaben, lässt das dritte Stück Schokolade weg oder überwindet den Neid und fragt den Kommilitonen, warum er sich Zahlen so gut merken kann. Rufe dir daher morgens als erstes deine Ziele ins Gedächtnis – Sie werden dich durch den Tag leiten!

> **Test it - *Die Morgen-Meditation:*** Genieße ruhigen Gewissens die Trägheit nach dem Aufwachen. Schließe noch einmal die Augen, atme tief durch und denke an das, was du heute vorhast. Du durchlebst den Tag im Voraus und dir fallen vielleicht Dinge ein, die du noch vorbereiten oder mitnehmen wolltest. Einige geplante Tätigkeiten und Termine kannst du noch einmal hinterfragen. Denke ein paar Sekunden an eine wichtige Aufgabe, definiere genau das Problem oder eine Frage, die es zu klären gilt. Wähle aus drei durchdachten Alternativen einen Lösungsansatz aus, den du im Laufe des Tages versuchen willst.

Methode II_Die Stapelattacke - Bei unstrukturierten Aufgaben

Viele unübersichtliche Aufgaben vernebeln uns den Blick dafür, was als erstes angegangen werden müsste. Mit den „Stapelattacken" attackierst du den Aufgabenberg auf voller Front.

Die Arbeitsstapel-Attacke

Du hast einen Berg von kleineren Arbeiten zu erledigen, Rechnungen zu bezahlen, Post durchzusehen und keinen Plan, was zuerst angegangen werden sollte? Das kommt schon mal vor, wenn man länger abwesend war oder nach einer Klausurphase sich mal wieder anderen Dingen widmen muss. Manchmal macht es in diesem Fall wenig Sinn, lang zu planen – bei diesem Kleinkram braucht man fast mehr Zeit für die Planerstellung als für die Durchführung. Deswegen heißt es hier: Einfach irgendwo beginnen und alles unsortiert hintereinander bearbeiten. Ich nenne dies die „Arbeitsstapelattacke." So geht's:

- **„Ramschhaufen":** Schmeiß einfach alle Dinge, die es zu tun gibt - egal um was es sich handelt - auf einen Haufen und fang an, dich von oben nach unten durch diese Aufgaben zu arbeiten.

- **33% Papierkorb:** Mindestens ein Drittel dieser Aufgaben sollten in deinem Papierkorb landen, weil viele Dinge gewiss nicht mehr aktuell oder im Vergleich zur Größe des Stapels ziemlich unwichtig sind.

- **33% Soforterledigung:** Ca. ein Drittel der Dinge erledigst du sofort oder legst sie auf einen zusätzlichen Stapel.

- **33% Priorisieren:** Maximal ein weiteres Drittel des Stapels gehören nun zu der Goldmine, zu der du vordringen wolltest: Es sind die wichtigen Aufgaben, die dafür aber auch ein wenig komplexer und oft nicht sofort zu erledigen sind. Du musst nun Schwerpunkte setzen. Sofern es sich um Lernstoff handelt, gehe direkt zur „Lernstapelattacke" über.

Dein Ziel sollte es sein, am Ende des Tages den Stapel auf die wirklich wichtigen 33% umgeschichtet und alles andere, was dich sonst noch ablenken könnte, beseitigt zu haben. Schritt für Schritt reduziert sich der Stapel und steigert deine Motivation, weil du endlich angefangen hast, etwas Konkretes zu tun. Lieber erstmal ins Arbeiten kommen, als sich nur im Kreis zu drehen! Wenn das Kleinzeug erstmal weg ist, bist du ganz schnell bei den bedeutungsvollen Dingen. Es ist wie nach einem kurzen, heftigen Gewitter: Nun ziehen die Wolken wieder auf und die Konturen deiner bevorstehenden Hauptaufgaben sind klar erkennbar.

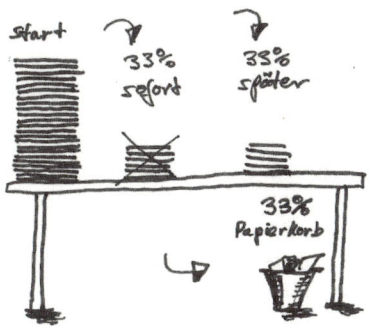

Die Lernstapelattacke

Die Lernstapelattacke funktioniert wie beim Arbeitsstapel: Wenn du vor einer überwältigenden Lernflut stehst und nicht weißt, wo du anfangen sollst, lege alle durchzusehenden Hefter und Bücher auf die eine Seite und leg los:

- Greife dir das erste Buch und scanne es oberflächlich: Worum geht es? Ist es hilfreich? Ist es gut strukturiert? Streiche an, welche Dinge du daraus lernen willst oder musst, ergründe den Aufbau des Buches und die Textstruktur und lies dich ein wenig in die Seiten ein.

- Dann nimmst du dir das nächste Buch vor und verschaffst dir einen Überblick. Klemme alle unwichtigen Seiten mit großen Büroklammern ab, um die Arbeitsmenge schon allein optisch zu reduzieren.

Dein Tagesziel sollte auch hier sein, den Stapel komplett umzuschichten und jedes Buch, jedes Skript und jede Mitschrift wenigstens einmal in der Hand gehabt und kurz bearbeitet zu haben.

Der Vorteil diese Vorgehensweise ist der Zeitdruck und der schnelle Überblick über den Stoff - Du reaktivierst Vorwissen oder bildest neue Wissensstrukturen, in denen neue Lerninhalte eingewoben werden können. Am nächsten Tag geht das Spiel von vorn los. Du dringst immer tiefer in den Inhalt vor, legst die wichtigsten Bücher obenauf und arbeitest entweder in diesem Wechselrhythmus weiter oder gehst zu einem Lernplan über.

Noch ein Trick, wenn du wenig, dafür zähes Material hast: Teile die Bücher und Themen auf und beginne einmal vorn, in der Mitte und im hinteren Teil des Buches. Das bringt erfrischende Abwechslung und das Gefühl vorwärts zu kommen, statt wie üblich nach den ersten Seiten stecken zu bleiben.

Beispiel: Ein Buch auswendig lernen

Du musst ein dickes Lehrbuch für eine Prüfung auswendig lernen. Es hat ca. 300 Seiten und zwölf Kapitel. Oft ist es nicht zwingend, stur von vorn nach hinten zu lesen, vor allem dann, wenn du die Grundlagen bereits aus der Vorlesung kennst. Auch in Anbetracht der Tatsache, dass man viele Bücher sowieso mehrmals lesen muss, kann es Sinn machen, das Buch in kleinere Teile zu gliedern:

- Trenne das Buch gedanklich in zwei Teile und bearbeite zunächst beide Teile unabhängig voneinander: Im ersten und zweiten Arbeitsblock beginnst du, das erste Kapitel des Buches zu lesen und fasst diesen Abschnitt im dritten Arbeitsblock schon einmal zusammen.

- Im dritten Arbeitsblock liest du an einem neuen Inhaltsabschnitt weiter, z.B. ab dem 7. Kapitel. Es spielt zunächst keine große Rolle, ob du alles auf Anhieb verstehst. Wenn du aber eine Ahnung hast, was weiter hinten steht, hilft dir das auch in den vorderen Buchteilen ein Verständnis für die Grundlagen zu bekommen. Zum anderen musst du diesen zweiten Teil nicht so intensiv erarbeiten, aber du beginnst das Feld zu erschließen und bildest Vorwissen, das dir bei der späteren Auseinandersetzung zum Verständnis hilft, wenn du es zum zweiten liest.

- Am Abend gehst du noch einmal die Aufzeichnungen durch und liest noch ein wenig selektiv im Buch, um die Gedanken zu verarbeiten.

Der Vorteil: Die Aufgabe erscheint nicht mehr so monoton, denn nun hast du statt einer Mammut-Aufgabe drei kleinere Teilaufgaben (Teil 1 lesen und zusammenfassen, Teil 2 schon einmal vorbereiten)

Methode III_Schlussregeln und Controlling – Sei dein eigener Chef

Die folgenden Tipps sollte jeder einmal ausprobieren. Besonders diejenigen, die unter Druck besser arbeiten können, werden deutliche Effekte verspüren.

Schluss mit keinen Schluss finden

Geht es dir auch so, dass du nur schwer in Gang kommst? Beim Lernen, der Arbeit, dem Training? Und einmal in Schwung gekommen, schießt du über das dir gesetzte Ziel hinaus, weil du nun die Versäumnisse der Anfangszeit nachholen willst? Dann gib dir verbindliche Schlussregeln, z.B.: „Um 21 Uhr die Lerngruppe verlassen, egal wie viel man geschafft hat." Oder: „Ich esse um 13 Uhr, bist dahin habe ich meine Recherche erledigt." Diese klare Ansage erzeugt künstlichen Druck, sodass du schneller durchstartest.

Zeit festhalten und kontrollieren („Controlling")

Jedes gut laufende Unternehmen hat eine Controlling-Abteilung, welche die Ressourcenverteilung überwacht und steuert. Sie teilt dem Management mit, wie gut oder schlecht es um die Erfüllung der Planung steht. Sei dein eigener Mitarbeiter und dein eigener Chef und berichte an dich selbst, wie produktiv du an diesem Tag warst. Drei bewährte Varianten:

- **Die „Stoppuhr":** Du kannst deine Arbeitsleistung steigern, indem du Anfangs- und Endzeit deiner Lernphasen aufschreibst. Bei vielen wirkt das als „Turbo-Methode", weil sie sich derart überwacht leichter motivieren können. Selbst wenn du inhaltlich nicht viel schaffst, hast du wenigstens das gute Gefühl, dich eine zeitlang mit dem Stoff auseinander gesetzt zu haben.

- **Zeit-Tagebuch:** Halte die Länge deiner Lerneinheit in deinem Terminkalender fest. Auf diese Weise bekommst du ein Gefühl für deine Produktivität und den tatsächlich geleisteten Arbeitsaufwand.

- **Das „Klassenbuch":** Vergib dir nach dem Zusammenrechnen deiner Arbeitszeiten am Ende des Tages oder der Woche Schulnoten. Bewerte deine gefühlte Zufriedenheit, die Quantität oder Qualität (Hast du das Pareto-Prinzip angewandt? Hast du Zeitfenster genutzt?) deiner Leistung.

Das Positive an diesen Techniken ist, dass du dir selbst eine **Rückmeldung** über deinen Lern- und Arbeitsfortschritt gibst. Dies ist in der universitären Umgebung, die sich mit Feedbacks sehr zurückhält, für deine Selbsteinschätzung und deine Motivation enorm wichtig.

Wie viele Stunden produktive Arbeitzeit sind realistisch?

Wir dürfen keine überhöhten Erwartungen an unsere Leistungsfähigkeit stellen. Oft haben wir viel vor; in der Realität ist man aber enttäuscht, dass man das Pensum wieder einmal nicht geschafft hat. Wie wir schon nachvollzogen haben, hat ein Tag von vornherein keine 24 Stunden, sondern nur ca. 12, in denen wir fit und aufnahmefähig sind. Nun wollen wir die realistische Netto-Arbeitszeit berechnen. Links siehst du meine Empfehlung: Ich denke, dass **sechs Stunden netto als Orientierung** eine gute Richtgröße ist, die man tatsächlich am Tag für die Uni aufbringen kann:

Richtwert: 6 h netto

4 Arbeitsblöcke (90 min) = 6 h
2 Pausen   (30 min) = 1 h
1 Mittagspause (60 min) = 1 h

+ Support/Feueralarm   = 2 h
Brutto: **10 h**

Entspricht Arbeitszeit von 9 - 19 Uhr

Turbo: 8 h netto

5 Arbeitsblöcke (ca.100 min) = 8 h
2 Pausen   (30 min) = 1 h
2 Essenspausen   (60 min) = 2 h

+ Support/Feueralarm   = 2 h
Brutto: **13 h**

Entspricht Arbeitszeit von 9 - 22 Uhr

In der Rechnung sind keine Störungen eingerechnet (dafür großzügige Pausenzeiten), sodass eine Arbeitszeit von sechs Stunden als realistisch angesehen werden kann. Für Prüfungsphasen kann man sich an der „Turbo-Rechnung" orientieren, aber solche Tage schafft man meist nur drei- bis viermal in der Woche. Übrigens: Es ist gar nicht schlimm, im Durchschnitt nur fünf Stunden täglich für die Uni aufbringen zu können (bei sechs Tagen wären das immerhin schon 30 Stunden) – Wenn du entsprechend produktiv arbeitest und dich immer auf das Pareto-Prinzip besinnst. Wir kennen es bereits, aber eine Wiederholung schadet nicht: Die Zeit reicht nie für alles, aber immer für das Wesentliche!

Methode IV_Der Ablenkung Einhalt gebieten

Da ich mich selbst nur zu gern ablenken lasse, habe ich ein kleines Sammelsurium an Methoden entwickelt, die das konzentrierte Arbeiten erleichtern. Ihnen gemeinsam ist das Verbannen der kleinen Dinge, die man ach so gern schnell noch erledigen möchte.

Aus den Augen, aus dem Sinn: Lege alle Zeitungen, Bücher und andere Dinge, die dich ablenken könnten weg - versteck sie regelrecht.

Diese Methode hat mir bei der Diplomarbeit geholfen. Da hatte ich einen 20 cm hohen Stapel mit „B-Literatur", der mich ständig anlachte. Ich hatte aber keine Zeit, ihn durchzuarbeiten. 20 cm - das hätte mich empfindlich aufgehalten! Dennoch war die Versuchung da ... Dies lenkte mich pausenlos ab, sodass ich kurzerhand den ganzen Stapel im Zimmer meiner verreisten Mitbewohnerin versteckte. Nach einiger Zeit, die Diplomarbeit war längst abgegeben, präsentierte sie mir fragend den Stapel, den sie beim Aufräumen gefunden hatte. Ich hatte ihn ganz vergessen – zum Glück, denn so hatte ich eine gute Woche gespart (!) – ohne Einfluss auf die Benotung. Für mich war das eine einprägsame Bestätigung des Pareto-Prinzips.

Die Träumekiste: In eine liebevoll ausgewählte Kiste kommen zettelweise all die Dinge, die du schon immer mal tun wolltest, aber momentan nebenrangig sind. Schreib deinen Wunsch oder die Idee auf und lege den Zettel zu den anderen in die Kiste. NACH der Lernzeit kannst du diese Schatztruhe dann öffnen und dir eine Belohnung aussuchen.

Störungen: Den dringenden Rat, Störungen und Ablenkungen zu unterbinden, kennst du bereits. Es versteht sich, dass alle drastischen Mittel erlaubt sind: Fernseher umdrehen, Telefonstecker rausziehen. Klar darfst du mit deiner Familie und deinen Eltern telefonieren, aber nur in den Pausen oder abends, wenn deine Produktivität sowieso im Keller ist. Am besten rufst du selbst an, dann kannst du den Zeitpunkt des Telefonats selbst bestimmen.

Flucht: Viele können in der Bibliothek besser arbeiten – die konzentrierte Atmosphäre beruhigt deinen Drang nach Ablenkung, da du siehst, dass es anderen ähnlich ergeht. Mach es dir zur Routine, deine Lernzeit wie ein Praktikum zu betrachten, an dem du morgens pünktlich erscheinst und deine Lernaufgaben abarbeitest. Je

nach Geschmack und Lerntyp bieten sich zwei ausgefeilte Fluchtoptionen an:

- **Die Isolationsmethode:** Wenn du dich gern verquatscht, suche dir eine fremde Bereichsbibliothek als „Tatort" aus. Du triffst dort kaum bekannte Gesichter und deine Aufmerksamkeit bleibt dort, wo sie hingehört – im Buch. Achte auf jeden Fall darauf, dass du die Kaffeepausen nicht zu lange mit anderen verbringst (Kaffeepause: max. 25min, Mittagspause max. 45min) – kurze Gespräche mit anderen sind gut und wichtig, um gegenseitig den Lernfortschritt einschätzen zu können und wichtige Informationen auszutauschen.

- **Verstecken:** Die zweite Methode könnte sein, für einige Zeit irgendwo ganz unterzutauchen, an einem Platz, an dem du dich wohl fühlst und gut lernen kannst. Das kann bei deinen Eltern auf dem Land oder das Wochenendhaus deines Onkels sein. Auch eine nette Idee: Meine Mitbewohnern (Medizinstudentin) ist vor den großen Prüfungen mit Kommilitoninnen drei Wochen ins Kloster gefahren, um dort zu lernen.

Verstecken

Methode V_Verbrüderung

Zur Durchschreitung von Motivationstälern hat es sich sehr bewährt, sich mit Leidensgenossen zu verbünden. Hier drei Routen für den gemeinsamen Marsch:

- **Eine Lerngruppe** versorgt dich mit zusätzlichen Infos, weil jeder andere Teile des Stoffes tiefer durchdrungen hat. Sie gibt emotionalen Halt und motiviert durch ihre Regelmäßigkeit an schlechten Tagen, wenn dich die anderen mitziehen! Die Lernzeit mit einer Lerngruppe kann sehr schön sein, wenn ihr vor den Lerngruppen gemeinsam kocht, euch mal im Café trefft oder hinterher ins Kino geht.

- **Arbeitsgruppen:** Mein anderer Mitbewohner hat ebenfalls wie die „Kloster-Frau" eine „Flucht-Verbrüderungskombination" angewandt, als er sich mit einem Kommilitonen jeden Morgen zum „Arbeitstag" in der Bibliothek getroffen hat. Dort sah man sie dann zwei Monate jeden Tag gemeinsam an einem Arbeitsplatz - regelmäßig und effizient, wie kaum ein anderer in der Bibliothek ...

- **Reporting:** Berichtet euch abends, was ihr erreicht habt und plant gemeinsam die Meilensteine für den nächsten Tag.

9. Kapitel: Strategien gegen Überforderung und Stress

Entlastung 1_Reduziere deine Rollen!

In deinem Studien- und Berufsleben hast du verschiedene Aufgaben und stehst mit verschiedenen Menschen in Kontakt. Soziologen sprechen hier von „Rollen", die wir einnehmen. Rollen schaffen Identität – es ist schließlich das, was du (zeitweise) bist und was du tust; z.B. Student, Praktikant, Sportler, Jugendwart, Musiker oder Selbständiger sein. Jede Rolle umfasst andere Ziele, Aufgaben und Verantwortlichkeiten.

Im Laufe des Lebens kommen immer mehr Rollen hinzu, wenn man sich von keinen verabschieden möchte. Viele haben da bereits im Studium Mühe, den Durchblick zu behalten. Sie sind Student und nebenbei in einem Verein aktiv. Sie sind vielleicht noch Sportler, haben einen ausgedehnten Freundeskreis/eine Familie/Partner sowie einen Nebenjob. Diese verschiedenen Rollen bringen ganz unterschiedliche Verpflichtungen und Ziele mit sich, die es zu koordinieren gilt.

Es ist daher wichtig, diese Dinge geistig zu erfassen und Prioritäten zu setzen. Gegebenenfalls müssen wir uns von unwichtigeren Dingen trennen, um voranzukommen: In allen Bereichen kann man auf Dauer nicht auf voller Drehzahl fahren, dann überhitzt das Getriebe. Auf der anderen Seite kann man auch nicht nur auf einer einzigen Zündkerze vorwärtsdackeln, wie wir mit den Lebensbatterien gesehen haben. In einer kontinuierlichen Auslastung liegt der Mittelweg. Suchen wir ihn:

🖋 ***Schritt 1:*** *In welche Kostüme (Rollen) schlüpfst du? Welche Schuhe ziehst du dir an? Schreibe sie alle auf ein Blatt Papier. Frage dich von wem du abhängig bist. Wer ist im Gegenzug von dir abhängig?*

🖋 ***Schritt 2:*** *Analysiere die Rollen: Wodurch kennzeichnet sich jede Rolle? Was geniest du an ihr? Was macht Probleme? Was würdest du am liebsten ändern?*

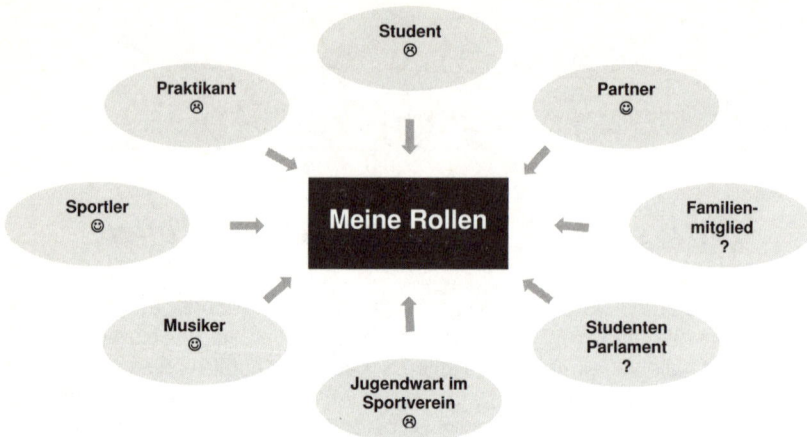

Versieh die Rollen mit Symbolen (☺/☹,**?,!**) um dir deine Einstellungen zu ihnen optisch zu verdeutlichen. So deuten die nach innen gerichteten Pfeile darauf, dass das alles Tätigkeiten sind, die Zeit und Aufmerksamkeit von dir verlangen. Die Bestimmung deiner Rollen bringt dir auch Aufschluss über:

- *Verantwortung:* Du bist in einem sozialen Netz verflochten und musst auf andere Rücksicht nehmen, ebenso wie du das von ihnen verlangst. Gewisse Rollen bringen Verpflichtungen mit sich, z.B. erwarten deine Vereinskameraden die Teilnahme an gemeinsamen Aktivitäten.

- *Prägung:* Ebenso werden wir durch unser soziales Umfeld auch in unserem Denken und Wertesystem geprägt. Wenn dir dies bewusst ist, kannst du gezielt einige deiner Annahmen hinterfragen. Vieles von dem, was wir schnell in eine Schublade stecken, würde ein anderer, außerhalb deines Bezugssystems ganz anders bewerten.

- *Getriebenheit:* Emotionale Abhängigkeiten von gewissen Personen können sich besonders tückisch auswirken, z.B. ein schlechtes Verhältnis mit den Eltern oder eine unüberwundene Exfreundin. Solche negativen emotionalen Abhängigkeiten solltest du regeln: z.B. durch eine Aussprache oder einen richtigen Krach als Blitzableiter für die aufgestaute Spannung bzw. die Erkenntnis, dass es besser ist ganz loszulassen. Tust du das nicht, kann jede Begegnung mit diesem Menschen dich sehr viel Nerven und Energie kosten.

✎ Schritt 3: Überlege, welche Rollen du wirklich willst und was passieren würde, wenn du unliebsame Rollen reduzieren/ganz abstoßen würdest.

- Reduziere die Anzahl deiner Rollen auf sechs. Wenn du ein paar Dinge weniger tust, hast du mehr Zeit und Energie für die wirklich wichtigen Rollen. Warum gerade sechs Rollen? Manche Autoren empfehlen sieben, aber ohne nähere Begründung. Ich habe es probiert und finde sechs Rollen übersichtlicher und leichter zu koordinieren. Außerdem ist man innerhalb der Rollen gezwungen mehr auf die 20% zu achten, die die Hauptsache ausmachen.

- Frage dich zur Reduktion: Was brauche ich nicht? Welche Rolle ist mir besonders unangenehm? Was würde passieren, wenn sie wegfiele? Kann ich die Konsequenzen vertreten?

- Fasse ähnliche Tätigkeiten zu übergreifenden Rollen zusammen: z.B. familiäre Beziehungen (Enkel, Tochter, Schwester), Partnerschaft und Freunde zu „Kontakt" (in Anlehnung an die Lebensbatterie) oder deine Tätigkeiten im „Studentenparlament" und im Sportverein zu Rolle „Ehrenamt."

- Vorsicht! Manche Dinge und Rollen sind nur sehr schwer bzw. gar nicht zu reduzieren: Selbst bei einer großen Schieflage in der Beziehung zu deinen Eltern, hast du in der Regel immer noch eine große emotionale Bindung zu ihnen. Diese kann man nicht einfach wegrationalisieren. Frage dich in solchen Fällen, was du tun kannst, um die Situation oder deine Einstellung zu bessern.

- Überlege dir, welche Dinge einen Großteil deiner Zeit erfordern, aber nur einen geringen Teil deines Erfolges ausmachen. Mit welchen dieser Tätigkeiten steigerst du die Chance auf mehr Einkommen? Mit welchen Dingen steigerst du deine Zufriedenheit? Brian Tracy, ein amerikanischer Selbstmanagement-Autor, spricht vom **Gesetz des Ersetzens**: „Wir werden nur Zufriedenheit und Erfolg haben, wenn wir aufhören, Dinge zu tun, die nicht so wertvoll und wichtig sind, wie das was du alternativ tun kannst: Du hast ohnehin bereits viel zu tun und zuwenig Zeit. Bestimmte Dinge verlieren nun mal im Laufe des Lebens ihre Bedeutung bzw. andere Dinge werden wichtiger. Damit man etwas Neues beginnen kann, muss man etwas Altes aufgeben!"

✎ Schritt 4: Was ist dein größter Wunsch? Bei welchen Tätigkeiten gehst du so richtig auf? Was ist das wichtigste Ziel in der nächsten Zeit? Du kannst neue Inspiration in dein Leben setzen, wenn du dir eigens für diese Tätigkeiten eine Rolle zugestehst.

Ich hatte eine zeitlang eine Rolle als „Explorer" definiert, die es vor meinem eigenen Bewertungssystem rechtfertigte neue Wege zu gehen und mich für Sachen zu interessieren, die zunächst nichts mit meinen bisherigen Zielen und Rollen zu tun haben. So habe ich nur aus Neugier für ein Stipendienprogramm nach China beworben: Ich wollte einfach mal schauen, was passiert. Das Stipendium habe ich zwar nicht bekommen, dafür aber viel über das Land gelernt und einen Chinesischkurs besucht. Ohne diesen spontanen Weg wäre mir dies verborgen geblieben. Inzwischen brauche ich eine Rolle als „Explorer" nicht mehr, da ich diese Eigenschaft verinnerlicht habe: Ich weiß, dass es sich lohnt neue und unkonventionelle Wege zu gehen.

✎ Schritt 5: Konkretisiere jede Rolle: Gib dir einen Namen und eine konkrete Eigenschaft für jede Rolle.

- Wie ist dein Selbst- oder Wunschbild in Bezug auf jede einzelne Rolle? Gib ihr einen guten Namen und eine konkrete Eigenschaft, die den Kern dieser Rolle trifft und die dich motiviert, deinem Wunschbild näher zu sein. Z.B.:

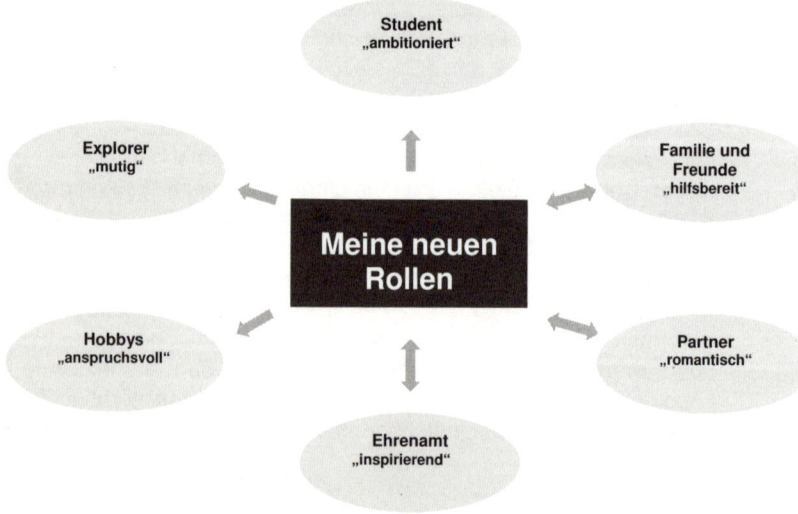

Die Darstellung zeigt ein mögliches Ergebnis der Rollenanalyse. Du hast dir diese Rollen nun bewusst gewählt und definiert, was du von ihnen willst. Die nach außen zeigenden Pfeile symbolisieren: Ohne deinen Einsatz, deine Richtungsbestimmung und deine Initiative geht nichts voran. Du musst diese Dinge proaktiv nach vorn treiben, sonst erreichst du die Ziele dieser Rollen nicht. Die Doppelpfeile symbolisieren hingegen eine Interaktions-Beziehung: Hier kannst du nicht seigenbestimmt entscheiden, sondern bist Teil eines sozialen Gefüges, das Einfühlungsvermögen und Berücksichtigung anderer Interessen voraussetzt.

✐ Schritt 6: Schreibe ein kleines Leitbild für jede Rolle und/oder definiere konkrete Aufgaben/Prozesse, die diese Rollen beinhalten!

- Es ist wichtig, sich darüber klar zu werden, welche Eigenarten in jeder Rolle entscheidend sind, denn sie können jeweils ganz unterschiedlich sein: Deine Eigenschaft enorm unterhaltsam zu sein, ist vielleicht sehr inspirierend für deinen Freundeskreis, aber mitunter in einer anderen Rollensituation (Praktikum, Studienprüfung) total unangebracht. Auch Zusätze wie „ambitioniert" oder „anspruchsvoll" helfen, deine ehrgeizigen Ziele in den Mittelpunkt zu stellen oder erinnern dich, deine Freizeit mit sinnvolleren Tätigkeiten zu verbringen, als Reality-Shows und Talk-Sendungen zu glotzen.

- Notiere alternativ konkrete Aufgaben für jede Rolle. Was sind die Teilziele, was die Herausforderungen?

Das Modell der Lebensrollen ist ein Analyseinstrument, das dir einen Überblick über deine Aktivitäten und Aufgaben im Studium, Berufs- und Privatleben verschafft. Je früher du diesen Überblick hast, desto gerüsteter bist du für neue Aufgaben und kannst schneller zukünftige Rollen annehmen, weil du Klarheit bei deinen jetzigen erzielt hast.

Entlastung 2_Drück mal auf die Bremse!
Acht Arten den Tag entspannter anzugehen

Zwar habe ich mich im letzten Kapitel geoutet, dass ich zuweilen meinen Motor nur schwer in Gang kriege. Aber einmal auf Tour, gebracht überkommt mich der Ehrgeiz und mich möchte am liebsten full speed durch meine Projekte rasen. Doch wie auf der richtigen Straße erwarten dich rote Ampeln, 30iger Zonen und andere Verkehrsteilnehmer. Auch die eigene Karosse fängt an zu klappern und zu überhitzen, wenn du nicht ab und an einen Gang runterschaltest. Ein paar Ideen, verkehrsberuhigte Zonen zu schaffen ...

Ausgleich von verschiedenen Geschwindigkeiten

Auch wenn sich ein wenig Druck positiv auf unsere Arbeitsergebnisse auswirkt, auf die Dauer wird Druck zu Stress und Stress zu Unzufriedenheit. Es ist daher wichtig, Druck- und Arbeitsphasen echte Entspannungszeiten entgegenzusetzen. Veredle deine Zeit, durch die Mischung verschiedener Geschwindigkeiten: Wechsele anspornende, dafür zeitlich begrenzte Arbeitseinheiten (Prinzip der erzwungenen Effizienz) mit chilligen Erholungszeiten ab, in denen du dir ruhigen Gewissens Zeit für Hobbys und Freunde nimmst. Denke an deine Lebensbatterien: Wie ein 5-Zylinder laufen sie nur gut, wenn alle Batterien Leistung erbringen. Erholungspausen sind wie kleine Ölwechsel, nach denen der Motor wieder richtig rund läuft!

Nicht abschalten können: Das „Kassenprinzip"

Gehörst du zu denjenigen, die es nicht schaffen, Freizeit und Arbeitszeit zu trennen? Ackerst du Tag und Nacht ohne wirkliche Entspannungspausen? Dann möchte ich einen kurzen Test mit Dir machen:

Frage A: *Stell dir vor, du gehst zu einem Musical, merkst aber vorm Theater, das du deine 25 Euro teuren Karten auf dem Schreibtisch vergessen hast. Umzudrehen macht keinen Sinn mehr, die Vorstellung beginnt gleich und bis nach Hause brauchst du eine Stunde. Was tust du? Kaufst du dir eine neue Karte?*

Frage B: *Würde es etwas ändern, wenn du die Karte noch nicht gekauft, sondern 25 Euro Bargeld verloren hättest?*

Studien haben ergeben, dass sich viele Menschen im Fall A keine neue Karte kaufen würden, denn das Budget für „Freizeitausgaben" ist mit 25 Euro schon empfindlich belastet worden - mehr Geldverlust verträgt die „Freizeit-Kasse" in ihrer Wahrnehmung nicht. Im Fall B würden sie dagegen die Karte kaufen, denn die verlorenen 25 Euro kommen aus der volleren Gesamtkasse, für die noch keine spezifische Verwendung vorgesehen ist.

Diese Trennung von mehreren gedanklichen Kassen kann man sich auch für die Zeiteinteilung zu Nutze machen:

Ich zählte zu den Hypermotivierten und rödelte bis spät abends. Wenn Freunde oder meine Freundin abends anriefen, hatte ich keine Zeit für sie. Nachdem ich in einem Marketingkurs dieses Kassenexperiment kennen gelernt hatte, richtete ich mir gedanklich eine „Arbeitszeit- und eine Freizeitkasse" ein: Ich nahm mir vor, tagsüber möglichst viel meines Zeitbudgets in meine Arbeitszeitkasse einzuzahlen, aber ab 20 Uhr bevorzugt die Freizeitkasse zu füllen. Damit hatte ich ein klares Entscheidungskriterium, bei spontanen „Störungen": Wenn mich nun abends ein Kumpel anrief, um mit mir einen Trinken zu gehen, ging ich mit. Passierte mir das in der Uni, dann versuchte ich das auf den Abend zu vertagen. Der Fokus lag zwar immer noch auf „Leistung", ich konnte aber flexibler reagieren und musste meine Freunde nicht mehr vertrösten, nur weil ich mir einbildete, „keine Zeit" zu haben.

Eine lupenreine Strategie: Fokussierung

Wenn es dir öfters passiert, dass du zu viele Bälle gleichzeitig jonglieren musst, hast du wohl ein Problem, dich auf Dinge festzulegen und dich auf wenige Dinge zu konzentrieren. Du hast als Kind sicher mal mit einer Lupe versucht, ein Blatt Papier anzubrennen. Das Licht wäre dazu allein zu schwach. Werden aber seine Kräfte durch die Krümmung des Glases gebündelt, entfaltet das Licht die enorme Fähigkeit ein Feuer zuentzünden! Diese Kräftebündelung ist das Prinzip der Fokussierung auf eine Sache.

Der Schlüssel zu einem erfolgreichen Zeitmanagement liegt in der Konzentration auf die wirklich wichtigen Prioritäten und einem konsequenten Handeln nach diesen Prioritäten! Deswegen müssen wir uns sowohl zeitlich als auch inhaltlich fokussieren (Einschränkung der Aspekte, die wir innerhalb eines Themas betrachten).

Das „Zu-Spät-dran-sei-Syndrom"

Kommst du immer auf den letzten Drücker? Nennt man dich „den letzten Moment"? Weil du vor dem Termin oder der Vorlesung noch schnell eine Kleinigkeit erledigen wolltest, und das mal wieder länger gedauert hat? Löse dich von diesem Zwang, immer noch „schnell" was erledigen zu müssen. Wenn du meinst, unbedingt die letzte Minute ausnutzen zu müssen, dann versuche eher kleine Dinge an dem Ort zu verrichten, an dem du den Termin hast. Z.B. kannst du die drei bis vier Minuten, die du zu früh bei einer Vorlesung bist für eine SMS, die Tageszeitung oder ein wenig Vorbereitung nutzen.

Ein psychologischer Geheimtrick: Stell deine Uhren zwei bis drei Minuten vor, so wirst du immer etwas vor der Zeit alarmiert, deine Sache zu packen und loszumarschieren. Zwar weißt du, dass deine Uhren manipuliert sind, aber dein Unterbewusstsein sieht: „5 vor 3" – Ich muss zur Vorlesung, auch wenn du noch acht Minuten Zeit hast. Ein Puffer, der mich oft vor bösen Professorenblicken gerettet hat! ☺

Sich zuviel aufgeladen haben

Oft will man zum Beginn des Semesters „so richtig durchstarten" und legt sich mit diesem Schwung noch drei bis vier andere Tätigkeiten (Sprachkurs, Mitarbeit bei der Semester-Fete, etc.) mit in den Zeitkorb. Nachdem die Anfangseuphorie verflogen ist und diese Dinge immer mehr Aufmerksamkeit von dir verlangen, merkst du, wie dir die Fäden aus der Hand gleiten und der Druck auf den Schultern steigt. Für diesen Fall sehe ich drei Strategien:

- *Selektion:* Selektiere genau, was jetzt wirklich wichtig ist und beschränke dich auf diese Aufgaben.

- *Anspruch senken:* Die zweite Möglichkeit, eventuell doch alles unter einen Hut zu kriegen ist es, deinen Anspruch zu senken und die Dinge weniger intensiv zu betreiben. Also statt 4x Training, nur 2x. Statt intensiv Spanisch zu lernen, sich zunächst mit sechs Unterrichtsstunden und 100 Vokabeln zufrieden geben. Nicht auf eine 1,0 sondern auf eine 2 lernen.

- *Effizienter werden:* Der Druck zwingt dich, dir neue Wege anzueignen, dich auf die zielgerichtete Lernstrategien und Handgriffe zu konzentrieren und energiegeladener an die Dinge heran zu gehen.

I like to move it!

Oft stressen wir uns zu sehr in die Dinge herein, zerbrechen uns den Kopf, machen uns unnötig Sorgen. Geh raus, entspanne dich, lass es von dir abfallen. Bei einem Spaziergang siehst du die Welt mit anderen Augen. Die frische Luft fördert die Klarheit deiner Gedanken. Oder du powerst dich richtig aus. Stress produziert Anspannung, die am Schreibtisch nicht abgebaut wird. Das ist langfristig schlecht für's Herz und führt zu Verspannungen, Rücken- und Nackenschmerzen. Warum gibst du deinen Muskeln nicht die Chance, sich durch intensive Anspannung zu entkrampfen und seine biologische Programmierung (Stress = Flucht/Kampfbereitschaft = körperliche Anstrengung) abzuspulen? - Durch Sport! Das tut dir nicht nur körperlich, sondern auch geistig gut: Kein Mensch kann sich ernsthaft vor

Prüfungen ängstigen oder sich Sorgen wegen überfordernder Aufgaben machen, während er Tennis spielt oder Ski fährt. Riesige Problemberge werden durch körperliche Anstrengung zu Maulswurfshügeln, die du durch neue Ideen und Tatendrang nach der Rückkehr zum Schreibtisch einebnest.

Die Anklage wird fallengelassen - Entlastungsfragen

Wir kommen zurück auf die Tugend 1 – „Annahmen hinterfragen". Diese Tugend hilft uns erheblich im Zeitmanagement, denn wir können auch einige Dinge hinterfragen, die wir uns aufgehalst haben:

Hinterfrage deine Aufgaben!	
Warum überhaupt?	→ Aufgabe gar nicht erst machen
Warum ausgerechnet jetzt?	→ Verschieben oder in Träumekiste
Warum ich?	→ Aufgabe abweisen oder delegieren
Warum auf diese Art und Weise?	→ Produktivität erhöhen, effizienter machen, anders machen
Warum nicht?	→ Löse dich von selbst auferlegten oder von anderen gesetzten Beschränkungen

Hinterfrage immer wieder die Dinge, die dir in deinem Kopf umherschwirren: Muss das Projekt wirklich heute Abend fertig sein? Hast du gerade tatsächlich keine Zeit für deine Freundin? Muss jeder von deiner Präsentation begeistert sein?

Die Ladestation für deine Lebensbatterien

Ich habe festgestellt, dass es tagsüber leichter fällt, sich der vielen „Ich muss noch ..." - Gedanken zu entziehen und die richtigen Entscheidungen zu treffen, wenn während der eigenen „Tagesschau" alle fünf Lebensbatterien mit einbezogen werden. Stelle dir daher jeden Abend diese Fragen:

- Habe ich heute mein Leistungspensum erreicht?

- Habe ich meinem Körper Energie zugeführt?

- Habe ich in meine Beziehungen investiert?

- Habe ich mich entspannt und den Tag genossen?

- Habe ich die wichtigen Prozesse effizient gesteuert?

Mit diesen fünf Fragen im Hinterkopf ist die Versuchung geringer, den letzten Saft aus der Leistungsbatterie herauszuquetschen. Denn erst wenn du vier von fünf Fragen mit „ja" beantworten kannst, war es ein sehr erfolgreicher Tag. Drei Fragen zu bejahen sollte immer das Tagesziel sein!

Besser abschalten & einschlafen

Besser runterkommen, besser einschlafen, besser die Ruhe bewahren:

Visualisierung: Böse Gedanken und Hemmfaktoren visualisieren und in der Phantasie vernichten. Die bösen Gedanken verbrennen, im Aktenvernichter zerhäkseln, wie eine Wolke vorbeiziehen lassen oder von der Tafel abwischen.

Entspannungsübungen: Es gibt einige gute Methoden wie Autogenes Training, progressive Muskelentspannung und Tai Chi.

Ablenkung: Hilft mir beim Einschlafen - sich einen Vogel vorstellen, der durchs Traumland fliegt. Die Snowboardstrecke in Gedanken abfahren. Versuchen, sich an alle Türen zu erinnern, durch die man am Tag gegangen ist.

Konzentration auf eine Sache: Wenn dir deine derzeitige Aufgabe zu viel ist: kurz durchatmen, nur ein Detail vornehmen und lösen. Dann das Nächste.

Wutzettel: Schreibe die Sachen, die dich beschäftigen oder wütend machen auf einen Zettel und zerknülle ihn ordentlich.

Aussprechen: Halte eine „gedankliche Sprechstunde" mit einem fiktiven Freund: Diskutiere dein Problem mit ihm und entwickelt einen Lösungsvorschlag.

Vorlaufzeit: Abschalten funktioniert nicht auf Knopfdruck. Höre deswegen eine Stunde vor dem Schlafengehen mit der Arbeit auf und gönne dir noch ein paar Minuten mit kleinen Entspannungsritualen: lesen, Tee trinken, Musik oder ein Hörspiel hören.

Kühler Kopf und warme Füße: Lüfte ordentlich durch, sodass du bei ca. 18℃ einschläfst. Medizinstudis wissen: kalte Füße sind nicht nur unangenehm, sondern auch erkältungsfördernd: Dick einpacken, Fußbad oder Socken helfen.

Besser aufwachen: Eine Schlafphase dauert ca. 1 ½ h. Rechne für die Weckzeit ein Vielfaches dessen, z.B. 5 Schlafphasen = 7 ½ h. Dann klingelt der Wecker nicht in einer Tiefschlafphase und du kommst morgens leichter hoch.

Entlastung 3_Die inneren Antreiber vertreiben

Hinter Stress und Panik stecken meist innere Antreiber - Anforderungen, die wir (oft unbewusst) an uns selbst richten und versuchen, entsprechend zu handeln. Da die Antreiber meist nicht von uns selbst erzeugt, sondern von unserem Umfeld geprägt werden, resultiert der Versuch, diesen Anforderungen gerecht zu werden, in Stress. Diese inneren Stimmen schleichen sich zum Teil schon in der Kindheit in unser Unterbewusstsein ein. Dementsprechend schwierig ist es, sie aus unserem Unterbewusstsein heraus zu bekommen. Ein erster Schritt in diese Richtung: Werde dir bewusst, wer dich in deinem Köpfchen immer wieder ermahnt und stresst:

„Sei perfekt!": Wenn du auf diesen Stresser in dir hörst, versuchst du alles 120% zu liefern. Du magst nur qualitativ hochwertige Arbeit abgeben, hast aber große Angst davor Schwäche zu zeigen, weil du glaubst dich so angreifbar zu machen. Das Problem: Du findest den Ausstieg nicht. Du nimmst jedes Detail genau unter die Lupe und verzettelst dich dann irgendwann bei ganz überflüssigen Aufgaben. Ergründe einmal die Ursachen und versuche die Stimme wahrzunehmen, die dich treibt. Woher kommt sie? Was will sie? Wovor hat sie Angst? Arbeite mit ihr, arbeite an dir. Frage dich immer, welcher Perfektionsgrad für welches Problem angemessen ist. Und: Übe das Pareto-Prinzip!

„Mache es allen recht!": Ist dies dein Sklaventreiber, gehst du (zu) sehr auf die Menschen deiner Umgebung ein. Du erhoffst dir durch deine Anpassungsfähigkeit eine Vermeidung von Konflikten, Anerkennung und die Sympathien anderer Menschen. Leider wirst du oft abgelenkt und dein Handeln wird inkonsequent, weil du versuchst niemanden zu enttäuschen. Viele Aufgaben hinterfragst du zu wenig, das Neinsagen fällt dir ganz besonders schwer. Mache dir immer wieder deine Strategie bewusst und behalte deine Pläne im Auge. Konsequenz und Mut, ist das, was du brauchst!

„Beeil Dich!": „Immer höher, schneller, weiter" könnte dein Motto sein, wenn dich dieser Antreiber hetzt. Du bist ständig in Bewegung, stehst total unter Strom. Dir fällt es schwer, einfach einmal abzuschalten und ein bisschen die Seele baumeln zu lassen. Es muss immer irgendetwas los sein. – Was um Himmels willen sollst du denn tun, wenn du mal Leerlauf hast? Die Balanceprinzipien und die Lebensbatterien sind das richtige Pflaster für dich: Mach dir immer

wieder bewusst, dass auch Ruhe und Entspannung wichtig sind. Plane bewusst, Zeit zum Nichtstun („chillen") ein!

Um deinen Antreibern und deinen Zeitkrankheiten auf die Spur zu kommen, benötigst du die Fähigkeit, dich selbst zu erforschen und die selbst gesetzten Annahmen zu hinterfragen – Oft ist genau das gar nicht so einfach, wenn diese Annahmen von den Eltern oder einem zu erwartungsvollen Umfeld eingetrichtert wurden. Besinne dich immer wieder auf dich, deine Wünsche, deine Persönlichkeit und deine Strategie. In dich hineinzuhorchen und dein Handeln an deinen Bedürfnissen und deinem Tempo anzupassen, ist das heilsamste Mittel gegen diese drei und weitere Sklaventreiber. Oft dauert es lang bis man sie unter Kontrolle bringt. Aber manchmal haben sie auch positive Effekte: z.B. Gründlichkeit, Verantwortungsgefühl und rasches Arbeiten. Nutze sie daher an den passenden Stellen und löse sie an den unpassenden Stellen durch gezieltes Hinterfragen auf.

*Versuche einmal, deine inneren Antreiber gegeneinander auszuspielen: Musst du z.B. einen Praktikumsbericht schreiben und willst das möglichst perfekt machen? Aber was heißt „möglichst **perfekt**"? Hoch gestochene Sprache, und gestelzte Formulierungen? Versuche es doch auch einmal **DIR Recht zu machen**, indem du direkt und persönlich mit eigenen Worten erzählst, was du gemacht und was du dabei gelernt hast. Der Antreiber „Beeil Dich" kann dich in die richtige Richtung lenken, indem er drängt, die schnellste Lösung für dein Problem zu finden (→ Siehe Entscheidungstechniken „Der einfachste Ausweg").*

Privatpraxis
„survival-guide"
Mr.M.Krengel

Sprechstunden:
Mo-Fr 9-18 Uhr

Anti-Stress-Rezepte

☐ Abends oder am Wochenende mal die Uhr ablegen, das Telefon ausschalten und den Mitbewohnern sagen, dass man schläft. Die Ruhe für eine wichtige Aufgabe oder zur Entspannung nutzen.

☐ Zeit zum Nichtstun oder zum Denken einplanen: Was bewegt mich? Was stresst mich? Was war schön am Tag?

☐ Kleine Zeichnungen aufs Papier malen, aus dem Fenster starren, einen Kurzschlaf oder den Tratsch in der Mensa. Das ist gut für eine kleine Erholungspause. Nach 10-15 Minuten Pause sind die Gedanken klarer.

☐ Gönn dir ab und an die „kleinen Erlauber" die du dir gegeben hast: Der ausgiebige Einkauf, das Treffen mit Freunden, das Ausschlafen am Sonntag. Du bist keine Maschine, sondern ein Mensch!

☐ Finde die Abwechslung zwischen Anspannung und Entspannung. Zwischen konzentriertem Arbeiten an einer Sache und dem Erledigen verschiedener Dinge. Dein Geist und Körper kann nicht immer auf Abruf mit Hochleistung funktionieren, deswegen ist es in solchen Phasen nur schlau, erst einmal die kleinen Dinge zu erledigen, die vielleicht nicht ganz so wichtig sind, aber auch wegmüssen!

Entlastung 4_Zeitiges Beginnen von Tätigkeiten

In drei Tagen ist Klausur! Es ist mittlerweile vier Uhr nachts und du prügelst dir immer noch den Lernstoff rein. Die einzigen Freunde, die dich unterstützen sind vier Dosen „fliegender Rinder" und zwei Tafeln Schokolade. Schaust du morgens in den Spiegel, glaubst du, deinen dreißigsten Geburtstag verpennt zu haben. Nach wackelig bestandener Klausur schwörst du dir: „Nie wieder!"

Wenn wir vorausblicken, denken wir „Ach, ich hab noch so viel Zeit ...." Fangen wir aber konkret mit einer Sache an, vergeht die Zeit „wie im Fluge" und wir hecheln ihr hinterher, um irgendwie unsere Aufgaben zu erfüllen. Man rechnet nicht mit Unerwartetem, Änderungen oder Verzögerungen. Deswegen plant man zu optimistisch, packt sich den Terminkalender voll und wundert sich, wenn man nicht einmal die Hälfte dessen schafft, was man sich vorgenommen hat. Gegen diesen Zustand ist das zeitige Anfangen eine Präventivstrategie, zumal Dinge einfacher von der Hand gehen und sich Probleme schneller lösen. Wie das? - Wir machen uns damit die **selektive Wahrnehmung** zunutze: Schreibst du z.B. eine Hausarbeit über den Mobilfunk, hörst du nun bei einem Radiobeitrag über neue Prepaid-Karten auf, fragst nach, wenn sich jemand über sein Handy beschwert und bist plötzlich umgeben von Informationen zum Thema. Diese waren vorher auch schon da, nur hast du sie nicht aktiv wahrgenommen, weil dein Gehirn diese Informationen als nicht „überlebenswichtig" eingestuft und damit ausgeblendet hat. Ein Teil der Informationssuche fliegt dir so von selbst zu. Ferner hat man Zeit, Ideen zu sammeln, die Struktur zu überdenken oder Dinge besser zu machen:

Aus diesem Grund wollte ich erst die zweite Version meiner Diplomarbeit abgeben, nachdem Version 1 überdacht und mit Freunden diskutiert war. Eine gute Entscheidung, denn nach einer kurzen Pause war meine „Betriebsblindheit" verflogen und ich erkannte mit wieder gewonnenem Abstand Ungereimtheiten und kleine Fehler, die ich mitten im Prozess mit Herzblut verteidigt hätte!

Normalerweise schieben wir Aufgaben immer bis kurz vor Abgabetermin auf die lange Bank. Aber was ist, wenn sich plötzlich eine Job-Gelegenheit bietet oder du jemanden kennen lernst, den du aber auf die Zeit nach der Prüfung vertrösten müsstest? Besser ist es, seinen Kram schon fertig zu haben. Also lieber gleich loslegen und sich vor der Klausur nur noch mit Wiederholungen und Details beschäftigen. Es ist sogar mal vorgekommen, dass wir mit unserer Lerngruppe gelangweilt ins Kino gingen, weil wir alle Themen bereits mehrmals durchgekaut hatten.

10. Kapitel: Entscheidungen treffen

Wir treffen täglich eine Reihe von Entscheidungen: Was wir zum Mittag essen sollen? Ob wir zum Training gehen? Wen wir anrufen sollen? Viele von uns haben schon bei diesen kleineren, alltäglichen Fragen eine Entscheidungsschwäche: Die Wahl des richtigen Restaurants oder eine Kaufentscheidung beim Shoppen kann dann eine kleine Ewigkeit dauern. Neben diesen Alltagsentscheidungen gibt es die „harten Nüsse", die einiges an Nerven kosten: Welches Hausarbeitsthema soll ich nehmen? Soll ich ins Ausland gehen? Wohin?

Ob große oder kleine Alternativen, nur die wenigsten von uns sind geborene Entscheidungsprofis. Und Entscheidungen können eine lange Zeit in Anspruch nehmen. Sie belasten emotional, bescheren schlaflose Nächte und lenken ab, wenn wir eigentlich auf etwas anderes konzentriert sein sollten. Die Fähigkeit, schnelle und sichere Entscheidungen zu treffen, ist für mich daher ein integraler Bestandteil der Zeitsouveränität - Gerade auch vor dem Hintergrund, dass man in den Fällen, in denen sich Kairos zeigt, oft rasch eine Entscheidung treffen muss.

Überlasse Entscheidungen nicht dem Zufall

Entscheidungen bringen Klarheit und beenden diffuse Zustände. Mit einer Entscheidung legt man sich fest und sorgt für Eindeutigkeit. Dazu bedarf es einer „Entschlossenheit", mitunter ebenfalls gut klingende Optionen zugunsten einer anderen zu verwerfen. Du wirst entlastet, weil du über Alternativen nicht mehr nachzudenken brauchst.

Manche Entscheidungen erledigen sich von selbst – bei langem Zögern sind die guten Referatsthemen alle weg. Es bleiben nur noch die unangenehmen Themen. Möchtest du das wirklich? Oder wäre es nicht besser gewesen, sofort zu zugreifen? Du hättest vielleicht nicht das Beste, aber dafür immer noch ein gutes Thema bekommen. Entscheidungen sollte man nicht zu lange aufschieben. Wenn du zeitig mit der Entscheidungsfindung beginnst und verschiedene Informationsquellen anzapfst, hast du eine bessere Grundlage. Einmal entschieden, kannst du dich bereits der Realisation widmen und das zu einem Zeitpunkt, wenn sich andere noch mit dem Gedanken quälen.

Unterscheiden, um (nicht) zu entscheiden

Du hast es sicher bereits gemerkt, dass ich gern Dinge kategorisiere und näher strukturiere. So auch bei dem Thema der Entscheidungen, denn die Unterscheidung von drei Arten von Zielbeziehungen bringt Klarheit in viele Unterscheidungssitutionen und hilft die richtige Vorgehensweise zu wählen. Unterscheide daher mit mir Ziele, die sich gegenseitig unterstützen, Ziele die du unabhängig voneinander verfolgen kannst und Ziele, die miteinander in Konflikt stehen:

Zielbeziehung	Erklärung	Implikation
Zielharmonie 	Die Verfolgung eines Zieles begünstigt ein anderes Ziel. *Die Ziele „reisen", „eine Sprache lernen" und „networken" werden alle durch einen Sprachkurs erfüllt. Studierst du sogar im Ausland, kannst du dich auch fachlich weiterbilden und Leistungen evtl. anrechnen lassen.*	Viele Dinge, die wir tun, können wir von einem "entweder-oder" zu einem "sowohl-als-auch" transformieren. → *Nutze die Synergieeffekte und mache zwei Aufgaben gleichzeitig!*
Zielneutralität 	Ein Ziel beeinträchtigt ein anderes nicht. *Sport treiben und studieren schließt sich nicht aus, da du in deinen langen Pausen aktiver abschalten kannst und motivierter an den Schreibtisch zurückkehrst.*	Du glaubst, für manche Dinge keine Zeit zu haben? Es gibt aber jede Menge Sachen, die du gleichzeitig erledigen kannst. → *Takte Zielneutralitäten durch geschickte Planung*
Zielkonflikte 	Ein Ziel steht einem anderen im Wege oder die Verfolgung eines Ziels hindert das andere. *Geld für ein eigenes Auto zu sparen und viel zu verreisen ist ein klassischer Zielkonflikt, weil man um dieselbe Ressource „Geld" kämpft.*	Bei manchen Dingen geht leider nur ein „entweder-oder". → *Wir müssen zwischen zwei Optionen entscheiden* → *Manchmal gibt es einen Fluchtweg: Immer dann, wenn wir die Möglichkeit haben, zwei Dinge zeitlich hintereinander zu schalten.*

Vom „Entweder-oder" zum „Sowohl-als-auch"

Eine typische Entscheidungssituation ist die Wahl zwischen zwei Handlungsalternativen. Normalerweise denkt man, dass man sich für eine Alternative entscheiden müsste. Mit der Dreiteilung in Zielharmonien, - neutralitäten und –konflikten möchte ich zeigen, dass man nur in einem von drei Fällen eine wirkliche „Entweder-oder" Entscheidung treffen muss. Du erreichst nämlich oft mehr, wenn du stattdessen eine „Sowohl-als-auch" Lösung anstrebst, mit der du zwei oder mehr Dinge miteinander verbinden kannst.

Zielharmonien: Synergiepotentiale erschließen

Viele Sachen, die wir tun, fördern sich gegenseitig: Wenn wir gute Noten erwirtschaften, steigern wir unser Selbstwertgefühl, haben bessere Chancen auf einen Job und bekommen vielleicht auch einen kleinen Bonus von den Eltern. Bist du fit in Bildbearbeitung, kannst du diese Fähigkeiten ebenso in deinem Studium zum Einsatz bringen und Studienarbeiten optisch aufwerten. Treibst du gerne Sport, steigert das dein allgemeines Wohlbefinden und vielleicht auch deine Kondition in Vorlesungs-Marathons. Suche bewusst nach Tätigkeiten, die gleichzeitig einer anderen Sache dienen. Wir kennen dieses Prinzip bereits aus dem Abschnitt „Pflicht, Kür und Positionierung", in dem wir versucht haben, die Schnittmenge deiner Freizeit- und Studienaktivitäten möglichst groß werden zu lassen:

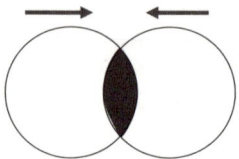

Wähle deine Tätigkeiten so, dass die Schnittstelle zwischen beiden möglichst groß ist!
Die Schnittstelle symbolisiert deine gesparte Zeit

Das Merkmal von Zielharmonien ist es also, dass eine Sache gleichzeitig einer anderen dienlich ist. Diese so genannten Synergieeffekte sind aber nicht immer offensichtlich. Du musst bewusst deine Entscheidungsfreiräume nutzen, um auf solche Zielharmonien hinzuarbeiten. Ein Beispiel:

Trotz einer intensiven Prüfungsphase wollte ich bei einem Essay-Wettbewerb mitmachen. Ich beschloss, nur einen Tag von meiner Lernzeit für das Essay zu opfern, für das ich eigentlich 1 ½ Wochen eingeplant hatte. Für Recherche blieb demnach keine Zeit. Ich überlegte also, was mich an dem Thema „Herausforderungen des Wachstums" am meisten interessierte. Aha, Entwicklungspolitik. Ich hatte dazu eine Vorlesung gehört. Aber nur den

Vorlesungsstoff wiederzugeben, war weder besonders spannend noch sehr erfolgsversprechend. Plötzlich fielen mir Parallelen zu meinem aktuellen Lernstoff „Kulturforschung" auf. Bingo! Ich kombinierte den Stoff beider Vorlesungen; Der Titel „Entwicklungspolitik aus der Perspektive der Kulturforschung." Nach zwölf Stunden fiel ich mit grob fertigen Essay und dem Gefühl, etwas geschafft zu haben ins Bett. Der Rückgriff auf das bestehende Wissen in Kombination mit der Vorbereitung auf die Prüfung hat die Entscheidung „Essay schreiben oder lernen" von einer „Entweder-oder" zu einer „Sowohl-als-auch" Entscheidung transformiert. Eine sehr schöne Erfahrung. Seitdem fasse ich kaum noch etwas an, was nur einer Sache dient. Stattdessen versuche ich, gleich mehrere Dinge miteinander zu kombinieren.

Suche konsequent nach Zielharmonien. Versuche, möglichst viele Fliegen mit einer Klappe zu schlagen! Das bringt dich nicht nur schneller voran, sondern verschafft dir in der Regel auch bessere Arbeitsergebnisse, weil du nach der Managerregel „Stecke mehr Zeit in deine Arbeit, als Arbeit in deine Zeit" handeln kannst.

Brauchst du einen neuen Computer? Soll es ein Laptop oder ein stationärer Computer sein? Du kannst beide Vorteile „Mobilität" und „angenehmes Arbeiten" erreichen, wenn du zum Schlepptop eine Tastatur und Maus kaufst und den Monitor auf eine Anhöhe stellst. (Lege hierzu einfach vier dicke Bücher unter den Laptop, dann ist der Monitor in etwa in Augenhöhe). Sieht vielleicht nicht ganz so schick aus, dafür bist du mobil und arbeitest ergonomisch.

Zielneutralität: Eine Frage der Taktung

Viele Dinge stehen nebeneinander, ohne sich stark zu beeinflussen. Dies ist der zweite Grund, warum der Mittelweg zwischen Arbeiten und Leben möglich ist: Entweder du verbindest beides zu Synergien oder du taktest deine Tätigkeiten durch geschickte Planung nebeneinander, sodass sie sich nicht gegenseitig im Wege stehen. Erinnerst du dich, dass du Lern- und Pausenzeiten im Wechsel planen solltest, weil du Regenerationszeiten brauchst, um wieder voll einsatzfähig zu sein? Am Tag solltest du z.B. mindestens einen zwei Stunden-Block haben, an dem du nicht arbeitest. Das sind schon mindestens 14 Stunden in der Woche, die du für deine Hobbys, Sport, Freunde und zum Relaxen hast. Noch ein weiterer Block war für Support-Tätigkeiten geblockt, in dem du andere Projekte nach dem Effizienz-Prinzip vorantreiben kannst, egal ob es sich um eine Bewerbung oder das Putzen deiner Wohnung handelt.

Die Entscheidungssituation ändern/ihr entfliehen

Wir haben anhand der Zielharmonien und neutralen Zielbeziehung gesehen, dass nicht jede Entscheidung eine wirkliche Entscheidung ist, sondern eher eine Frage der Anpassung oder einer geschickten Taktung. Manchmal kann man auch versuchen, die Vorteile zweier Alternativen zu einer Dritten zusammenführen:

So standen wir bei dem bereits beschriebenen Marketing-Award vor zwei gut durchdachten konzeptionellen Ansätzen, zwischen denen wir uns nicht entscheiden konnten. Bei dem einen war die Idee sehr gut, bei dem anderen die entwickelten Produkte witziger. Wir lösten das Problem, indem wir die witzigste Produktidee der zweiten Alternative in das erste Konzept integrierten, um die Stärken beider Ansätze zu vereinen.

Eine andere Möglichkeit bei einer Patt-Situation ist, nach einer weiteren, dritten Alternative zu suchen:

Wir waren kürzlich in Barcelona, und hatten Pech mit unserer Pension: Unser Zimmer war viel zu klein für zwei Personen und die Alternative ein größeres Zimmer zu buchen, zu teuer. Kurzerhand entschlossen wir uns, die Pension ganz zu kündigen und suchten eine dritte Alternative: Wir fanden sogar ein vierfaches „Sowohl-als-auch": Günstiger Preis + Platz + eigenes Bad + mitten in der Innenstadt.

Es gibt ein jüdisches Sprichwort, das den Nagel an dieser Stelle ganz gut auf den Kopf trifft:

„Hast du zwei Alternativen zur Auswahl, nimm die Dritte!"

Dieses Sprichwort leitet mich bei allen Entscheidungssituationen, an denen ich hänge, wenn ich mit den Alternativen nicht zufrieden bin. Ich frage mich dann: Was ist die dritte Alternative? Muss ich neu danach suchen oder ist ein Umwandeln der Alternativen in Zielharmonien möglich?

Zielkonflikte: Die „echten" Entscheidungsfälle

Manchmal ist eine dritte Alternative nicht in Aussicht und die Umwandlung in Zielharmonien nicht möglich. In diesen Fällen haben wir es mit einer „echten" Entscheidung zu tun. Hierbei handelt es sich um Zielkonflikte, z.B. wenn es darum geht, innerhalb eines Semesters eine vernünftige Zahl an Aktivitäten und Vorlesungen zu selektieren. Zumindest für die Hochmotivierten kann das eine Schwierigkeit sein, wenn sie sich aus Interesse bei zu vielen Vorlesungen freiwillig einschreiben oder zu viele ehrenamtliche oder Freizeitverpflichtungen nebenbei anstreben. Sie sind dann mitten in der „Multioptionsfalle" gelandet, in der man sich verzettelt und viele Sachen nur halb macht, statt wenige richtig.

Ebenso musst du dich im Alltag vor zuvielen neuen Aufgaben und kleinen Gefallen wehren, sonst verlierst du deinen Fokus, achtest nicht mehr auf deine Strategie und wirst unzufrieden, denn:

Ein „Ja" zu allem ist ein Nein zu sich selbst.

Was heißt das? Greife ich zu viele Aufgaben auf, will ich alles auf einmal - und dann möglichst perfekt - erreichen? Dann bin ich wohl ein klarer Fall des „Ja" zu allem: Ich bin immer überall, tanze auf allen Partys und weiß eigentlich gar nicht, ob es das ist, was ich eigentlich wirklich mag. Gründe für diese Überladung können viele sein: Angst jemanden zu enttäuschen, anderen oder sich selbst etwas beweisen wollen, etc. Deswegen ist es wichtig, ab und zu Grenzen zu ziehen und auf sich und seine Wünsche zu hören!

Eine „echte" Entscheidung ist immer eine Entscheidung gegen etwas anderes!

Manchmal erscheinen uns zwei Alternativen gleichwertig. Gerade dann muss man den Mut fassen und für Klarheit sorgen! Beide Varianten bringen Vorteile mit sich, die wir jeweils nicht missen möchten. Aber hier wählen wir zwischen zwei Alternativen mit positiven Konsequenzen - keine Entscheidung ist daher eine schlechte Entscheidung! Mach es nicht wie der Esel, der zwischen zwei saftigen Heuhaufen steht und sich nicht entscheiden kann, welchen er fressen soll! Der arme Esel ist verhungert, du aber hast noch alle Möglichkeiten, Schlimmeres zu verhindern!

Wichtige Teilaspekte von Entscheidungen

A-B-Stop: Die Abbruch-Regel

Etwas zu entscheiden, bedingt immer eine Abwägung zwischen der Menge der Informationen und der Zeit, die für ihre Beschaffung benötigt wird. Bedenke, dass fast alle Entscheidungen unter Unsicherheit getroffen werden. Es gibt oft keine ideale Lösung oder sie steht in keinem Verhältnis zum Aufwand, den man aufbringen müsste, um sie zu finden. Deswegen muss es Kompromisse geben, um überhaupt eine akzeptable Lösung zu finden. Zwar sollte man gründlich alle Kosten-Nutzen-Aspekte abwägen, aber irgendwann sollte man zu einem Ergebnis gelangen. Edward de Bono, die britische Kompetenzadresse für Denken, Entscheiden und Kreativität, hat das mit einer sehr einleuchtenden Grafik visualisiert:

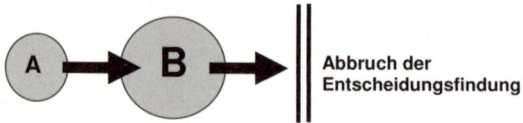

Von einer Alternative, A, von der wir noch nicht so zufrieden sind, fangen wir an, nach besseren Alternativen zu suchen. Wir finden eine solche Alternative, B, die augenscheinlich besser als A ist. Nun wird es aber unwahrscheinlicher, dass wir mit vertretbarem Aufwand noch eine passendere Variante finden als B. Denn wir haben schon eine gewisse Zeit gebraucht, um überhaupt zu B zu kommen. An dieser Stelle noch nach der perfekten Lösung C zu suchen, die wir vielleicht nie finden würden, wäre Zeitverschwendung. In dem Moment, in dem uns bewusst wird, dass wir mit B gut dran sind, sollten wir deshalb die Entscheidung fällen!

Die Suche nach der perfekten Lösung würde oft irrational viel Zeit beanspruchen, sodass es nicht vertretbar ist, ewig zu suchen. Man kann nicht alles überblicken und manche Dinge klären sich erst nach einer gewissen Zeit. Ein japanisches Sprichwort bringt das auf den Punkt:

> *„Es gibt keine falschen Entscheidungen,*
> *nur neue Informationen.“*

Übung: Beobachte dich einmal in Entscheidungssituationen. Wann ist der Punkt erreicht, an dem du einen Überblick über verschiedene Alternativen hast und die Wahrscheinlichkeit stark sinkt, die perfekte Lösung zu finden?

Eine Entscheidung optimieren

Viele Dinge kann man nach getroffener Entscheidung noch nachbessern. Die gesparte Energie des Weitersuchens kannst du lieber dafür verwenden, die noch bestehenden Mankos von B abzuschwächen:

> *Du suchst eine WG und hast bereits zehn Wohnungen gesehen. Die Optimale ist nicht dabei. Nun kommst du zu einer WG, die sehr zentral und dennoch günstig ist. Die Mitbewohner sind super nett. Nur sind die Wände etwas heruntergekommen und eigentlich wolltest du ein möbliertes Zimmer. An dieser Stelle könntest du, statt noch eine Woche weiter zu suchen und wahrscheinlich keine wesentlich bessere Wohnung zu finden, deine Energie darauf verwenden, das Zimmer neu zu streichen und neu einzurichten. Sicher wolltest du mit einem möblierten Zimmer etwas Zeit und Geld sparen, aber sieh das als Chance. Denn nun hast du die Gelegenheit, dich neu einzurichten und es dir so richtig gemütlich zu machen.*

Es gibt noch einen weiteren Grund, warum wir lernen sollten, gute und schnelle Entscheidungen zu treffen: Wer schnell und sicher entscheiden kann, gewinnt Zeit und hat die Chance bei möglichen Fehlentscheidungen noch rechtzeitig gegenzusteuern.

Es geht nicht emotionslos: „Durchdachtes" Bauchgefühl

Unsere Gefühlswelt macht Entscheidungen oft schwer, weil sie nur diffus greifbar ist. Dass Gefühle ein gehöriges Wort beim Entscheiden mitzureden haben ist nicht schlimm, aber wir sollten unseren Bauch erst dann entscheiden lassen, wenn wir alle Fakten auf dem Tisch und alle Alternativen gründlich bedacht haben. Wenn uns unsere Entscheidungskriterien nicht bewusst sind (Mentale Modelle), besteht die Gefahr, dass wir voreingenommen urteilen oder wichtige Faktoren ausblenden. Somit legen wir uns hinderliche Beschränkungen auf. Zudem verselbstständigen sich in manchen Situationen leicht die Gefühle. Entscheide deswegen niemals aus einer emotionalen Laune heraus, ergründe lieber die Ursache deines Empfindens. Ist die nötige Distanz erreicht, ziehst du die Konsequenzen.

Es geht nicht darum, emotionale Entscheidungen zu verbannen, im Gegenteil, sie haben auch einige Vorteile: So gibt es für manche Kriterien keinen rationalen Beurteilungsmassstab. Es steckt viel implizites Wissen hinter „gefühlten Entscheidungen", das man nicht direkt benennen kann. Das sollten wir nutzen! Somit sind intuitive Entscheidungen sogar oft schneller! Bei kleineren, unwichtigeren Entscheidungen können wir daher intuitiv entscheiden und die Kraft der Emotion nutzen (siehe Kasten):

Das Entscheidungsspiel: Bei vielen kleinen Dingen hilft die „Besser oder Schlechter"-Methode. Vielleicht willst du deiner Freundin ein süßes Stofftier kaufen - Doch selbst wenn es ein und dasselbe Produkt sein sollte, sind alle etwas verschieden: Der eine hat Fell in den Augen hängen, der andere lächelt etwas mehr, der dritte wäre perfekt, wenn nicht die Nase schief säße ... Bevor du nun eine Stunde vor dem Jahrmarktstand stehst, lass die Stofftiere zum Entscheidungsspiel antreten. Nimm die ersten Beiden und vergleiche ganz aus dem Bauch heraus: Ist der links oder der rechts niedlicher? Rechts bleibt, links geht. Nun tritt der nächste gegen deinen Favoriten an. Auf diese Weise fällst du subjektiv, aber schnell eine Entscheidung.

Bei komplexen Entscheidungen kommt man allerdings ohne ein systematisches Vorgehen nicht weiter. Eine Entscheidungsfindung aus dem Bauch heraus wäre zudem schwer zu vermitteln, denn die Akzeptanz leidet ohne treffende Argumente. Dies hindert dich an der Entscheidung, aus der Angst heraus, andere könnten es nicht verstehen – was in diesem Fall völlig verständlich ist. Mit guten Argumenten wärst du wesentlich entschlossener und könntest die Entscheidung nachvollziehbar machen. Darüber hinaus bleiben ohne bestimmte Annahmen und Kriterien gefällte Entscheidungen bei einer Fehlentscheidung ein Rätsel, da du nicht weißt, wie sie zustande gekommen sind. Du könntest nicht aus deinen Fehlern lernen. Brian Tracy sagt nicht zu unrecht, dass jedem Scheitern eine falsche Annahme zugrunde liegt. Welche ist das?

Wir sollten also weder blind auf unseren „Bauch" vertrauen, noch gegen unser Gefühl entscheiden! Richtig ist es, unsere Entscheidungen zunächst mit (rationalen) Informationen zu füttern, Argumente abzuwägen, zu hinterfragen und zu gewichten, um eine gute Entscheidungsgrundlage zu haben. Haben wir alle Aspekte der Entscheidung durchleuchtet können wir nun unser Gefühl entscheiden lassen!

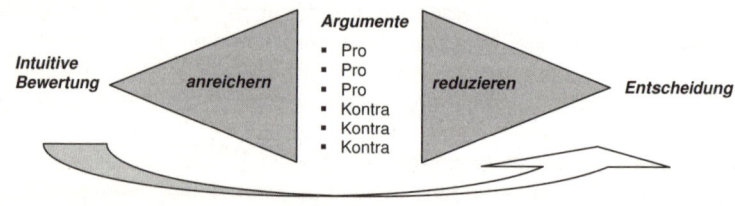

Der Entscheidungsprozess: Gewichte und sammle erst Informationen und Argumente, reduziere dann anhand definierter Hauptkriterien. Dein erster Eindruck wird somit hinterfragt und du gelangst zu überlegteren Entscheidungen.

In fünf Schritten zur Entscheidung

1. Schritt: Die Fragestellung formulieren. Jede Entscheidung bedingt eine bestimmte Frage: Wie lautet diese? Je klarer und präziser du diese Frage formulieren kannst, desto besser. Liste Teilfragen und Bedingungen auf, von denen die Beantwortung der Hauptfrage abhängt.

2. Schritt: Die Ziele abgleichen. Welche Ziele verfolgst du mit der zur entscheidenden Sache? Wie stehen diese im Zusammenhang mit deinen übergeordneten Zielen? Gibt es verdeckte Ziele, die du anderen nicht gern erzählen möchtest? - Hoffst du durch das Auslandsstudium einen flotten Italiener kennen zu lernen? Das ist total legitim (auch wenn du das deinen Eltern nicht erzählen wirst). Wenn du für dich entscheidest, muss das alles auf den Tisch – es schaut dir in dieser Phase niemand zu. Ziele, die du nicht angehst, kannst du auch nicht erreichen!

3. Schritt: Lösungsmöglichkeiten generieren. Es gibt immer mehr als einen Ausweg für dein Problem: Finde sie! Dies hat viel mit emotionalem Abstand, Auflösung von Mentalen Modellen und Kreativität zu tun. Stehst du im Patt zwischen zwei möglichen Lösungen, finde einen Ausweg oder eine dritte Lösung.

4. Schritt: Konsequenzen voraussehen/tragen. Welche langfristigen Folgen und Konsequenzen hätte die Entscheidung? Welche Wechselwirkungen hat das mit anderen Zielen? An der Höhe der Konsequenzen kannst du auch die Wichtigkeit der Entscheidung prüfen: Sind die Konsequenzen gering oder gibt es nach der Entscheidung noch einen Rückweg? Wenn ja, fällt die Entscheidung leichter.

5. Schritt: Entscheiden und prüfen. Entscheidungen solltest du zum Abschluss „emotional erden." Wie fühlst du dich mit der Entscheidung? Gut? Wenn der Schuh doch etwas drückt, dann musst du noch mal ran. Prüfe die „Notausstiege" (Backup-Möglichkeiten) der Entscheidung – das nimmt deren Endgültigkeit. Sollte zu irgendeinem Zeitpunkt begründbar das Gefühl aufkommen, die falsche Entscheidung getroffen zu haben, kannst du den Notfallplan aus der Tasche ziehen.

Das Grundmuster ist also bei den meisten Entscheidungen gleich: Fakten sammeln, diese gegeneinander abwägen und nach der Entscheidung nicht vergessen, diese auch umzusetzen.

Nützliche Hilfe: Ein Entscheidungsplan

Mach Dir als Hilfe einen Entscheidungsplan. Das ist idealerweise ein einfaches DIN-A-4 Blatt, das die wichtigsten Eckdaten des Entscheidungsprozesses festhält:

Was gibt es zu entscheiden? Was ist das Ziel der Entscheidung?

Welche Informationen brauchst du dafür?

Woher bekommst du die Informationen? Wer kann dir helfen?

Bis wann möchtest du entschieden haben?

Restriktionen: Welche Restriktionen hast du (Zeit, Geld)?

Entscheidungstechniken

Entscheidungstechniken geben unserem Handeln eine Richtung, weil sie unsere Aufmerksamkeit auf ein bestimmtes Kriterium lenken. Die Komplexität einer Entscheidung wird durch diese „Ankerung" reduziert. Im Folgenden stelle ich dir acht gut handhabbare Entscheidungstechniken vor, die ihre Stärken in verschiedenen Situationen entfalten. Natürlich kannst du die Techniken auch kombinieren.

Abgleich mit langfristigen Zielen/Prioritäten

Bei dieser Methode entfaltet deine Strategie-Karte ihre Kraft, denn das Entscheidungskritierum sind deine Ziele. Du hast bestimmt, was dir wichtig und was unwichtig ist. So kannst du z.B. spontanen Prioritäten vorbeugen und Alltagsentscheidungen begründbar machen:

Neulich gab es an unserer Uni zwei Vorträge: Zum einem war der bayrische Innenminister da, um einen politischen Vortrag zu halten, zwei Tage später gab es einen Film mit anschließender Diskussion zum Thema „Wein." Beide Sachen klangen interessant, aber ich hatte nur wenig Zeit. Also glich ich beide Angebote mit meiner Strategie ab: Beim Innenminister konnte ich keine Schnittstellen zu meinen langfristigen Zielen feststellen - sicher interessiert mich Politik, aber das ist bei nahenden Abgabetermin für mein Manuskript absolut zweitrangig. Ich entschied mich für den Film, weil ich bereits Erfahrungen im Gastronomie-Marketing gesammelt habe und mir gut vorstellen kann, mal mein eigenes Café zu gründen. Das Wissen um den Wein passte also in meine Pläne.

Wenn man sich genau überlegt, was man will und welches die Kriterien sind, kann man schwierige Entscheidungen eindeutiger machen. Ebenso entkommen wir dem Vakuum und der Dringlichkeitsfalle, da die kurzfristig verlockenden Angebote den langfristig orientierten „Strategie-Test" bestehen müssen.

Kosten-Nutzen-Aspekte

Die Kosten-Nutzen-Dimension ist ein sehr einfaches, vielfältig anwendbares Entscheidungs- und Bewertungskriterium: Versuche herauszufinden, was dich eine Entscheidung „kostet" und was sie dir bringt. Springt letztendlich mehr dabei heraus, als das, worauf du verzichtest, bist du auf dem richtigen Weg.

Analysiere mit folgender Entscheidungstabelle deine Alternativen: Schreibe zu beiden Varianten deine Pro- und Kontraargumente auf. Dinge, die du nicht bewerten kannst sind interessante Punkte oder „Fragezeichen", die sich im Laufe der Zeit klären oder neutral bleiben.

	Alternative 1	Alternative 2
Pro (Nutzen)		
Kontra (Kosten)		
Interessante Punkte/ „Fragezeichen"		

Du kannst diese Sammlung auch gewichten (z.B. wenn dir ein Aspekt besonders wichtig ist) oder einfach nach der Menge der Pro- und Kontra-Argumente auswählen. Das Kriterium bei dieser Methode ist also deine subjektive Bewertung der Vor- und Nachteile („Nutzen und Kosten") einer Situation.

Bei der zweiten Entscheidungsmatrix bestimmst du, inwieweit deine Alternativen von dir definierten Kriterien entsprechen, z.B. bei einem Autokauf (Skala von 1-5, 5 ist am Besten):

	Alternative 1	Alternative 2
Preis	3	4
Leistung	4	1
Sicherheit	3	2
Design	1	3
Extras	2	-
...		
Summe	_13_	_10_

Opportunitätskosten prüfen

Das „Opportunitätskosten-Kriterium" ist eine große Hilfe bei Entscheidungen. Das Kriterium sind hier deine zur Verfügung stehenden Alternativen („Opportunitäten"). Wir hatten bereits diskutiert, dass Entscheidungen oft Entscheidung gegen etwas anderes sind und dass man den **Preis für eine Entscheidung zahlen** muss. Gegen welche Alternative entscheidest du dich? Wie hoch ist der Preis dafür (Was gibst du auf)?

Die Opportunitätskosten des Praktikums in den Sommerferien sind dein entgangener Urlaub. Andersherum sind die Opportunitätskosten des Urlaubs das Praktikum, das Geld und die Erfahrungen, die du machen könntest.

Opportunitätskosten sind immer zweiseitig betrachtbar, weil man sich immer den Preis der anderen Variante anschaut. Wie viel ist dir welche Alternative wert? Ist der Nutzen der einen Alternative höher als der andere? Dies ist eine subjektive Bewertung, doch sie bringt dennoch Klarheit:

Die Opportunitätskosten für den Besuch des Seminars sind das entgangene Eis im Sonnenschein. Zum Semesteranfang mag der Genuss des Eis für dich einen höheren Wert haben als die Vorlesung. Kurz vor der Klausur sind die Opportunitätskosten für das Eis enorm hoch: Wenn es die letzte Vorlesung vor der Prüfung ist und der Professor noch ein paar Tipps für die Klausur gibt.

Den Begriff Opportunitätskosten kann man auch wörtlich nehmen, um finanzielle Entscheidungen zu treffen:

Du hast z.B. eine Marken-Tankstelle direkt um die Ecke, die im Schnitt 2 Cent teurer ist als die No-Name Tanke, die aber 15 Minuten entfernt liegt. Lohnt sich der Weg? - Das hängt von deinen Opportunitätskosten ab: Hast du z.B. einen flexiblen Job und bekommst für jede Stunde 6 EUR Stundenlohn könntest du in der halben Stunde Mehrweg zur Tankstelle 3 EUR verdienen – du sparst indes nur 60 Cent (30 Liter Tankfüllung mal 2 Cent). Deine Opportunitätskosten sind also 2.40 EUR bzw. die entgangene Freizeit. Ist deine Zeit generell knapp bemessen ist die Entscheidung eindeutig, oder?

Die Zufalls-Methode

Bei dieser Methode lässt du ganz den Zufall entscheiden: Wirf eine Münze oder würfle deine Entscheidung aus. Diese sehr simple Methode nutzt aus, dass Menschen einmal gefällte Entscheidungen rechtfertigen. Wende diese Methode in Situationen an, in denen es wichtig ist, überhaupt eine Entscheidung zu fällen, als die richtige Entscheidung zu treffen. Einmal entschieden, versuche die positiven Aspekte dieser Entscheidung zu sehen und dich mit ihr anzufreunden. Diese Methode hat noch etwas für sich: Fühlst du dich nach der Zufallsentscheidung sichtlich nicht wohl, weißt du, dass du diese Variante insgeheim nicht wolltest.

Die Methode des einfachsten Auswegs

Je länger ich diese Methode kenne und desto öfter ich im Alltag Entscheidungen treffen muss, desto nützlicher erscheint sie mir. Sie hat deine Bequemlichkeit bzw. den geringsten Aufwand als Kriterium. Es gibt bei kleineren Sachen tausend wichtigere andere Sachen zu tun, als sich an Entscheidungen aufzuhalten. Frage dich also: „Was ist die naheliegenste/ einfachste bzw. stressfreiste Lösung?

> *Ihr seit in einer fremden Stadt, dein Liebster will ein Eis essen, du willst aber noch weiter shoppen. Aber ein Eis wäre dir auch recht, nur darf es nicht zu lange dauern. Der einfachste Ausweg an dieser Stelle: Einfach das erstbeste Eiscafé auswählen, ohne lange, wie sonst üblich, zu suchen und abzuwägen.*

Die Ideale-Variante-Methode

Im Gegensatz zur vorherigen Methode suchst du bei dieser Methode nach der perfekte Variante – in Gedanken jedenfalls. Du malst dir in deiner Phantasie aus, welches die Traumvariante wäre und schreibst diese kurz auf. Dies ist deine Messlatte, an der du die tatsächlich existierenden Alternativen bewerten kannst. Diejenige Alternative, die am nächsten an deine nicht existierende Traumvariante herankommt ist dein Favorit!

> *Mein Ideal vom Auslandssemester war, an einer reputierten Uni zu studieren, Englisch zu lernen, sowie reichlich Beach&Party zu genießen. Die UCLA in Los Angeles verband all dies, doch sie war nach dem Scheitern in dem Bewerbungsprozess nicht mehr erreichbar. Die am nächsten herankommende Alternative war eine Zweiteilung: Ich ging an die europaweit bekannte Uni St.Gallen, von der ich bereits die guten Studien- und Lebensbedingungen kannte (eine halbe Stunde bis zum Bodensee, eine Stunde auf die Skipiste). Zusätzlich buchte ich noch eine Summer-Session (sechs Wochen) an jener UCLA und hatte in diesen beiden Auslandsstationen die Zeit meines Lebens. Ich war hinterher froh, nicht von meinem Traum abgewichen zu sein und keine unserer Partnerunis gewählt zu haben. Das wäre zwar weniger Aufwand gewesen, lag aber wesentlich weiter von meiner Idealvariante entfernt.*

Eine Abwandlung dieser Methode ist die „Das beste Zuhause"-Methode. So wie Blumen ihren Platz in einem schön dekorierten Zimmer oder ein

Fußballer seinen Platz in seinem Team hat, so hat auch jede Idee ihr Zuhause:

> *Du hast z.B. eine super coole Idee für ein Referat, richtig bunt und kreativ. Leider ist der Professor sehr konservativ und mag eher nüchterne Vorträge. Dieses Seminar ist also offensichtlich nicht das beste Zuhause für diese Idee, auch wenn sie zweifelsfrei gut ist.*

Ebenso kannst du nach der gründlichen Exploration deiner Stärken und Schwächen abwägen, welches Arbeitsumfeld/ welcher Arbeitgeber dir das beste Zuhause bietet: Kannst du deine Potentiale gut ausnutzen und wirst du dort als Mensch behandelt und gefördert?

Der Über-Nacht-Test

Mit dem Über-Nacht-Test sind nicht die ausgeweiteten Lernstunden mit der Kommilitonin zu verstehen, sondern der altbekannte Ratschlag, nach einer getroffen Entscheidung erst einmal darüber zu schlafen. Wie fühlt sich die Entscheidung am nächsten Tag an? Kannst du gut damit leben? Oder hast du ein mulmiges Gefühl? Dann musst du noch mal ran und deine Ziele neu ausloten, mehr Informationen sammeln, Ratschläge einholen. Das Prüfkriterium deiner Entscheidungen ist also deine Gefühlswelt.

Ein abschließender Hinweis: Letztendlich nehmen dir diese Gedanken und Hilfsmittel eine schwierige Entscheidung nicht ab. Sie lenken und fokussieren deine Aufmerksamkeit aber auf bestimmte Aspekte und Kriterien, sodass du die Entscheidungssituation besser durchdringen kannst. Mit der Zeit werden sich einige dieser Gedanken einschleifen. Du triffst dann wahrscheinlich immer noch keine perfekten Entscheidungen in zehn Sekunden, aber du steigerst dein Niveau bei der Entscheidungsfindung und machst sie nachvollziehbarer.

Teil E:

DIE AUSRÜSTUNG: ORDNUNG & ORGANISATION

Ordnung in deinem Umfeld = Ordnung in deinem Kopf. Nach dieser Faustformel versucht dieser Teil ein wenig Struktur in dein Equipment zu bringen, denn viele Studizimmer sind voll gestopft mit unnötigen Informationen, fossilen Erinnerungen und Dingen, für die es weder Zeit noch Verwendung gibt. Man verbringt täglich etliche Minuten damit, diese Dinge von einer Ecke in die nächste zu schieben und sich so erfolgreich abzulenken. Deswegen stellen wir in Kapitel 11 generelle Überlegungen zum Thema Ordnung, Aufräumen und Arbeitsplatz an. In Kapitel 12 geht's ins Detail, wenn wir analysieren, wie wir Papierkram, E-Mails und Dateien strukturieren können.

11. Kapitel: Ordnung schaffen und den Arbeitsplatz einrichten

Ordnung - für die einen super wichtig, für die anderen richtig lästig: Auf der einen Seite steht der „Messie", der in seiner Studienhöhle alles hortet, was ihm interessant, aufbewahrens- und lesenswert erscheint. Er ist prähistorisch geprägt, allerdings zum Jäger *und* Sammler gleichzeitig mutiert. So schleppt er alle möglichen Informationen (Mitschriften, Skripte, Bücher, Zeitschriften) und Erinnerungen (Trödelmarkttrophäen, abgerissene Kinokarten) an. Das Selektionskriterium: Alles was nicht giftig ist, ist gut. Auf dem Schreibtisch nehmen diese Dinge dann ein Eigenleben an und paaren sich mit alten Formulierungsentwürfen, CD´s, Büroklammern, nicht mehr schreibenden Stiften etc ...

Du glaubst mir nicht? Dass ich nicht ganz daneben lag, beweist der Schreibtisch eines Bekannten. Er arbeitet praktisch immer 5 cm über seiner Schreibtischoberfläche. Allerdings möchte er anonym bleiben. Warum denn nur?

Wie so oft im Leben gibt es nicht nur den Gegensatz zwischen Yin und Yan, Nord- und Südpol sowie zwischen Mann und Frau, sondern auch zwischen dem Messie und dem Pedanten, der seine Schreibgeräte im 90° Winkel zur Tischplatte ausrichtet und mindestens dreimal wöchentlich über und unter den Schränken Staub wischt. Ordnung ist für ihn zum Selbstzweck geworden.

Es gilt auch hier - wer hätte das gedacht - den richtigen Mittelweg zwischen Chaos und Pedanterie zu finden. Wenn du jetzt zum Endspurt dieses Buches noch nicht die Augen verdreht hast, dann begleite mich durch dieses und das nachfolgende Kapitel, indem es heißt „Abenteuer Ordnung."

Gedanken und Ideen zum Thema Ordnung

Wozu Ordnung?

Kennst du das Wohlgefühl einer sauberen und nett arrangierten Arbeits- und Wohnumgebung? Du bist konzentrierter, wenn dein Blick nicht ständig von Arbeits- und Plunderhaufen abgelenkt wird und dir nicht mehr ständig einfällt, was du sonst noch alles tun könntest. Zudem vermeidest du, dass erst nach Projektabschluss Dinge wieder auftauchen, die du längst vergessen hattest, aber dringend hättest gebrauchen können. Keine Unterbrechungen mehr, weil du ständig aufstehen musst, um irgendetwas aus der anderen Zimmerecke zu holen. Endlich Schluss mit dem nervigen Hin- und Hergeschiebe auf dem Schreibtisch, nur um sich ein wenig Platz zum Schreiben zu erkämpfen. Na wie wäre das?

Bereits bei der Anwendung weniger Ordnungstricks wird dein Gedächtnis entlastet: Nie mehr nach Mitschriften der letzten Woche, dem Schlüssel oder dem Fahrschein suchen. - Klingt gut? Dann lass uns loslegen ...

Betrachte Ordnung als etwas Fließendes

Vergleiche dein Zimmer mit einem Flussbett - ständig fließen neue Dinge und Informationsmaterial hinein. Doch oft ist der Abfluss verstopft und viele Studentenzimmer werden zu keinem schönen blauen Fluss, sondern zu einem Stausee, indem man ganz schön ins Rudern kommt, bei dem Versuch den Überblick zu behalten. Ordnung ist daher für mich etwas Fließendes und entsteht durch einen Kreislaufprozess von Reduktion und Ordnung:

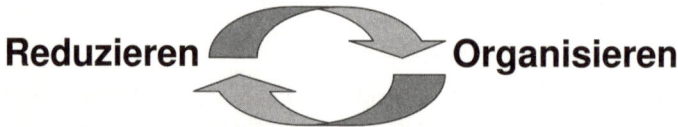

Reduzieren **Organisieren**

Der Kreislauf der Ordnung: Zwischen Einfachheit und geschickten Lösungen

Betrachte Ordnung als etwas Dynamisches, nicht als etwas Starres! Wir sind eher „Verlust-Vermeider": Einmal erworbene und „gejagte Dinge" gibt man nur ungern wieder her. Doch Zeiten ändern sich und wir ändern uns. Informationen, Erinnerungstücke und andere Dinge, die wir gehortet haben werden unwichtig oder verlieren an Wert. Dinge, die wir eins schön fanden, sind inzwischen total out oder gefallen uns selbst nicht mehr. Dennoch traut man sich nicht, diese Dinge wegzuwerfen. Warum? Wir brauchen Freiraum und Platz, damit wir uns der Zukunft zuwenden können, zumal wir stressigen

Zeiten vorbeugen müssen, in denen wir keine Muße haben aufzuräumen. Ablageflächen, Regale, Schränke, E-Mails und Festplatten sind wesentlich leichter beherrschbar, wenn sie klein und „leicht" sind. Vereinfache deine Daten und Besitztümer, damit du die wichtigen Dinge schnell und zuverlässig wieder findest.

Nicht alles ist reduzierbar, deswegen müssen wir auf der anderen Seite die Dinge so arrangieren, dass sie überschaubar und zu bewältigen sind. Entweder man gestaltet die Sachen so, dass viele Dinge beherrschbarer erscheinen (z.B. durch das Zusammenfassen von Aufgaben), oder man verbessert sein Ordnungssystem oder muss seine Organisationsplattform vergrößern.

Ich habe nur einen sehr kleinen Kleiderschrank. Deswegen musste ich den Inhalt immer reduzieren. Nur das Notwendigste konnte ich darin lagern. Das hieß im Sommer die Wintersachen komplett rausschmeißen und im Winter umgekehrt. Das war ungünstig, weil ich viel zu meinen Eltern auslagern musste. Zwar hatte ich mir ein Herz gefasst und alte Klamotten in die Kleidersammlung gegeben, aber es half nichts: Ich brauche trotzdem einen größeren Kleiderschrank.

Funktionalität

Jedes Ding sollte eine bestimmte Funktion haben: Eine Blume soll dich erfreuen, die alten Postkarten sind eine Erinnerung an deine Ex-Freundin, die Duftkerzen stehen bereit für romantische Stunden ... aber immer dann, wenn du für eine bestimmte Sache keine Funktion mehr zuordnen kannst, ist die Entscheidung eigentlich klar: wegwerfen, abgeben, anderweitig verwerten:

Die alten Snowboard-Prospekte sind zwar schön, aber nicht mehr aktuell. Sie stauben nur ein: Wegwerfen!

Die alten Schuhe hast du schon seit zwei Jahren nicht angehabt. Es ist wohl nicht zu erwarten, dass du sie je noch brauchen wirst: Ab in die Kleidersammlung!

Ich habe viele alte kopierte Seminartexte, die nicht besonders lesenwert waren. Ich nehme nun die unbedruckten Rückseiten als Schmier- und Kopierpapier.

Oh Sünde – Ich habe mal Bierdeckel in meiner Kindheit gesammelt. Jetzt liegen die Dinger im Weg herum. Ich verschenke sie an einen Sammler, der diesen Dingen einen ungleich höheren Wert zumisst. Ich mache ihm eine Riesenfreude und mir Platz unterm Schrank! (Bei Interesse bitte melden unter Martini7@web.de).☺

KISS (Keep it small and simple):

Unser Gehirn kann Komplexität nur bis zu einem gewissen Grad verarbeiten, deswegen müssen Ordnungssysteme einfach gestrickt sein, um Dokumente, E-Mails und Computerdateien ohne langes Suchen wieder zu finden. Behalte deswegen das Akronym „KISS – Keep it small and simple" immer im Hinterkopf, wenn du dein Ablagesystem neu durchdenkst, Informationen abheftest oder deine Computerdateien sortierst: Kaufe nicht 20 Briefablagen, wenn du nicht schaffst, mehr als fünf in der Woche durchzusehen. Hefte keine Informationen ab, die auf deinem Rechner gespeichert sind. Erfinde nicht zu viele Kategorien, wenn du Dinge sortierst – dein Gehirn muss sich das schließlich alles merken können.

Das Pareto-Prinzip hilft dir auch an dieser Stelle, denn es kann auch im Sinne der Ordnung angewandt werden:

Es kommt z.B. in Computerprogrammen zur Anwendung: Die kleinen grafischen Symbolleisten in MS Word decken nur 20% der möglichen Funktionen ab, dafür machen sie 80% der Anwendungen aus. Hätten die Programmierer alle Funktionen grafisch dargestellt, wäre der Bildschirm viel zu unübersichtlich.

Denkpause & Aktion: Überlege dir einmal, mit welchen 20% der Dinge, du 80% der Wirkung erzielst:

- Zeige nach dem nächsten Urlaub nur 20% der besten Bilder: Du kannst ausführlicher zu jedem Bild etwas erzählen und machst mehr Eindruck, wenn du nur die wirklich gelungenen Bilder zeigst.

- Welche 20% der Bücher brauchst du am häufigsten? Platziere sie in Griffnähe zu deinem Schreibtisch. Welche 20% der CD´s hörst du regelmäßig? Trenne sie von den anderen 80%.

- Welche 20% der E-Mails deiner Freunde sind wirklich lustig und nicht löschbar? Behalte nur diese. Die Wahrscheinlichkeit, dass du sie sonst je wiederfindest, ist gering.

Finde weitere Beispiele, wie du nach dieser 20:80 Faustformel deinen Alltag „entschlacken" kannst.

Der Türsteher

Achte wie ein Türsteher darauf, dass nur die wichtigsten und schönsten Informationen und Dinge auf deinen Schreibtisch und in dein Zimmer landen. Lass dich nicht von Plunder blenden, den es auf dem Jahrmarkt zu kaufen gibt. Nimm nicht jedes Werbegeschenk an, wofür du keine

Verwendung hast. Schleppe nicht jedes Prospekt und jede Zeitung in dein Zimmer. Besser: Informationen sofort verbrauchen. Die Zeitung oder das Prospekt, das ich mitnehme, scanne ich auf dem Heimweg in der Bahn nach nützlichen Infos ab, reiße diese heraus und schmeiße die Zeitung sofort weg. Die Kerninfos kommen dann ins Ablagesystem zur Weiterverarbeitung.

In Stapeln organisieren

Den Papierkram solltest du in separaten Stapeln organisieren. Trennst du deine Aufgaben sauber voneinander und legst sie auf verschiedene Arbeitsstapel, reduzierst du das Chaos im Kopf. Die Aufgabenbereiche sind derart visualisiert griffiger - du „siehst", was du zu tun hast.

Ein Anwendungsbeispiel: Bei einer Freundin sah es auf dem Schreibtisch ziemlich wüst aus. Sie war im Prüfungsstress und hatte zu wenig Platz, weil überall Zeitschriften, Fachmagazine und Karrierezeitungen herumlagen, die sie alle lesen wollte. Nur war das zuviel, sodass sie keinen Anfang fand und das Zeug nur ihren Schreibtisch blockierte. Wir haben dann alles rausgeräumt und die Sachen in verschiedene Stapel eingeteilt:

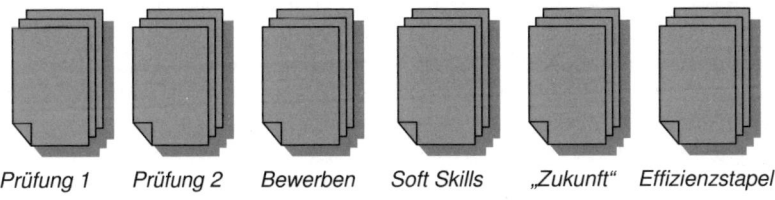

Prüfung 1   Prüfung 2   Bewerben   Soft Skills   „Zukunft"   Effizienzstapel

Alle Zettel, Dokumente und Zeitungen wurden diesen Stapeln (+Papierkorb) zugeordnet. Das gab Übersicht. Dann suchten wir einen passenden Platz für jeden Stapel (Die Prüfungsstapel und die Bewerbungsprozesse auf den Schreibtisch, der Rest wurde vom unmittelbaren Arbeitsbereich verbannt).

Dinge sichtbar machen & „Tretminen entschärfen"

Mache deine Arbeit, die sich u.a. in Papierkram manifestiert, „greifbar". Meine laufenden Hauptprojekte sind in zwei extra dafür frei geräumte Regale sortiert. Derart sichtbar, denke ich daran sie abzuarbeiten und von Zeit zu Zeit mal wieder durchzusehen. Es macht richtig Freude, diese Stapel schwinden zu sehen und dafür neue zu installieren. Wenn du wenig Regalplatz hast, dann lege die Stapel und Dinge, die du zu gern verschiebst, auf deinen Fußboden. Mich jedenfalls Stören diese „Tretminen", sodass ich ganz automatisch eine nach der anderen beseitige.

Never walk alone

Ich saß einmal mit meiner Freundin in Barcelona in einem kleinen Restaurant, in dem vielleicht zehn Tische standen. Es gab nur einen Kellner, er war sehr jung und freundlich. Ich beobachtete ihn, wie er emsig diese zehn Tische bewirtschaftete: Trotz regem Andrang an diesem Abend musste dennoch niemand lange warten. Am nächsten Tag waren wir an einer Strandbar, die nur sechs Tischchen hatte, doch dessen Kellner total überfordert war: Ich winkte ihm, um eine Bestellung aufzugeben, er murmelte irgendetwas auf spanisch und zog dazu ein grimmiges Gesicht - Er fand nicht einmal die Zeit, für die Bestellung zu unserem Tisch zu kommen, wir mussten sie ihm zurufen.

Warum war der zweite Kellner bei sechs Tischen viel gestresster als der erste Kellner mit zehn Tischen? - Weil der erste Kellner ein Prinzip anwendete, dass ich „Never walk alone!" getauft habe: Er kam mit den Tellern aus der Küche, servierte, ging dann zum nächsten Tisch, um eine neue Bestellung aufzunehmen und nahm auf dem Rückweg dreckiges Geschirr mit zurück in die Küche. Kaum einen Gang, vollführte er mit leeren Händen, während der zweite Kellner immer nur eine Sache machte: Er rannte raus, um am ersten Tisch zu servieren, hatte aber etwas vergessen und ging extra noch einmal rein – selbst für einen einzigen Bierdeckel! Während der erste Kellner auf dem Rückweg immer etwas in seinen Händen hielt, hatte der Zweite einen Leergang. Er musste also das Doppelte an Wegstrecke zurücklegen. Kein Wunder, dass er so gestresst war.

Man kann dieses Prinzip anwenden, indem man seine Gänge immer miteinander verbindet:

Wir haben einen langen Gang zur Küche. Deswegen hilft mir dieses Prinzip sehr viel: Will ich gebrauchte Teetassen aus meinem Zimmer räumen, dann stelle ich sie in den Eingangsbereich des Zimmers, damit ich beim nächsten Gang in die Küche daran denke. Ich gehe mit den leeren Tassen hin und komme mit einer Vollen zurück. So verhindere ich, dass sich bei mir das Geschirr stapelt.

Jedem Ding sein Platz

Jede Ablagefläche oder jeder Regalplatz in deinem Schreibtisch und Zimmer sollte nur eine Funktion haben, damit eindeutig und schnell zugeordnet und wieder gefunden werden kann. Man kann mehrere Abwandlungen und Anwendungssituationen für dieses Prinzip finden. Ein paar Beispiele:

Per Anhalter gegen das Vergessen: Was machen denn die ganzen kleinen Gegenstände da? Es sind die Dinge, die sich sonst so gern verstecken oder die du vergisst. Sie versammeln sich nach und nach an der

Transitstrecke (auf einem kleinen Regal oder Tischchen neben deiner Zimmer- oder Haustür) und warten darauf, dass du sie beim Verlassen des Hauses per Anhalter mitnimmst. Ganz schön clever! Ach, auch kleine Münzen für den Bibliotheksschrank stehen in einer Extra-Dose bereit ...

„Das Auffangbecken": Wo kommen die Kleinigkeiten hin? Streichholzschachteln & Co. verschwinden in einer stylischen Vase, als Auffangbecken für Kleinkram, der sonst nirgendwo richtig unterkommt. Süßigkeiten finden in einem kleinen Schälchen Platz, das immer servierbereit für Gäste oder die eigene Kaffeepause bereitsteht.

Der Streik der Gegenstände: Was machen Angestellte und Arbeiter, wenn sie sich vergessen oder benachteiligt fühlen? Sie streiken und stellen sich so in den Weg, dass man sie gar nicht übersehen kann. Und genauso funktioniert das nächste Ordnungsprinzip: Stelle dir die Dinge, die du immer wieder vergisst oder die du wegräumen wolltest, selbst immer so in den Weg, dass du gar nicht umhin kommst, an sie zu denken:

Lagere den Glasmüll im Kofferraum, dann erinnert er dich klimpernd bei der nächsten Fahrt, dass du ihn beseitigen wolltest. Stelle Müll vor die Haustür, um sie beim Rausgehen mit in den Keller zu nehmen. Öffne den Geschirrspüler sperrangelweit, damit man förmlich über die auszuräumenden Sachen stolpert.

Wenn du irgendetwas auf einem Regalteil oder im Schrank entdeckst, was da nicht hingehört, lege es sofort an den dafür vorgesehenen Platz.

Beschriften

Beschrifte deine Ablagen, Schubladenfächer, Regale und die Fächer deiner Schränke. Dinge lassen sich so leichter zuordnen und wieder finden. Wenn sich das gut eingeschliffen hat, kannst du die Etiketten wieder abnehmen.

Versehe deine Schubfächer mit Etiketten (Post-its oder beschriftete Klebestreifen) wie: „Elektronik & Zubehör" (Walkman, Fotoapparat), „Medizin", „Werkzeug"; deinen Kleiderschrank mit Kategorien wie „T-Shirts", „Pullover" oder „Freizeitkleidung." Für dein Bücherregal kannst du Etiketten wie „Fachbücher", „Prosa", „Zeitschriften" nehmen, um sie eindeutig voneinander zu trennen.

Prozesse und Systeme

Jeder von uns hat unterschiedliche Aufgaben und Prozesse zu bewältigen. Deswegen ist Ordnung immer eine ganz persönliche Sache, die je nach Typ anders erreicht werden kann. Identifiziere deswegen die Prozesse, die du täglich zu bewältigen hast und etabliere ein geeignetes Organisations-system. Frage dich, welche Art von Unterlagen du hast und welche Informationen du benötigst. Suche nach den gemeinsamen Merkmalen dieser Dinge, um sie in Gruppen einzuteilen (Motto: „Gleiches zu Gleichem"). Frage dich, was sich wiederholt (Vorlesungen, die du zu Hause noch einmal aufarbeitest) oder welche Hilfsmittel/Prozesse du brauchst (Hilfsmittel: Telefon, Internet – Prozesse: lesen, sortieren, etc). Ein paar Ideen zum individuellen Zusammenstellen:

Mögliche Sortierkriterien

... nach Status
- **A** = Sehr Wichtig
- **B** = Wichtig
- **?** = Fragezeichen (geparkt, bis sich rausstellt, ob es relevant ist)
- **→** = Ablage/Weiterleiten
- **P** = Papierkorb

... nach Zeitdimensionen
- **Dimension 1:** Dringend & wichtig, bzw. in 3 Minuten erledigbar
- **Dimension 2:** Langfristig wichtig
- **Dimension 3:** Weniger wichtig, zwischendurch abarbeiten
- **Dimension 4:** „Nice to have", nur eventuell machen
- **Dimension 5:** Papierkorb oder „Komposthaufen"

... nach Dingen, die damit getan werden sollen
- **Effizienzstapel** (nach 20:80-Prinzip abarbeiten)
- **Zu-Lesen-Stapel** (durchsehen/lesen)
- **Internet/E-Mail** (ins Internet gehen, E-Mail schreiben)
- **Mitnehmen nach XY**

... nach Kategorien/Rollen
- **Prüfungen:** Spanisch-Klausur
- **Engagement:** Wahl Studentenparlament
- **Praxis:** Praktikumsbewerbung, etc.

... nach Dringlichkeit
- **Kurzfristig** zu erledigen (1-2 Tage)
- **Mittelfristig** zu erledigen (1-2 Wochen)
- **Langfristig** zu erledigen (1 Monat +)

... nach Prozessen (z.B. bei der Abschlussarbeit)
- **1 Recherchieren** *(kurze Notizzettel hineinlegen)*
- **2 Lesen**
- **3 Zusammenfassen**
- **4 Zitieren/Einarbeiten**

... nach Wochentagen
- **Montag (alle Unterlagen, die du Montag brauchst)**
- **Dienstag**
- **Etc.**

Aufräumen: Hau Ruck oder Nach-und-Nach?

Hast du es satt, viel Zeit zu verlieren, Dinge zu suchen oder sie von einer Zimmerecke zur Nächsten zu schieben, nur um ein wenig Platz auf deinem Schreibtisch, Bett oder Sessel zu erkämpfen? Dann ist dieser Abschnitt der Richtige für dich. – Starten wir mit zwei Arten des Aufräumens:

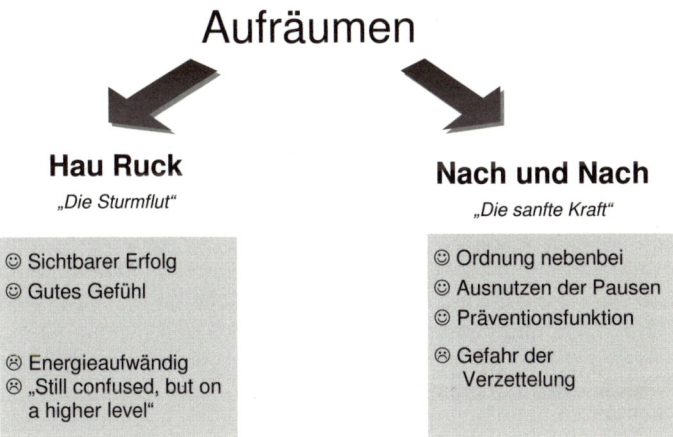

Aufräumen

Hau Ruck
„Die Sturmflut"

☺ Sichtbarer Erfolg
☺ Gutes Gefühl

☹ Energieaufwändig
☹ „Still confused, but on
   a higher level"

Nach und Nach
„Die sanfte Kraft"

☺ Ordnung nebenbei
☺ Ausnutzen der Pausen
☺ Präventionsfunktion

☹ Gefahr der
   Verzettelung

Die „Sturmflut"

Nach einer Aufräumaktion fühlt man sich gut, weil der Erfolg unmittelbar sichtbar ist. Allerdings kann es auch sehr energieaufwändig sein, wenn du alles auf einmal putzen und sortieren willst. Ein halber Tag ist schnell verstrichen, wenn du erst einmal angestoßen hast, deine Ordner komplett zu sortieren und Dutzende von Zetteln wieder woanders einzusortieren. Oft fehlt zum Schluss die Energie, die Aufräumaktion zu Ende zu bringen. Durch die vielen Veränderungen findest du nicht mehr alles wieder, weil du gar nicht mehr weißt, wo die Sachen jetzt neu abgelegt oder hingeheftet sind. Das Ergebnis dieser „Sturmflut" ist dann dasselbe Bild wie vorher – Nur, dass die Sachen dann in einer anderen Ecke herumliegen.

Dennoch, oft muss erst einmal eine Sturmflut kommen, die den gröbsten Kram wegspült. Es gibt allerdings zwei Bedingungen: 1. Durchdenke vorher gut dein Ordnungssystem: Welche Funktionen muss es, wo erfüllen?
2. Begrenze die Zeit der Sturmflut, z.B. auf fünf Stunden, in denen du dein ausgedachtes System umsetzt.

Die „sanfte Kraft"

Machst du nach und nach immer mal wieder einen Handschlag und gibst ständig ein wenig Obacht, kannst du dem Chaos vorbeugen und kleinere Pausen dazu nutzen, schnell ein wenig aufzuräumen. Das Putzen und Aufräumen deines Zimmers geschieht so quasi nebenbei. Es ist die „sanfte Kraft" – So, wie das Wasser über die Zeit ganze Landstriche geformt und verändert hat, erreichst du mit wenigen Handgriffen zwischendurch langfristig eine strukturierte Ordnung.

Warte nicht ab bis wieder eine Sturmflut kommen muss, sondern nutze die sanfte Kraft gelegentlicher Handgriffe, um Ordnung zu halten: Hebe den Staubwusel auf, ohne gleich den Sauger zu schwingen, putze die Küche schnell in den Pausen. Arbeite in kleinen Portionen und nimm dir jeweils nur eine Einheit vor, z.B. ein einzelnes Schubfach: Entleeren, reinigen und nur das rein, was in diese Kategorie wirklich hineingehört. Am nächsten Tag kommt ein anderes Fach dran. So hütest du dich vor Gewaltaktionen. Selbst deinen Schreibtisch solltest du nicht länger als zwanzig Minuten aufräumen (und das am besten ein- bis zweimal wöchentlich): Das Wichtigste zurechtlegen, ein paar Dinge entfernen und Staub wischen. Alles andere muss in wenigen Handgriffen nebenbei erfolgen, vor allem morgens vor oder abends nach dem Arbeiten. So hat dein „Frosch" reichlich Platz, sich auszubreiten.

Raus damit!

Achte empfindsam darauf, dass du bei jeder Aufräumaktion, aber auch bei jedem anderen Handgriff all die Dinge entsorgst, die „keine Zukunft" mehr haben: Unvollendete Projekte, unerledigte Ablagen, ungelesene Zeitschriften, alte Prospekte, Notizzettel, unbrauchbare Vorlesungs-mitschriften (die bereits anderweitig zusammengefasst sind), alte Post, unscharfe Fotos. Sei auch bei Computerdateien und E-Mails besonders kritisch bei den Dingen, die eine Erlaubnis bekommen, in den Weiten deiner Festplatte zu verweilen. Die Festplattenkapazität ist zwar nicht mehr der limitierende Faktor – aber du selbst solltest noch fähig sein durchzublicken.

Frage dich bei jedem Objekt oder Zettel, den du in Zukunft in der Hand hältst:

☐ Ist diese Sache wichtig/noch aktuell?

☐ Findest du es schön/erinnerungswürdig?

Musst du zweimal verneinen, dann geht es ohne über „Start" zu gehen in den Papierkorb! Evtl. hat auch jemand aus deinem Bekanntenkreis einen wesentlich höheren Nutzen aus einem Objekt/einer Information als du selbst: Entlaste dich, indem du ihm damit eine Freude machst!

Dein Studienzimmer: Deine Lern- und Studienoase

Trenne gedanklich in „Wohnen" und „Arbeiten"

In deinem Studienzimmer muss es möglich sein, dich sowohl gut anspannen (konzentriert arbeiten) als auch entspannen zu können. Deswegen würde ich das Zimmer gedanklich in die beiden Bereiche „Arbeiten" und „Wohnen" gliedern. Das grenzt den Raum, indem du die einzelnen Gegenstände ablagern und vergessen kannst ein und erlaubt es, deine Utensilien übersichtlicher zu strukturieren. In den Arbeitsbereich zählen alle Dinge und Prozesse, die die Lebensbatterien „Support" (Unterlagen) und „Studium/ Leistung" (Studienordner) betreffen. Deinem Wohnbereich sind die Lebensbatterien „Augleich/Sinn" (Literatur), „Körper" (Wohlfühldecke) und „Kontakt" (Bilder von Freunden) zugeordnet.

Die Wohnzone: Probier's mal mit Gemütlichkeit

Du solltest dich in deinem Zimmer wohlfühlen und gern dort sein. Wie du den Wohnbereich einrichtest, liegt ganz in deinem Geschmack. Halte aber auch hier Ordnung: Dinge, die weder interessant noch schön sind, (Werbegeschenke etc.) fliegen raus, wenn du keine Verwendung für sie hast! Reine Ziergegenstände gehören natürlich in die Wohnzone – am besten zu all den Plätzen, die gut sichtbar, aber schwer erreichbar sind.

Bei den Turbulenzen des Alltages ist dein Bett deine Ruheoase, in der du dich zurückziehen, Kraft tanken und deine nächsten Schritte planen kannst. Es ist schlau, folgende Dinge in der Nähe deines Schlafplatzes zu platzieren:

- Dein *Tagebuch/Coachingbuch:* So denkst du öfter mal daran, ein paar Eindrücke, „lessons learned" oder Entwicklungsziele darin zu diskutieren und festzuhalten. Platziere ebenso deine Lieblingsbücher, Biografien oder Erfolgsliteratur an deinem Bett. Du hast somit immer jemanden, dem du deine belastenden Gedanken anvertrauen oder Fragen stellen kannst, wenn du abends noch aufgedreht bist. Egal, ob private oder Studiensorgen – kläre sie vor dem Schlafengehen, um nicht die halbe Nacht mit kreisenden Gedanken wach zu liegen.

- Dinge, die du *lernen/wiederholen* möchtest. Abends findet man so etwas Ruhe, kann sich ablenken oder Dinge wiederholen. Lernpsychologisch ist das ideal, weil das Gehirn viel im Schlaf verarbeitet und speichert. Einige sagen, man solle das Bett nur zum Schlafen nehmen, damit das Gehirn es nicht unterschwellig mit „Arbeiten" assoziiert. Ich denke aber, man ist besser dran, wenn man noch etwas Nützliches in der Zeit tut, in der man eh nicht einschlafen kann.

- Ebenso könntest du den **Zu-Lesen-Stapel** am Bett postieren, so werden deine Augen vorm Einschlafen schneller schwer. Dies ist wieder eine Methode, den Bio-Rhythmus auszunutzen: Unsere Energie reicht nicht mehr für die wichtigen Dinge - aber für die weniger Wichtigen (bei denen auch mal eine Zeile überlesen oder nicht verstanden werden darf) reicht sie allemal. Funktioniert auch morgens, wenn du langsam wach werden möchtest liest.

Das "Büro": Form follows function

Das Foto deines Freundes, die Postkarte aus der Toskana und die kleine Palme bringen ein wenig Leben an deinen Schreibtisch. Aber dutzende Surf- und Musikmagazine, deine Fahrradausrüstung und Unterwäsche haben neben deiner Federmappe nix zu suchen! Ein Büro sollte vor allem eins sein: Funktional. Es muss effizientes Arbeiten ermöglichen. Du kannst weder ständig aufspringen, um irgendetwas aus einer Schublade am anderen Zimmerende zu kramen, noch fünf Skripte übereinander gestapelt auf dem Schreibtisch horten. So, wie wir eine erste gedankliche Unterscheidung in „Chill-Out" und „Büro" vorgenommen haben, trennen wir jetzt die Bürozone in drei Bereiche: eine geräumige Arbeitsfläche, griffbereite Ressourcen und ein gut sortiertes Archiv:

Der Arbeitsplatz: Dein Arbeitsplatz dient zum Arbeiten an laufenden Prozessen. Auf ihn dürfen nur die aktuellen Dinge. Er ist kein dauerhafter Ablageplatz! Denke daran: der „Voll-Tischler" mit unübersichtlicher Schreibtischordnung verbringt viel mehr Zeit damit, Informationen wieder zu finden als „Leer-Tischler", mit einfacher und wirksamer Schreibtisch- Systematik, bei der jedes Ding seinen festen Platz hat.

Würdest du Fußball oder Tennis in deinem viel zu engen Flur spielen? Wohl kaum. Wenn du aber bei deinen Hobbys keine Abstriche machen willst, warum bei deinem Arbeitsplatz? Die Arbeitsfläche sollte so groß sein, dass folgende Dinge gleichzeitig ohne Not Platz finden: Ein Buch, ein Ordner, dein Laptop und ein aufgeschlagener Hefter – also mindestens 1,40m x 80cm bzw. eine zusätzliche Ablagemöglichkeit durch einen Eck- oder Unterstellschreibtisch.

Die Ressourcen: Dazu gehören alle Dinge, die du zum effizienten Arbeiten brauchst. Sie sollten in unmittelbarer Nähe zur Arbeitsfläche sein. Ideal ist es, wenn du folgende Dinge in Griffnähe hast: Arbeitshilfen (Locher, Tacker, Taschenrechner, Federmappe), aktuelle Studienbücher und –ordner, Drucker/Scanner sowie ein Ablagesystem für laufende Prozesse und den Papierkram.

Das Archiv: Wie der Name schon sagt, kommen hier abgeschlossene Vorgänge hinein. Dinge also, die du in der Regel nicht öfter als zwei- bis dreimal im Semester brauchst: Alte Ordner und Bücher, Informationsmaterial, etc. Da das Archiv nicht ständig griffbereit sein muss, kannst du es auf alle weniger gut erreichbaren Stellflächen, Regale und Schrankteile verteilen.

„Der Frosch auf dem Operationstisch":
Vergleiche deine Arbeitsplatz mit einem Operationstisch: In der Mitte liegt der Patient, ihm gebührt die volle Aufmerksamkeit. Wie würde es dir denn gefallen, wenn der Arzt zwei Patienten gleichzeitig behandeln würde? Rund um diesen Operationstisch liegen die Ressourcen, also dein Operationsbesteck (Locher, Tacker, Schere, Stifte, Schreibpapier, etc). Letztendlich gibt es noch das Archiv, das die Patientenakten enthält.

Eine kleine Materialkunde

Würdest du im Winter mit deinen normalen Sachen eine Trekking-Tour machen? Wahrscheinlich nicht. Du würdest in ein Spezialgeschäft gehen und dir funktionale Wäsche, den passenden Rucksack und die richtigen Werkzeuge kaufen. Ebenso ist es ratsam, sich nach einem geeigneten Ablagesystem für dein „Büro" umzuschauen und nicht einfach auf die Hilfsmittel der Schulzeiten zu vertrauen – Wir sind jetzt auf einer Extremreise, nicht mehr auf Klassenfahrt!

Die größte Herausforderung ist es, alle Dinge in dem sicher nicht vom Platz gesegneten Studienzimmer unterzubringen. Mein Zimmer hat z.B. 16 m² - Wie um Himmels Willen soll man da fünf Jahre Studium (ca. 30 Ordner) und Leben (jede Menge Erinnerungen) unterbringen? Obwohl ich schon viel weggeworfen habe, nehmen diese Dinge einfach zu viel Platz weg, wenn sie auf dem Boden stehen oder liegen. Wenn man z.B. auf Vorlesungs-mitschriften einen Stapel Zeitschriften legt, sieht man die Mitschriften nicht mehr und sucht sich halb irre. Selbst wenn alles ordentlich sortiert ist, in dem Moment, indem du von dem Papierstapel etwas von unten brauchst, verrutscht alles und die mühevoll errungene Ordnung ist hin. Was also tun? - In die dritte Dimension gehen:

Aufhängen: Regale anschrauben, das Telefon und die DSL-Dose an die Wand montieren; einen Schüsselanhänger und Kleiderhaken an der Tür anbringen, damit beim Gehen alles griffbereit ist. Eine Wäscheleine durchs Zimmer spannen, um die Sachen vom Stuhl zu befreien; eine Pinnwand benutzen, um die Zettel in der Senkrechten zu befestigen.

Hinstellen: Ordner sind für alle Dinge zu empfehlen, die fein säuberlich abgeheftet werden sollen. Demgegenüber kannst du Kataloge, Prospekte, Zeitschriften, Hefter etc. in offenen Stehordnern sammeln – Du hast schnellen Zugriff und die Teile nehmen wenig Platz weg.

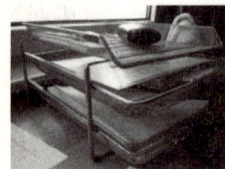

Stapeln: Besorge dir eine Briefablage (auch „Ablagekästen" genannt), die du beliebig übereinander stapeln und bei denen du von vorn zugreifen kannst. Unbedingt gut und lesbar beschriften! Auch hilfreich: eine Schreibtischunterlage mit Klarsichtfolie, unter die du wichtige Informationen legen kannst.

Einhängen: Hängeregister sind besondere Schränke, in die man offene Mappen einfach einhängen kann. Die Arbeit mit Hängeregistern ist in der Arbeitswelt nicht wegzudenken. Auch im Studienzimmer kann ein Hängeregistersystem wertvolle Arbeit leisten, denn es ist in punkto Flexibilität, Zugriffsgeschwindigkeit, Wiederauf-findbarkeit und Praktikabilität unschlagbar. Etwas wegzusortieren ist denkbar einfach: Schublade auf, Papier in die Hängemappe legen, Schublade zu. Das lästige Ein- und Ausheften in verschiedene Ordner entfällt. Wenn du gerade an einem Prozess arbeiten musst, nimmst du die Mappe einfach raus.

Arbeite mit verschiedenfarbigen Hängemappen, wobei jede Farbe eine unterschiedliche Funktion repräsentiert:

- Rot für laufende Prozesse (Steuererklärung, Reise/ Praktikums-vorbereitung, Versicherungsabschluss)

- Gelb für Ressourcen (Briefpapier/ Postumschläge, Kreativmaterial (Pappen, Buntes Bastelpapier, Lernkarteien)
- Blau für das Archiv (Garantien, Gebrauchsanweisungen) oder zur Vorsortierung für andere Ablagen. Ich sammle z.B. alle Erinnerungen (Briefe, nette Eintrittskarten, etc.) in einer Hängemappe, die ich zum Jahresende noch einmal durchsehe (und reduziere) und dann in eine „Erinnerungskiste" packe.

Beschrifte die kleinen Reiter, die auf jeder Mappe sitzen klar und eindeutig. Ein Hängeregisterschrank darf ruhig etwas kosten (so um die 100 Euro). Das signalisiert dir ganz unbewusst: Dieser Platz ist teuer. Auch hier dürfen nur die wichtigen Dinge hinein.

Abwechslung und Ergonomie beim Arbeiten

Unser Geist ermüdet alle ein bis zwei Stunden, auch unser Körper hält nicht den ganzen Tag ohne Bewegung und Abwechslung durch. Wenn du mal versucht hast, zehn Stunden täglich am Schreibtisch zu arbeiten, weißt du wovon ich rede. Schluss mit der Starrheit - Entspannung ist angesagt: Durch die richtige Ergonomie und Abwechslung.

Sitzen: Generell wird es so sein, dass du am Schreibtisch am produktivsten bist, denn im Bett besteht die Gefahr schläfrig zu werden und Stehen wird schneller anstrengend. Deine Körperhaltung sollte der Grundregel „4x90°" folgen. Die besagt, dass im Idealfall deine Sprung-, Knie-, Hüft- und Ellenbogengelenke einen rechten Winkel bilden.

Der Stuhl sollte dir ebenso „Arbeiten in Spannung als auch in der Entspannung" ermöglichen. D.h. der Stuhl sollte eine flexible Rückenlehne mit Kippmechanik und Armlehnen haben, sowie höhenverstellbar sein. Wenn du mit einem Laptop arbeitest, empfehle ich eine externe Tastatur mit Maus zu verwenden, während du den Laptop auf drei bis vier dicke Bücher stellst, sodass die Monitoroberkante etwa auf Augenhöhe ist. Dein Nacken wird es dir langfristig danken!

Das zeitweise Arbeiten im *Stehen* bietet eine gute Abwechslung und ist ideal für Sachen, die schnell passieren sollten: E-Mails checken, To-do-Listen erstellen, kurze Telefonate. Man „sitzt" sich nicht so schnell fest und ist energischer. Das merke ich, wenn ich in meinem Prozess festgefahren bin, meinen Laptop schnappe und ihn auf den Steharbeitsplatz stelle. Ich habe plötzlich viel mehr Mut, Sachen aus dieser anderen Perspektive zu überarbeiten. Mir fiel es während der Diplomarbeit so wesentlich leichter, mich von schlechten Textpassagen zu lösen oder umzustrukturieren. Es gibt professionelle Steharbeitsplätze (z.B. höhenverstellbare Schreibtische, Rednerpulte) zu kaufen. Mit ein wenig Fantasie gibt es auch günstigere Möglichkeiten: Manchmal bieten sich Regale an (wenn man ein Zwischenbrett herausnimmt, siehe Bild unten, linke Seite). Bei mir dient eine beschreibbare Magnetwand zur kreativen Aufgabenplanung und zum Festhalten von Ideen. Zudem habe ich einen alten Eisen-Notenständer umfunktioniert, der nun meinem aufgeschlagenen Kalender ein Zuhause bietet oder als Halter für Nachschlagewerke wie Fremdwörterbuch oder Duden dient (siehe Bild unten, ganz rechts).

Liegen: Wenn du gern im Bett arbeitest, besorge dir genügend Kissen, sodass du auch aufrecht bequem sitzen und dir gegebenenfalls eine kleine Nackenstütze basteln kannst. Wenn du im Bett schreiben oder Konzepte/Pläne machen willst (meines Erachtens ein guter Ort dafür), besorge dir eine Konferenzmappe oder ein Klemmbrett mit harter Außenhülle, sodass du im Halbliegen schreiben kannst. Eine große Kiste aus dem Supermarkt, mit einem Messer entsprechend zurechtgesägt, ergibt einen super Mini-Schreibtisch, z.B. für den Laptop. Ich z.B. schreibe gerade auf einem solchen, was für ein bis zwei Stunden sehr erholsam ist. ☺

Warnung: Die Arbeit im Liegen ist nicht jedermanns Sache! Bist du nicht ausgeschlafen, lerne lieber in der Bibliothek, dann ist die Versuchung geringer, dich aufs Bett zu werfen und wegzudösen.

Gut ist es, wenn du deinen Schreibtisch vor dem Fenster (Licht!) und über Eck einrichtest: So nutzt du deinen Bewegungsspielraum optimal aus. Ein Regal oder Schrank zur anderen Seite ist ein ideales Archiv – und dein Büro ist komplett.

12. Kapitel: Papierkram, Dateien und E-Mails

Papierkram: Schluss mit dem Verzetteln

Sortieren nach gleichen Aufgaben und Prozessen

Auch für deinen Papierkram musst du ein Ordnungssystem entwickeln. Das Kriterium „Gleiches zu Gleichem" ist hier besonders wichtig, d.h. alle ähnlich gelagerten Aufgaben (recherchieren, telefonieren, E-Mails, schreiben, lesen, etc.) werden auch optisch zusammengefasst, um die Rüstkosten beim Abarbeiten gering zu halten.

- Beschaffe dir eine dreiteilige **Briefablage**, um deine Prozesse nach zeitlicher Abarbeitungsreihenfolge zu sortieren: Oben kommt baldmöglichst zu Erledigendes, in die Mitte mittelfristige Aufgaben sowie die „Wiedervorlage" (ein- bis zweimal in der Woche checken), unten langfristig anzugehende Projekte, die du ein- bis zweimal im Monat durchsiehst.

- **„Zu-Lesen-Stapel":** Er enthält alle zu lesenden Fach- und Studienzeitschriften, Informationsmaterial, etc. Du kannst diesen Stapel abends im Bett sukzessive abarbeiten oder dir immer etwas davon mitnehmen, um unterwegs Wartezeiten zu überbrücken. Das Ziel ist es, die wichtigen Informationen davon herauszufiltern und den Rest wegzuwerfen.

- **Stapel mit aktuellen Prozessen:** Diese können in einer weiteren Briefablage, im Hängeregister oder im Regal liegen. Hier sortierst du alles, was zusammengehört: z.B. Internetrecherche/E-Mail schreiben, Hausarbeit 1, Projekt B, etc.

Tipps & Tricks, um die Informationsflut zu bremsen

Standby-Informationen: Die Idee ist hier dieselbe, wie bei der Standby-Funktion am Fernseher: Energie sparen, aber auf Knopfdruck ist alles Einsatzbereit. Mit diesem Prinzip meine ich, dass du so viel wie möglich Informationen auf deinem Rechner abspeichern solltest, statt zu versuchen, die ausgedruckten Dokumente zu sortieren. Zudem kannst du im Internet immer gute, aktuelle und detaillierte Informationen zu speziellen Problemen recherchieren, was wesentlich praktischer ist, als alles ausgedruckt horten zu wollen.

Nach anfänglicher Skepsis bin ich nun dazu übergegangen, mehr und mehr Prozesse und Archive komplett im Computer zu bearbeiten. Ob Fotos, Musik und Papierkram, ich versuche alles im elektronischen Format zu speichern. Wenn ich was brauche, drucke ich es mit meinem Laserdrucker superschnell aus und werfe das wieder in die Computerdatei eingearbeitete Papier konsequent weg. So spare ich viel Zeit, die ich früher zum Archivieren verwendet habe, kann die Suchfunktion nutzen und habe sogar noch eine Sicherheitskopie (alle zwei Monate komplette Sicherung auf externer Festplatte). Mein größter Vorteil: Ich habe 90% der Dinge, die ich zum Arbeiten brauche im Rechner und kann fast überall gut arbeiten. (P.S.: Und die Umwelt? – Am besten „2-Seiten pro Blatt" einstellen (druckt zwei A5 Seiten auf A4 Format) und Papier doppelseitig bedrucken – dann bekommt man in Summe vier Seiten pro Blatt. Und das ist okay).

Ein wichtige Ausnahme: Für deine großen Interessengebiete und Baustellen würde ich mir immer ein gut recherchiertes Buch kaufen, das man auch im Bett oder am Strand gut lesen kann - Orte an denen man Zeit und Muße hat, über die Dinge tiefgründig nachzudenken. Zudem sammelt und strukturiert ein Buch die Informationen auf eine didaktisch sinnvolle Weise, was im Internet nicht der Fall ist.

Fangen von „Informationsschmarotzern": Informationsschmarotzer sind veraltete oder fehlsortierte Zettel und Unterlagen. Wenn du solch einen Wicht in deinem Hängerregister oder deiner Ablage erwischst, sortier ihn sofort um oder entferne ihn. Werfe jedes Schriftstück sofort in den Papierkorb, was ohne Informationswert ist, nicht bearbeitet oder aufgehoben werden muss.

Trenne das Medium von der Information: Wenn du Zeitungen etc. liest, dann habe keine Skrupel, die Informationen aus der Zeitung zu reißen und den Rest wegzuwerfen.

Lies Zeitschriften anhand des Inhaltsverzeichnisses: Journalisten und Redakteure geben sich alle Mühe, ihre Zeitschrift so attraktiv wie möglich zu machen. Gib dir ebenfalls Mühe, dem zu widerstehen und nur die Informationen zu filtern, die dich wirklich interessieren oder die du aktuell brauchst. Wenn du anhand des Inhaltsverzeichnisses direkt auf die entsprechenden Seiten springst, bleibst du nicht an Bildern, Werbungen und anderen Texten hängen.

2x genügt! Fasse, wenn möglich, jedes Blatt Papier nur zweimal an, um damit sofort etwas Konkretes zu tun oder zu veranlassen: Angenommen du bekommst einen Brief und öffnest ihn (1.Berührung): Entscheide ob du ihn sofort wegwerfen oder erledigen kannst (3-Minuten-Regel) oder ob er mehr Aufmerksamkeit braucht. Dann ordne ihn in einem Ablagefach/-stapel zu. Versuche dann den Vorgang mit einem Ruck abzuschließen (2. Berührung).

Komposthaufen: Der „Komposthaufen" ist eine Art „Vorpapierkorb", ein Stapel, auf dem alle Unsicherheitsfälle kommen, bei denen du dir nicht sicher bist, ob du sie noch einmal brauchst. Alle drei bis vier Wochen wirfst du das untere (älteste) Drittel weg – Es ist dann quasi wie beim richtigen Komposthaufen verrottet.

Markiere beim Lesen sofort alle wichtigen Informationen, um die nachfolgende Bearbeitung zu erleichtern. Versehe interessante Bewerbungsanzeigen, Berichte und Post sofort mit Vermerken, Ideen und Gedanken. Die besten Ideen kommen direkt beim erstmaligen Lesen!

Telefongespräche: Frage dich vor jedem Gespräch (schriftlich):

- Weshalb rufst du an? Was sind deine Gesprächsziele?

- Welche Unterlagen benötigst du? Welche Informationen benötigt dein Gesprächspartner?

- Wann ist die beste Anrufszeit? (Geschäftszeiten & Mittagspause beachten)

- Bei schwierigen Dingen: Argumente und Argumentationsstruktur zurechtlegen, persönliche Motivation und Nutzen formulieren, mögliche Einwände des Gesprächspartners antizipieren und Antwort überlegen

Lächle am Telefon für ein nettes und offenes Gespräch: Über die Stimme wird mehr über deine Person und Verfassung transportiert, als du glaubst! Mach dir Notizen während des Gesprächs und auch danach: Was hast du für ein Gesprächsergebnis erzielt, was sind die nächsten Schritte?

Wissensmanagement: Gewusst wo

Deine „Infrastruktur": Wichtige Ordner

Lege neben dem Ordnerwald, der im Zuge deines Studiums wachsen wird, folgende Ordner an, die ich als „Infrastruktur" bezeichne, da sie zentrale Dokumente und Prozesse festhalten:

- **Dokumente & Nachweise im „Karriereordner":** Hinein kommt alles, was du evtl. bei Bewerbungen zum Nachweis deiner Leistungen brauchst: Alle Zeugnisse, Praktikumsnachweise, wichtige Urkunden und Nachweise weiterer Aktivitäten.

- **Bewerbungsordner:** Informationen und Tricks rund um die Bewerbungen, Hinweise und Tipps zu Bewerbungsverfahren, Vorstellungsgespräche etc. sowie Informationen zu interessanten und potentiellen Arbeitgebern.

- **Studium, Organisation, Finanzen:**

  o Alles rund ums Studium: Prüfungsordnung, Immatrikulationsbescheinigungen

  o Gesundheit, Finanzamt, Auto, Versicherungen, ...

  o Je mehr Übersicht und Ordnung du in deine Finanzen bringst, desto weniger Geld verlierst du! Behalte Kontoauszüge, Belege & Co. gut im Auge.

- **Zitate-/Quellenordner:** Hier sammeln sich Studentexte, die so fundamental sind, dass du sie immer mal wieder in Hausarbeiten, Essays, deiner Abschluss- oder Doktorarbeit zitieren kannst. Dies ist besonders für Promotionswillige zu empfehlen.

- **Kompetenzordner:** Für deine Studienfächer, Hobbys oder bestimmte Kompetenzen. Ich habe z.B. einen extra „Rhetorik", „Marketing" und „Studi-Skills" Ordner.

Materialkunde II – Ordner und Mappen unter Kontrolle

- **Projektmappen:** Beklebe deine Mappen auf der Vorderseite mit einem weißen Blatt Papier. Dort kannst du nun wichtige Infos und spezielle To-do's, die nur für den in der Mappe befindlichen Prozess bestimmt sind, aufschreiben. Die Zettelwirtschaft ist so eingedämmt.

- **Trennblätter:** Wahrscheinlich wirst du dir normale Ordner für deine Studienunterlagen besorgen. Kaufe dazu aber die geeigneten Trennblätter. Das ist sehr viel wert, vor allem, wenn du mehrere Kurse in einem Ordner lagerst. Du kannst deine Ordner übrigens in langweiligen Vorlesungen sortieren – dann hast du zu Hause Ruhe!

- **Leicht halten:** Stopfe deine Ordner nicht zu voll. Er wird zu schwer und das ein- und ausheften wird nervig. Gerade in der Prüfungszeit! Also maximal zu 80% füllen!

> **Flexibilisierung vs. Gefangennehmen der Gedanken:** To-Do-Listen, Ideen etc. kannst du entweder flexibilisieren, z.B. auf kleinen Zettelchen und Post-its (auch für den Computer erhältlich, siehe Service-Teil), um diese Zettelchen dann auf deine Pinnwand, in deinen Kalender oder deinen Schreibtisch zu den jeweiligen Aufgaben zu kleben.
>
> Das Gegenteil dieser Methode hat auch etwas für sich: Die Gedanken nicht zu befreien, sondern sie in einem kleinen Notizbuch „gefangen zu nehmen", das du übersichtlich nach Ideensammlung, nützlichen Internetseiten, To-Dos, etc. gegliedert hast. Bedingung: Das Notizbuch hast du immer dabei!

Pimp your Terminkalender

Ich bin weder Fan von zu kleinen noch von zu großen Terminkalendern. Ein dünner DIN-A-5-Kalender, in dem man auf einer Doppelseite die ganze Woche im Blick hat, ist optimal. Nutze die Tages-/ Wochenübersicht des Kalenders für:

- Deine **Terminübersicht**. Beugt nicht nur dem Vergessen vor, sondern ist gleichzeitig hinterher eine Dokumentation, was du an welchem Tag gemacht hast.

- **Tagesplanung/To-do's**. (Manchmal verwende ich dafür kleine Haftnotizen, um bestimmte Aufgaben in meinen Kalender zu heften. Das erlaubt die Flexibilität, diese Haftnotiz einfach einen Tag weiter zu kleben, wenn ich die Sachen nicht geschafft haben sollte. Das lästige Vortragen von Aufgaben auf den nächsten Tag entfällt.

- Ein **Kontrollsystem**, indem du notierst, wie lange du täglich an deiner Hauptaufgabe gearbeitet hast. Ebenso kannst du Gedanken zum Tag oder Verbesserungsvorschläge für den Nächsten festhalten.

Ein wenig „Bastelarbeit" ist ratsam, um deinen Kalender aufzupeppen, und mit wiederholt benötigten persönlichen Informationen zu versehen:

- **Wichtige Daten**: Bankverbindungen, Log-Ins (siehe unten)

- Deine **Strategie-Karte**

- Eine **Jahresübersicht**/detaillierte Monatsübersicht, in der du Auswärts- und wichtige langfristige Termine eintragen kannst.

- Ein paar **Notizseiten** für Ideen (ich sammle dort z.B. Geschenkideen für Freunde und Verwandte), Vokabeln/Fachwörter, etc.

- Eine **Adressenliste** (herausnehmbar für's nächste Jahr) und wichtige Telefonnummern (Stadtverwaltung, Arzt, Copy-Shop, Hochschulwerk)

Erstelle diese Sachen am Computer und drucke sie auf DIN-A-5 aus, bzw. klebe sie doppelseitig in eine geeignete Stelle deines Kalenders. Als Alternative kannst du die Daten auch per Hand hineinschreiben, aber was machst du dann im nächsten Jahr? Im Computer ist es zunächst mehr Arbeit, dann ist es aber leichter zu aktualisieren.

Wichtige Daten wieder finden

Immer wieder nach den richtigen Informationen zu suchen nervt. Lege dir deswegen eine Sammlung mit den wichtigsten Daten an, die du immer wieder brauchst und klebe sie in deinen Terminkalender.

- **Konto-Übersicht:** Neben Kontonummer & Co. gehören hierhin Notrufnummern, wie die Sperrnummer für EC- und Kreditkarten.

- **Passwortverzeichnis:** Hierein kommen alle Log-In-Infos für registrierte Webseiten.

Hinweis: Ich vergebe mir übersichtshalber (dafür mit Sicherheitsabstrichen) nur zwei verschiedene Passwörter: Ein Kompliziertes für die wichtigsten Log-Ins (Online-Banking) und eines für unbedeutende Websites. Im Passwortverzeichnis steht als Erinnerung ein Platzhalter, also „Standard" für das wichtige Passwort, „Standard II" für das zweite.

- **Wichtige Daten & Weiteres:** Platz für all die Informationen, die du sonst ewig in deinen Unterlagen suchst.

- **Telefonnummern:** In diese beiden Felder kommen wiederholt benötigte Daten, z.B. Telefonnummer vom Prüfungsamt, Hochschulwerk, Stadtverwaltung etc.

Konto-Übersicht:

Konto	Kontonummer	BLZ	Benutzernamen	PIN
EC-Kartensperrung	Tel.: 069/ 740 987			

Passwort-Verzeichnis

Seite	Login	Passwort

Seite	Login	Passwort

Wichtige Daten & Weiteres

Sozialversicherungsnr.	
Krankenkassen Mitgl.Nr.	

Telefonnummern

Reise-Organisation:

Wenn du das nächste Mal vereist, wirst du die folgenden Tipps nützlich finden:

Nur das Notwendigste: Mach auch mal Pause von deinen Besitztümern und fahre nur mit dem Notwendigsten fort: Meist zieht man doch dasselbe an. Wähle sorgfältig aus, was du *tragen* willst – im doppelten Sinn des Wortes.

Reise-Module: Richte dir kleine Täschchen oder Plastikbeutel-Module ein, die du flexibel mit nach Hause, zu Bewerbungsgesprächen oder in den Urlaub nehmen kannst. Folgende Module sind nur Ideen, die du erweitern kannst:

„Be prepared": Dieses Modul enthält ein Notfallpack, das ich immer im Rucksack trage. Darin: Mini-Zahnbürste, Mini-Deo, eine kleine Schachtel mit den wichtigsten Medikamenten sowie Haargel. Nützlich vor Bewerbungsgesprächen, Dates & Co. ... ☺

Mini-Büro: Mini-Textmarker, Mini-Tacker, Mini-Post-Its, Druckbleistift mit Radierer. Damit du unterwegs gut arbeiten kannst und Sachen, die du unterwegs oder spontan liest, nicht lang nachbereiten musst.

Waschtasche: Kaufe dir eine aufhängbare Waschtasche, so bleibt Platz auf dem Waschbecken. Darin: Die wichtigsten Medikamente, Kosmetika, Pflegemittel.

Sommer-Survival: Sonnencreme, Sonnenbrille und Badesachen und –schlappen.

Kalender & Handy: In beidem zusammen sollte alles Wichtige gespeichert sein: Adressenliste, Passwortverzeichnis, Bankverbindungen, Notfallnummern. Du weißt nie, in welchem Teil der Welt du die Infos einmal brauchen wirst.

Nur 75% Auslastung: Wenn wir, wie gewohnt die Kapazität unserer Reisetasche auf dem Hinweg immer 100% auslasten würden, passiert auf dem Rückweg immer dasselbe: Sie geht nicht mehr zu. Der Grund: Einkäufe und gebrauchte Sachen nehmen mehr Platz in Anspruch. Zudem haben wir weniger Zeit zu packen. Deswegen immer 25% Platzreserve einplanen!

Mehrere Funktionen suchen: Auf Reisen gilt: Versuche solche Dinge mitzunehmen, die mehrere Funktionen erfüllen: After Sun ist gleichzeitig Hautcreme, Shorts und T-Shirt sind auch Schlafanzug, Badschlappen sind gleichzeitig Hausschuhe.

Miniaturisierung: Fülle alle Kosmetika (Shampoo, Duschbad, Cremes) in kleine Behältnisse ab. In der Drogerie gibt es auch Mini-Fläschchen aller Art zu kaufen, oder du verwendest die kleinen Proben aus Hotels.

Aufhängen: Viele Taschen und kleine Karabinerhaken machen es leichter die Übersicht zu wahren. Nimm je eine Tüte für getragene Sachen, Elektronik-Zeug, etc. Packe immer ein paar Tüten in Reserve ein. Wenn es mal eng wird, kannst du dir einen „hängenden" Kleiderschrank mit den vielen Tüten basteln, die du an die Karabiner-Haken hängst.

Computerdateien: Den Überblick behalten

Bei Computerdateien solltest du dich an das Prinzip der Ordnung deines Papierkrams halten: Es bewegt sich in der Dualität von Reduktion und Organisation. Wenn wir mit dem Computer arbeiten, wollen wir unsere Dokumente und Dateien möglichst schnell wieder finden. Wir brauchen daher ein Organisationssystem, das die **Zugriffsgeschwindigkeit** erhöht. Am Rechner merkt man übrigens besonders gut, was passiert, wenn er zu vollgeramscht, nicht gut organisiert und gepflegt wird. Er braucht eine viel zu lange Rechenzeit, um Dokumente zu öffnen. Vergleiche deinen Rechner mit deinem Arbeitsplatz, denn es besteht dieselbe gedankliche Einteilung:

- **Der Arbeitsplatz:** Ist ein möglichst freigehaltener Bereich für die Dokumente, die du derzeit bearbeitest.

- **Die Ressourcen** sind Ordner, in denen du schnell die Informationen und Dokumente findest, die du brauchst.

- **Das Archiv** sind Ordner, die eher in der zweiten oder dritten Gliederungsebene versteckt sind, damit sie dich nicht ablenken.

So sortiere ich mich

An dieser Stelle möchte ich dir ein Beispiel geben, wie meine Ordnerstruktur im Ordner „Eigene Dateien" aussieht:

Ich kategorisiere drei Arten von Ordnern: Kategorien-, Prozess- und Archivordner, die hier übersichtlich nebeneinander stehen.

Kategorienordner sind:

- „Studium": Nochmals untergliedert in je einen Ordner für jedes Fach

- „Organisation": Mit Unterkategorien wie „Selbstmanagement" (Wochenpläne, Meine Strategie-Datei), „Wissensmanagement" (alle selbst geschriebenen Reflexionen), die „Bibliothek" (alle interessanten Dokumente), Adressenlisten, etc.

- „Projekte": Kleinere Projekte wie z.B. den Turnerjugendclub, den ich einmal im Jahr organisiere. Dann wird dieser Unterordner „Jugendclub" zu einem Prozessordner.

- „Arbeit": Dazu zählen alle Dateien, die ich im Verlauf von Praktika erstellt habe. Ebenso der „Bewerbungsordner", der wiederum in „Lebensläufe" und „vergangene Bewerbungen" unterteilt ist.

- „Privat": Dieser Ordner enthält geschriebene Privatbriefe, Filme und allerlei Blödsinn, den man mal als E-Mailanhang verschicken kann.

Archivordner sind:

- „Eigene Bilder": Chronologisch sortiert (also: 2006-05 Klassentreffen, 2006-06 Sprachkurs Frankreich); Darin enthalten ist ein Ordner: „Studium, Scannen, Organisation", der alle Support-Bilddaten enthält: Passbilder, eingescannte Dokumente, einen Bilderpool für Präsentationsbilder und eine „Bewerbungsmappe", in der alle Nachweise für eine Bewerbung digitalisiert sind (als Sicherungskopie und um mich mal wieder aus Italien oder den USA irgendwo bewerben zu können)

- „Eigene Musik": Sortiert nach Musikrichtungen (HipHop, Soul, Chill Out, Indie, Hörbücher, Entspannungs-CDs, etc.) damit ich je nach Laune oder bei einer Party den richtigen Geschmack sofort treffe.

Prozessordner sind:

- „Bei Gelegenheit durchsehen": Da kommen alle unwichtigen Dinge hinein, die ich lesen werde, sobald ich die Zeit dafür finde. Meistens sehe ich diesen Ordner in solchen Situationen durch, wenn ich nicht die nötige Konzentration zum richtigen Arbeiten finde, z.B. im Zug.

- „Aktuelle Projekte": Anstelle dieser Platzhalter habe ich dann drei bis fünf Ordner/Einzeldokumente mit aktuellen Projekten, wie eine bestimmte Bewerbung, eine Hausarbeit etc. Sind diese Projekte abgeschlossen, verschiebe ich sie in die Kategorienordner (Also „Hausarbeit" zu Studium" und die Bewerbung zu „Arbeit").

Alternativ kannst du auch alle Prozessordner und aktuell zu bearbeitenden Dokumente auf den „Desktop" – also deine Schreibtischplatte legen.

Markieren von Dateien

Datei und Ordnerbezeichnungen sollten eindeutig sein und ein schnelles Wiederauffinden gewährleisten. Sicher ist dir aufgefallen, dass ich vor meine Ordner Ziffern geschrieben habe. Das erleichtert die Stringenz, weil der Rechner mitunter automatisch die Ordner nach Alphabet sortiert. Das kann schon mal einiges durcheinander wirbeln.

- Ebenso solltest du die Dateien immer mit demselben Anfang versehen: z.B.

    „Jugendstil Hausarbeit Version 1",
    „Jugendstil – Informationen zum einarbeiten in Hausarbeit"

- Eine Datumsangabe ist sehr hilfreich, um die Versionen später zuordnen zu können:

    „Jugendstil Hausarbeit Version 1 2006-10-12"

Ich würde das amerikanische Datumsformat nehmen, also immer zuerst das Jahr, dann den Monat, dann der Tag. Das hat den Vorteil dass die älteren Dateien nach oben sortiert werden, vor allem, wenn sie am Anfang des Namens stehen:

    „2004-07-12 Geburtstag Thomas"
    „2005-03-22 Fakultätsfest"

Gerade langjährige Ablagen wie Fotos, werden auf diese Weise auf dem Rechner wie bei einem echten Fotoalbum chronologisch sortiert.

- Sehr hilfreich finde ich es auch, bei längeren Projekten (z.B. Abschlussarbeit), bei der du nur mit einer Datei arbeitest, diese Dateinamen mit Zusatzinformationen zu versehen:

    „Masterarbeit Version 3 2006-10-12 – nach Italienurlaub"

Du kannst dich durch diese Zusatzinformationen leichter an den Stand deines Arbeitsprozesses erinnern, an dem du zu diesem Zeitpunkt warst. Hast du nach dem Italienurlaub beispielsweise eine große Passage aus der Arbeit herausgenommen, kannst du nun, vier Wochen später, schnell wieder auf diese Datei zurückgreifen, um diese Passage nochmals zu lesen und gegebenenfalls wieder in das neue Dokument zu kopieren.

E-Mails: Gegen die Flut

Plädoyer für ein E-Mailprogramm

Ich empfehle dir dringend, ein E-Mail Programm wie Outlook Express (meist serienmäßig bei Windows-Rechnern dabei) oder Lotus Notes zu verwenden. Das hat entscheidende Vorteile:

- Deine Internet-E-Mail-Programme sind zu langsam: Du brauchst eine gewisse Zeit, um dich einzuwählen und die Seiten müssen sich nach jeder angesehenen E-Mail neu aufbauen. Willst du Dokumente verschicken, musst du sie erst hochladen, bei Outlook hast du sie bereits auf dem Rechner und legst nur eine neue Verknüpfung an.

- Die Spam-Filter sind wesentlich besser. Mein GMX-Fach ist inzwischen so verseucht, dass ich ohne Outlook gar nicht mehr reinschauen möchte.

- Du kannst Offline E-Mails schreiben. Egal, ob man zu Hause, unterwegs oder in der Bibliothek einen Einfall hat, man kann sofort die dazugehörige E-Mail verfassen und sie in den Postausgang legen. Dann wird sie beim nächsten Anwählen automatisch versandt.

- Die E-Mails sind wesentlich leichter organisierbar: Mit wenigen Handgriffen hast du neue Ordner angelegt oder eine E-Mail verschoben. Zudem gibt es eine Reihe von nützlichen Filterverfahren, die deine E-Mails automatisch organisieren. So leite ich alle meine Newsletter und Infomails direkt in einen anderen Ordner, den ich nur einmal wöchentlich durchsehe. So bleibt der Posteingang frei für die wichtigen und persönlichen E-Mails.

- Zudem gibt es viele nützliche Zusatzfunktionen. Outlook hat z.B. eine Erinnerungsfunktion, die dich an Geburtsage und Termine erinnert.

Einrichtung von MS Outlook (auf den meisten Rechnern vorinstalliert).

Schritt 1: Öffne Outlook, gehe auf Extras → „Konten", Wähle dort „E-Mail" → Hinzufügen. Du wirst nach deinem Namen und E-Mailadresse gefragt.

Schritt 2: Eingeben des Posteingangs (GMX: „pop.gmx.de"; Web.de: „pop.web.de") und Postausgangsservers (mail.gmx.de bzw. mail.web.de).

Schritt 3: Eintragen deiner Login-Informationen eingeben, als wenn du dich bei GMX/Web.de einwählen wölltest. Auf "Fertig stellen" klicken.

Schritt 4: Auf „Senden und Empfangen klicken" (wenn du Online bist) und warten was passiert.

E-Mails richtig bearbeiten

1. Sofort Spam und Werbe-E-Mails ungeöffnet löschen; am besten direkt anklicken (in Outlook: rechte Maustaste), sodass diese Absender automatisch in den Spam wandern.

2. Die wichtigsten E-Mails lesen

3. Wenn möglich sofort und kurz antworten („Dreizeiler")

4. Alle anderen sortieren oder in Hau-Ruck-Aktion durchlesen

5. Anhänge nur öffnen, wenn sie wirklich wichtig sind – Die wenigsten Kettenbriefe sind es wert, geöffnet zu werden

Sortieren deiner E-Mails

Der **Posteingang** entspricht deinem Arbeitsbereich (zusammen mit dem Ordner „Entwürfe"): Er sollte daher nach den bereits angestellten Überlegungen möglichst frei bleiben, um die Übersicht nicht zu verlieren. Nur die wirklich wichtigen E-Mails verbleiben im Posteingang, die restlichen werden gleich beantwortet (nicht mehr als drei Sätze), gelöscht, durchgelesen oder in die folgenden Kategorien aus Prozess-, Kategorien- und Archivordnern sortiert:

Kategorie 1 sind Prozessordner: Sie gehören zu meinem „Schreibtisch", das heißt, ich schaue alle diese Ordner genauso wie meine Briefablage in regelmäßigen Abständen durch:

- **„B-To-do":** Der Ordner für B-Projekte und für zu erledigende Dinge, die nicht zeitkritisch sind.

- **„Erledigt – Antwort erwartend":** Hierein kommen alle E-Mails, die ich abgearbeitet habe, dessen Prozess aber noch nicht abgeschlossen ist. Dazu gehören z.B. Bewerbungen und Anfragen.

- **Informationsordner:** Auffangbecken für alle Newsletter und Angebote/Veranstaltungen, bei denen ich noch nicht sicher bin, ob ich darauf zurückkomme. Nach und nach werden diese nach Ablauf der Ereignisse wieder gelöscht. Dieser Ordner ist also auch etwas für echte Explorer: Ein kleiner Radarschirm.

- **„Kommende Ereignisse":** Hierein kommen alle E-Mails, die zukünftige gebuchte Ereignisse betreffen: Die Buchungsbestätigungen von Flügen, die Anfahrtsbeschreibung zum Bewerbungsgespräch oder Kontaktdaten von Leuten, die ich bald besuchen werde.

Kategorie 2 sind „Projektordner": Hier sortierst du nach Themen, z.B. nach deinen Seminaren. (Wie du siehst, sind auch die E-Mail-Ordner mit Nummern versehen - Ausdruck des Prinzips „nur eine Funktion pro Ding": In diesem Fall hat jede Kategorie von 1-5 eine bestimmte Funktion).

Kategorie 3 sind Ressourcenordner: Es gibt hier z.B. einen „getätigte Transaktionen"-Ordner mit Internetrechnungen und Bestellungen. In dem Ordner „Log-Ins" kommen alle E-Mails mit Login-Informationen verschiedener Webseiten. Der nächste Ordner dient als Kontakt-Sammlung, ein weiterer, um über die Universität geschickte Praktikumsausschreibungen zu sammeln.

Kategorie 4 ist für Freunde reserviert. Ein Ordner sammelt die schönsten E-Mails, der Ordner „Freunde-beantworten" enthält E-Mails, auf die ich noch antworten wollte.

Kategorie 5 ist das Archiv, das du ganz individuell gestalten kannst.

Tipps & Tricks zum Zeitsparen beim E-Mail-Schreiben

Entwürfe: Wenn dir einfällt, dass du noch eine Mail schreiben wolltest, öffne eine neue Mail, schreibe eine Notiz als Gedankenstütze in die Betreffzeile, speichere sie in „Entwürfe" und schreibe die Mail später richtig.

„SMS-Stil": Nutze nur die Betreffzeile, um E-Mails kurz & bündig zu schreiben. Am Ende schreibst du „EOM" (End of Message), damit der andere weiß, dass nix mehr kommt. Leitest du eine E-Mail weiter, schreibe nur „FYI" (For your information) und spar dir die langen Worte.

KISS – Prinzip: Keep it small and simple – auch bei E-Mails gilt: Fasse dich kurz!

Signatur: Du kannst einrichten, dass eine bestimmte Schlussformel und deine Kontaktdaten unter jeder E-Mail stehen. Unter der Hilfe-Funktion (F1 drücken) findest du mehr.

Auto-Ersetzen: Es gibt eine nette Funktion in Word und Outlook: Gib einfach mal „mfg" ein und drücke die Leertaste. Wow! Diese Funktion heißt Auto-Ersetzen und kann dir im Kleinen lästige Tipparbeit ersparen. Auch hier: Klicke dich durch die Hilfe und erkunde die Funktionen deiner Programme!

Zusammenfassung: Ordnung halten

Ordnung bewegt sich im Wechselspiel von **Reduzieren und Organisieren**. Wirf so viel wie möglich weg und organisiere den Rest nach dem KISS-Prinzip. Nutze die sanfte Kraft des Aufräumens zwischendurch.

Ein geeignetes Organisationssystem steht ständig auf dem Prüfstand – es muss sich deinen **Aufgaben und Prozessen anpassen**. Ändern sich diese, muss sich auch dein Organisationssystem verändern (z.B. neue Hängemappen kommen hinzu, Alte verschwinden).

Unterscheide in deinem Arbeitszimmer, bei deinen Computerdateien und bei deinen E-Mails die drei Bereiche **„Arbeitsplatz", „Ressourcen"** und **„Archiv."**

Entscheide sofort, was mit den Dingen passieren soll – **5 Regeln**:

1. Weder schön noch nützlich: **Wegwerfen**

2. Für andere wichtiger als für dich: **Delegieren**

3. Wiederholt sich nicht und ist in 3 Minunten zu erledigen: **Sofort bearbeiten**

4. Zeitaufwändig, wiederholt sich: **Sammeln und später bearbeiten**

5. Brauchst du nur später evtl. oder es ist ein Dokument: **Archivieren**

Entwickle **Handlungsroutinen**, die auf Dauer entlastend für deinen Organisations- und Ordnungsaufwand sind. Sortiere Gleiches immer zu Gleichem!

Stelle dir die folgende Testfrage: Stehen die Dinge so, dass man sie **intuitiv finden** kann? Würde sich dein Mitbewohner zurechtfinden, wenn du ihn aus der Ferne bittest, ein Dokument für dich herauszusuchen?

SERVICE-TEIL

In diesem abschließenden Teil geht es um das „Gewusst wo". Hier findest du unter anderem Surf- und Literarurtipps. Hinzu kommt eine Kopiervorlage des Wochenplans, damit du gleich loslegen kannst. Zu guter Letzt kommen die Anleitungen für das Survival-Diplom, um die Überlebens-Tipps dieses Buches nicht gleich wieder zu vergessen. Ich bedanke mich an dieser Stelle schon mal für dein Interesse! Bis zum nächsten Buch ... ☺!

Internetlinks, die effizientes Arbeiten erleichtern

Wissen, wissenschaftlich arbeiten, Sprache

http://babelfish.altavista.com
Ein Übersetzungsservice: Text kopieren, Knopf drücken und in verschiedene Sprachen übersetzen lassen. Allerdings unbedingt nachkorrigieren (lassen), da es sehr fehleranfällig ist.

www.duden.de
Unter der Seite gibt es u.a. einen Newsletter, der einem Nachhilfe in Deutschfragen gibt.

www.ecoute.de
Die Webseite des Französisch-Lernmagazins. Das ist meine Startseite, weil sie jeden Wochentag auf der Titelseite eine neue Vokabel mit Sprachausgabe platziert. So lernt man nebenbei.

www.langenscheidt.de
Auf dieser Seite findest du ein Fremdwörterbuch zum schnellen Nachschlagen von Fachbegriffen und Fremdwörtern

www.getabstract.com _tues !_
Sehr netter Service: Weltliteratur, Wirtschafts- und Politikbücher auf sieben Seiten zusammengefasst. Es ersetzt das Lesen nicht wirklich, gibt aber einen Überblick, ob sich der Kauf des Buches lohnt.

www.getty-images.de, www.getty-images.com, www.fotocommunity.de, flickr.com
Sehr gute Bilddatenbanken, die man gut zur visuellen Unterstützung von Vorträgen nutzen kann

www.leo.org
Auf diesen Seiten findest du ein sehr gutes Online- Englisch- und Französisch-Wörterbuch.

www.vokabelmail.de
Lass dir täglich eine neue Englischvokabel schicken (Anfänger/Fortgeschrittene/Business).

www.wikipedia.de
Ein guter Einstieg für deine Recherchen.

www.wiktionary.org, www.openthesaurus.de
Sag es treffender: Synonyme, Antonyme, Wortverwendung.

www.wikiquote.org; www.zitate.de
Dir fehlen die passenden Worte – sag's mit einem Zitat!

Ratgeber, Unterhaltung, Nützliches, Geld

www.audible.de
Hörbücher zum Runterladen, coole Idee, um Warte- und Fahrtzeiten sinnvoll zu nutzen

www.billiger-telefonieren.de
Stelle dir die günstigsten Vorwahlbieter zusammen

www.das-ranking.de
Infos zur Qualität von Unis und Studiengängen. Zum Anfangen, Wechseln, Umschreiben.

www.frag-mutti.de
Nachschlagewerk und Forum rund um Haushalt und Heimwerken

Service-Teil

www.gelbe-seiten.de
Telefonnummern und Lage im Stadtplan inklusive.

www.daad.de
Der erste Ansprechpartner für deine Auslandsförderung. Du findest unter dieser Seite eine sehr gute Stipendiendatenbank sowie Studien- und Praktikumsinfos für's Ausland.

europa.eu.int/ploteus/portal/home.jsp
Das Ziel von PLOTEUS ist es, u.a. Studierenden bei der Suche nach Aus- und Weiterbildungsmöglichkeiten in Europa zu helfen.

www.google.de
Recherchen beginnen hier.

www.karriere.de
Nette Tipps rund um die berufliche Qualifizierung, Praktika & Co.

www.lesestipendium.de
Zeitungen als Student kostenlos abstauben – auf dieser Seite steht wie.

www.linguland.de
Sprachkurs gefällig? Der Besitzer war ein Kommilitone von mir – er testet die Sprachschulen selbst und nimmt nur zertifizierte Sprachschulen in sein Programm. Auch finanziell interessant!

www.meinprof.de
Ist dein Prof Freund oder Feind? Dieses Ranking verät es dir. Pfiffige Idee!

www.map24.de, **www.falk.de**, **www.stadtplan.de**
Nie mehr verfahren oder verlaufen!

www.mitfahrzentrale.de
Günstig durch Deutschland!

www.pixelchampions.com, www.openbc.de
Zwei riesige Netzwerke, in denen du networken, Freunde treffen oder chatten kannst.

www.studienstrategie.de
Die Homepage zum Buch! Links, Downloads, Zusatzinfos und nettes Forum. Euer eigenes Zeitmanagement-Labor.

www.simplify.de
Wer noch nicht genug vom Organisieren und Newslettern hat. Hier findet er viele nette Info-Briefchen.

www.telefonbuch.de

www.unicum.de
Ein Muss! Erklärt sich doch von selbst, oder?

www.uni-edition.de
Deine Abschlussarbeit veröffentlichen? Hier geht´s problemlos!

www.zeitzuleben.de
In diesem Ratgeber geht es um die Themen "Zufriedenheit", "Erfolg" und "Lebensqualität."

---

www.e-fellows.net - Das Online Stipendium
Ein Karrierereportal, das umfangreich über neue Studiengänge, Praktika, etc. berichtet. Der Clou: Die e-fellows vergeben das erste Online-Stipendium Europas. Stipendiaten erhalten einen kostenlosen Internetzugang, Gratis-Zeitungsabos und Zugriff auf über 3000 Datenbanken und Archive. Die Anmeldung im Netzwerk ist sehr empfehlenswert! Ich habe z.B. darüber einen Praktikumsplatz in London gefunden! ☺

Kleine nützliche Helfer auf deinem Rechner

FreePdf: Pdf-Dateien selber erstellen. Es ist von Vorteil, Dateien als .pdf zu brennen, wenn du sie über das Internet verschicken willst. So stellst du sicher, dass deine Hausarbeit genauso bei deinem Dozenten ankommt, wie du sie losschickst. Sendest du sie im .wrd Format, kann es sein, dass sich das Layout verschiebt. Free-pdf „fotografiert" demgegenüber die Seiten.

Google desktop search: Durchsucht sowohl das Internet als auch deine Festplatte nach Informationen. Ist schneller und zuverlässiger als die Windows-Suchfunktion.

MindManager: Gedanken kreativ festhalten und strukturieren. Die Computerversion der Power-Hirn-Methode schlechthin!

MS PowerPoint: Wer es noch nicht kennt: Ein Programm, um ganz leicht Präsentation für den Computer zu erstellen.

Outlook Express: Habe ich bereits beschrieben. Ein E-Mailprogramm finde ich unentbehrlich.

Post-it Notes: Haftnotizen auf den Desktop holen – Zettelwirtschaft vermeiden. Eignet sich gut für To-do-Listen, die man auf dem Computererledigen kann oder zur flexiblen Organisation des Schreibprozesses: Du kannst beim Schreiben einer Hausarbeit Textpassagen in ein Post-it kopieren und später wieder einfügen. Oder zunächst eine Notiz schreiben und später einarbeiten.

XN-View: Grafiken schnell und einfach bearbeiten. Vor allem die Möglichkeit, die Fotos schnell in .jpg Dateien runterrechnen zu können hat mich überzeugt.

Zap-Grap & Snag it: Programme, die Teile deines Bildschirms fotografieren. Den Bildausschnitt kannst du dann in Word oder Powerpoint einfügen und so lebhafte Layouts gestalten. Die beste Erfindung seit der Endeckung von geschnittenem Brot!

Weitere: Empfehlen kann ich sehr die Seite von Chip Online, um ab und zu nach nützlichen Downloads zu stöbern: ***www.chip-online.de***

Wenn du nach den Programmen googelst, kommst du in der Regel schnell zu kostenlosen Probedownloads der neusten Programmversionen.

Quellennachweis & Literaturtipps

Ich habe mich während meines Studiums und dem Schreibprozess auf einige inspirierende Quellen gestützt, die ich dir nicht vorenthalten will. Ich sah es als einen erheblichen Mehrwert an, die besten Bücher herauszukristallisieren, sie auszuprobieren und durch die Anpassung auf das Studentenleben zu filtern.

Arden, Paul: *It's not how good you are, it's how good you want to be*, London 2003

Burchardt, Michael: *Leichter studieren*, Berlin Verlag 1995

Carnegie, Dale: *Sorge dich nicht, - lebe!, Scherz 2002*

Covey, Stephen R.: *The seven habits of highly effective people – Powerful lessons in personal change*, New York 1990
Die „Bibel" des Selbstmanagements! Kann ich jedem empfehlen. Wenn es geht, würde ich das Buch in der Orginalversion lesen, wer es deutsch mag: „Die 7 Wege zur Effektivität, Gabal 2005.

De Bono, Edward: *Thinking Course – Powerful tools to transform your thinking*, Bath 2004

Drucker, Peter: The E*ffective Executive Revised*, Collins 2002

Felsner, Georg (Hrsg.): *Motivationsmethoden für Wirtschaftstudierende – Sich selbst und andere motivieren*, Cornelsen 2000

Gray, Albert: *The Common Denominator of Success* – Informationen zu dem Essay unter: http://www.thinkarete.com/wisdom/works/essays/1462/

Gross, Peter: *Die Multioptionsgesellschaft*, Suhrkamp 1994
Gross wirft sehr interessante Einblicke auf unsere Gesellschaft. Dieses Buch mir damals die Augen geöffnet und mir klar gemacht, warum ich mich so gestresst und überfordert gefühlt hatte: Ich wollte alles und konnte mich nicht entscheiden. Gross trifft dieses Phänomen passend indem er schreibt, dass an die Stelle des „Selektionsdrucks" ein „Realisierungsdruck" der vielen Optionen tritt. Ich würde nicht unbedingt das Buch empfehlen (zu soziologisch-abstrus) aber populäre Werke von Soziologen, z.B. Schulze: „Die Erlebnisgesellschaft" können dich sehr zum Nachdenken über dich und dein Umwelt anregen.

Hansen, Katrin: Selbst und Zeitmanagement – Optionen erkennen, Selbstverantwortlich handeln, in Netzwerken agieren, Cornelsen 2005

Hofstede, Geert: *Culture's Consequences – Comparing Values, Behaviors, Institutions and Organisations across Nations*, Sage Publications 2001

Hofstede, Geert: *Lokales Denken, Globales Handeln – Kulturen, Zusammenarbeit und Management*, Verlag C.H.Beck 1997
Wer sich ein wenig mit anderen und seiner eigenen Kultur vertraut machen möchte- Ein kulturelles Verständnis ist auch immer der Schlüssel zu seiner einem Teil seiner eigenen Persönlichkeit!

Porter, Michael E: *What is strategy?*. In: Harvard Business Review, 74, Nr. 6, 1996, S. 61-78

Küstenmacher, Werner & Marion: *Simplify your life*, Campus 2004
Ein Bombardement an Tipps zur Vereinfachung von allem: Deiner Gesundheit, Partnerschaft, ...

Marshak, Robert J.: *Lewin meets Confucius; A Re-View of the OD Model of Change*, in: Journal of Applied Behavioural Science, Vol. 29 No. 4, Dezember 1993, Seiten 393-415

Nöllke, Matthias: *Entscheidungen treffen – Schnell, sicher, richtig*; Haufe 2001

North, Douglas C.: *Institutionen, institutioneller Wandel und Wirtschaftsleistung*, Mohr 1992

Peseschkian, Nossrat: *Auf der Suche nach Sinn: Psychotherapie der kleinen Schritte*, Fischer 1997

Roth, Susanne: *Einfach aufgeräumt*, Campus 2005

Secunda, Al: *The 15-second Principle*, Berkley Trade 1999

Seiwert, Lothar: *Think. - Chronos*, Ravenburger 1999

Seiwert, Lothar: *Wenn du es eilig hast, gehe langsam – Das neue Zeitmanagement in einer beschleunigten Zeit, Campus 1998*
Besonders gut ist das von der Amerikanerin geschriebene dritte Kapitel Ann MCGee Cooper über unterschiedliche „Zeit-Typen." Du kannst testen, welcher Zeittyp du bist, was dich im Umgang mit deinen Aufgaben und deiner Zeitsouveränität weiter bringen wird. In weiteren Büchern von Seiwert gibt es zudem auf verschiedene Persönlichkeitstypen abgestimmte Konzepte. Im Sinne der Tugend 3 „Exploration" eine gute Möglichkeit an sich selbst zu forschen!

Steiner Verena: *Exploratives Lernen – Der persönliche Weg zum Erfolg*, Pendo 2000

Tracy, Brian/ Scheelen, Frank M.: Die ewigen Gesetze des Erfolgs – 100 goldene Regeln für Beruf und Leben, Verlag moderne Industrie 2000

Walgenbach, Peter: *Kann das Zeitmanagementkonzept halten, was es verspricht?;* in: Die Betriebswirtschaft 55, 1995, S. 187-197

Wendorff, Rudolf: *Zeit und Kultur - Geschichte des Zeitbewusstseins in Europa*, Westdeutscher Verlag 1980

Vester, Frederic: *Denken, Lernen, Vergessen – Was geht in unserem Kopf vor, wie lernt das Gehirn, und wann lässt es uns im Stich?*, DTV 1997

Horne, Richard: *101 Dinge, die man getan haben sollte, bevor das Leben vorbei ist*, Eichborn 2005
Der Titel ist eigentlich selbsterklärend – Ein witziges Buch zum Verschenken, selber lesen, mit Freunden ansehen – Ein toller Radarschirm an abgedrehten Sachen, die man so im Leben anstellen kann – Angefangen beim Kuhmelken bis hin zum Weltraumflug.

Mein Wochenplan

	FROG/ Hauptaufgabe	Montag	Dienstag	Mittwoch	Donnerstag	Freitag	Samstag	Sonntag
Studium	8:00							
	9:00							
	10:00							
Körper	11:00							
	12:00							
Soziales	13:00							
	14:00							
	15:00							
Ausgleich/Hobbys	16:00							
	17:00							
Support	18:00							
	19:00							
	20:00							
Weiteres	Abends							

Diese und weitere Vorlagen auf: www.Studienstrategie.de

Das Survival-Diplom

Monat	Aufgabe/Vorhaben
1. Monat/ 1. Kapitel	**Exploration deiner Ausgangssituation:** Wende die Tugend 3 an und versuche zu ergründen, was deine größten Hemmfaktoren und Baustellen im Studium sind.
2. Monat/ 2. Kapitel	**Anwenden einer Tugend:** Beobachte dich in diesem Monat genau. Wie gehst du mit Fehlern und Rückschlägen um? Analysierst du, woran es gelegen hast und ziehst Schlüsse für die Zukunft? Versuchst du auch die positiven Aspekte des Rückschlags zu sehen?
3. Monat/ 3. Kapitel	**Balance:** Erfasse vier Wochen lang deine Zeitverteilung und frage dich nach jeder Woche, wie du die Gewichtung so verbessern kannst, dass du dich wohler fühlst und du effizienter wirst. Diese Übung wird auch dein Zeitbewusstsein schulen.
4. Monat/ 4. Kapitel	**Strategie:** Nimm dir in der ersten Woche 1-2 Abende, um 4-5 Übungen aus dem Kapitel 4 zu machen. Beobachte dich unter diesen Blickwinkeln in der 2. Woche und mache in der dritten Woche 1-2 weitere Übungen. In der vierten Woche füllst du dann deine Strategie-Karte aus oder –wenn bereits geschehen- überarbeite sie.
5. Monat/ 5. Kapitel	**Zeitmanagement-Matrix:** Die Zeitmanagement-Matrix ist als Gedankenraster gedacht, mit dessen Hilfe du schnell entscheiden kannst, ob eine Aufgabe wichtig ist oder nicht. Erfasse in diesem Monat alle deine Aufgaben und ordne sie in dieses Raster ein. Optimiere es gemäß der „Soll-Verteilung."
6. Monat/ 6. Kapitel	**Effizienz:** Übe vier Wochen lang das Gesetz der erzwungenen Effizienz, indem du versuchst 3 Stunden Text in 2 Stunden zu lesen, die Wohnung in einer Stunde putzt oder deine E-Mails in 30 Minuten abarbeitest. Begrenze jede Lernphase auf 60 Minuten und mach dann 30 Minuten Pause. Beobachte, was passiert!
7. Monat/ 7. Kapitel	**Planung:** Nutze diesen Monat, um dir um deinen allgemeinen Studienplan/die Szenarien einen Kopf zu machen und um den Wochenplan zu testen. Kaufe und montiere eine Magnetwand.
8. Monat/ 8. Kapitel	**Zeitiges Beginnen:** Dies ist der Monat, in dem du es schaffen wirst, endlich mal konsequent um 8 oder 8.30 Uhr aufzustehen (an 5 von 7 Tagen jedenfalls) und die Dinge nach dem Motto „First things First" anzugehen.
9. Monat/ 9. Kapitel	**Entstressen:** Selbst wenn du gerade nicht unter Stress stehst – er kommt mit Sicherheit. Beuge vor, indem du dir eine Audio-CD mit Buch über eine Entspannungsmethode (z.B. „Progressive Muskelentspannung") besorgst und diese Techniken übst. Hilft übrigens auch zum Ent-nervösen in und vor Prüfungen. Alternativ kannst du dich auch zu einem Tai-Chi oder Yoga-Kurs anmelden.
10. Monat/ 10. Kapitel	**Entscheiden:** Nun betrachtest du alle deine Entscheidungen bewusst und versucht sie zu optimieren. Stelle dir konkrete Entscheidungskriterien auf. Schreibe jeden Euro auf, den du diesen Monat ausgibst. Hinterher analysierst du: „War dieser Kauf notwendig? Hätte ich das billiger bekommen?"
11. Monat/ 11. Kapitel	**Büro-Renovierung:** Diesen Monat kannst du dazu nutzen, dein Studienzimmer auf Vordermann zu bringen: Kaufe dir einen Hängeregister-Auszug, sortiere deine Ordner und lass eine Sturmflut durch dein Zimmer gehen.
12. Monat/ 12. Kapitel	**Ablagesystem:** Überprüfe dein Ablagesystem und ordne deine Unterlagen, E-Mails und Computerdateien. Bringe deinen Terminkalender auf Vordermann und leg dir einen Karriere-/ Bewerbungsordner zu.

Der Abspann

So ist die Ratgeberbranche nun mal: Nur ein Name steht auf dem Buch – doch die Gedanken und Anregungen vieler sind drin. Neben den Literaturquellen bin ich für die Inspiration und Brainstormings von vielen Freunden und Studis dankbar. Allen voran meiner Claudl, die mir in den 7 Monaten + X in den Höhen und Loopings der Bucherstellung immer ein offenes Ohr bot, um meine noch kreisenden Gedanken einzufangen. Ebenso danke ich dir Anne, für die immerwährende Bereitschaft – egal was anlag - ein paar Seiten des Manuskriptes durchzulesen. In studienbegleitenden Diskussionen mit meinem Bruder Ronald entwickelte und reifte die Idee zu diesem Buch. Nils, deiner Hartnäckigkeit ist es geschuldet, dass nun aus einem ehrgeizigen Buchprojekt gleich ein Zweites entstanden ist! Ebenso haben einige Seminarteilnehmer aus der Universität Witten/Herdecke und meine Versuchskaninchen-Testleser Mareike und Thomas zum Feinschliff beigetragen.

In diesen Seiten steckt das kreative Potential eines weiteren Studenten – Patrick Rebacz. Er hat mir bei der Illustration dieses Büchleins kräftig unter die Arme gegriffen, indem er für uns das kleine Survival-Guide-Maskottchen auf seine Reise durchs Studium geschickt hat.

Nichtsdestotrotz sind wir (bisher) alle keine Autoren. Für die professionelle Unterstützung möchte ich Markus Jox, Journalist, für das Feedback aus publizistischer Sicht danken und dem uni-edition-Verlag für die konstruktive und immer freundliche Zusammenarbeit. Besonders angenehm empfand ich die Offenheit für neue Ideen!

Besonders möchte ich meine Eltern für die Unterstützung sowie für den gelassen Freiraum danken. Besonders wertvoll war Euer Vertrauen, dass ich meinen eigenen Weg finden würde. Ohne diesen kontinuierlichen Rückhalt wäre das Buch in dieser Form wohl nicht entstanden.

Last but not least entstand das Titelfoto unter der freundlichen Mitwirkung der Humboldt-Universität zu Berlin, meinem Fotografen Alexander Löhnert und den „Studenten-Models" Anne, Claudia und „Igor". Guter Einsatz auch von Euch Lea & Christian!

Wen ich vergessen habe, möge mir bitte verzeihen. ;)

Kommentare und Anregungen zum Buch gern unter: Martini7@web.de

Weitere Titel aus der Reihe Studienratgeber:

Tobias Bröning
Dein Weg zum Bachelor

Der Autor erklärt auf anschauliche Weise die Besonderheiten der neuen Studiengänge, vergleicht diese mit den etablierten Abschlüssen und bietet eine Schritt-für-Schritt-Anleitung zur Erstellung einer Bachelorarbeit.

Berlin 2005, 154 Seiten, Paperback
ISBN 3-937151-27-3
Preis: 14,90 EUR

Oliver Baentsch/Jennifer Litters (Hrsg.)
Warum soll man überhaupt studieren?

Warum soll man überhaupt studieren? 60 Prominente aus Politik, Literatur, Fernsehen und Musik geben interessante und humorvolle Antworten auf diese Frage.

Berlin 2005, 136 Seiten, Paperback
ISBN 3-937151-45-1
Preis: 9,90 EUR

Oliver Stengel
Vorsicht, Denkfehler!

Ein Buch für alle, die ihr Denkvermögen in Schule, Studium, Beruf und Alltag verfeinern möchten. Der Autor erklärt die häufigsten Denkfehler auf leicht nachvollziehbare und unterhaltsame Weise.

Berlin 2005, 134 Seiten, Paperback
ISBN 3-937151-32-X
Preis: 12,90 EUR

Alle Titel finden Sie auch im Online-Shop unter www.uni-edition.de